“西安交通大学人文社会科学学术著作出版基金”和
“中央高校基本科研业务费专项资金资助”
(Supported by “the Fundamental Research Funds for the Central Universities”)

# 我国电力行业规制法律问题研究

吴 锐 著

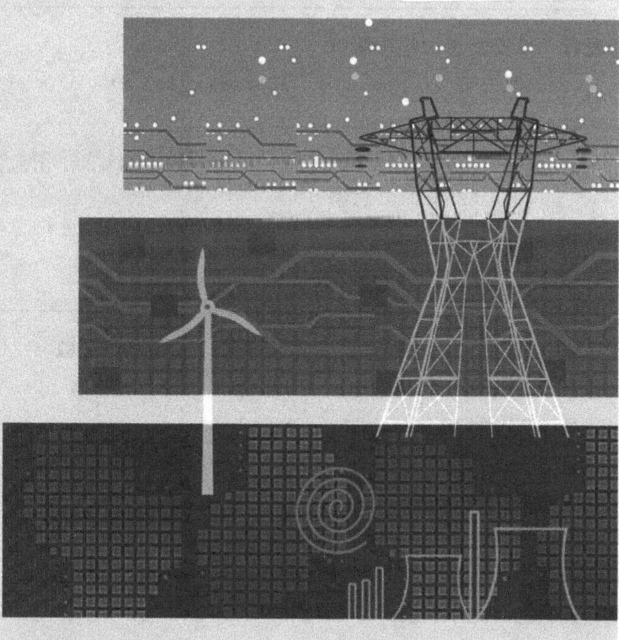

**图书在版编目(CIP)数据**

我国电力行业规制法律问题研究 / 吴锐著. —西安：西安交通大学出版社，2021.10

ISBN 978-7-5693-2182-1

Ⅰ.①我… Ⅱ.①吴… Ⅲ.①电力法—研究—中国 Ⅳ.①D922.181.4

中国版本图书馆 CIP 数据核字(2021)第 118369 号

**书　　名** 我国电力行业规制法律问题研究
**著　　者** 吴　锐
**责任编辑** 侯君英
**责任校对** 蔡乐芊

**出版发行** 西安交通大学出版社
(西安市兴庆南路 1 号　邮政编码 710048)
**网　　址** http://www.xjtupress.com
**电　　话** (029)82668357　82667874(市场营销中心)
(029)82668315(总编办)
**传　　真** (029)82668280
**印　　刷** 西安五星印刷有限公司

**开　　本** 720mm×1000mm　1/16　**印张** 12.375　**字数** 245 千字
**版次印次** 2021 年 10 月第 1 版　2022 年 3 月第 1 次印刷
**书　　号** ISBN 978-7-5693-2182-1
**定　　价** 58.00 元

如发现印装质量问题，请与本社市场营销中心联系调换。
订购热线：(029)82668525　(029)82668531
投稿热线：(029)82668525

# 前言

我国电力行业属于公共事业，其发展水平直接影响着国计民生，行业模式是典型的“企业经营＋政府规制”模式。政府对电力行业的有效规制，能够促进电力行业健康发展，为所有公民和企业带来低廉的用电价格。低廉的用电价格能够提升公民个人的福利，同时降低企业的经营成本，促进生产。如果政府对电力行业的规制不能维持电力行业良好的发展，那么电力行业给全社会带来的高昂用电成本，将会起到相反的作用。因此，政府对电力行业的规制效果事关社会整体福利水平，而相关法律规范的合理、有效，是保障政府对电力行业进行有效规制的前提。本书要讨论的问题是，为什么我国电力行业的相关法律规范并不完善，也没能发挥出其应有的作用？未来应该如何完善？要回答这些问题，需要分析电力行业相关法律未能达成规制目标的原因，即电力行业相关法律规范（规制规则）有何种缺陷，以及未来应当在哪些方面完善等。

在现代国家中，许多规制任务已经无法仅仅依靠行政机关自身就能完成。在这些领域中，规制机关未必具有完全的专业知识、能力、经验以及财力。规制机关对法律的执行包含两个方面内容，一方面是依据上位法制定更细化的规制规则，另一方面是依据规制规则的具体行动。因此，规制机关仍依据传统的“依法行政”模式难以维护公共利益的有效实现。从“成本-收益”的角度来看，将某些行政业务交由私人主体执行，确实可以提高公共产品或公共服务提供的效率，实现多样化与高质量的供给。所以，在法治的形式化要求下，要让规制活动高效地达成目标，需要在法律的实施过程中引入“一致同意”原则，以避免规制机关因其自身的局限性，导致规制活动对一些利益造成不必要的减损。同时，可以赋予被规制者以参与规制的程序性“权利”，应对规制中存在的不确定性问题。

电力行业规制的合理化不能简单地从相关法规的字面含义中得出，而需要在明确规制目标、规制关系、规制对象和规制方式的基础上，做出最能被各类主体所接受的规制决策。在传统的行政法治理念下，电力行业规制是规制机关对被规制企业进行管理的过程。理论上，电力行业规制机关被视为“全知全能”的角色，然而其在现实中却更多地依据自身需求设定行业的规制目标，这样容易忽视规制中各类主体的应然关系，做出损害公共利益的规制行为，更会倾向于僵化的确立行业规制规则、运用规制工具。现有的电力行业规制没能将各类价值进行有效的整合与排序，缺少清晰的规制目标；没能将电力行业涉及的各类主体类型化，并明确各类主体之间的关系；没能全面地研究电力行业中危害公共利益的行为及其特征；也没有通过多元主体参与丰富的规制手段。依据公共选择理论与立法流程来看，仅当某一规则获得人们的一致同意(现实中为多数同意)时才具有正当性。传统的电力行业规制理念并不谋求各类主体对规制目标、规制关系、规制行为对象与规制方式的一致同意，而仅仅强调规制机关对行业的管理与被规制企业的服从义务。所以，在传统的行政理念下，也出现了电力行业与其他行业利益竞争与分配问题，规制活动没能良好地维护公民权利问题，以及行业发展中的不确定性问题。实现电力行业中的公共利益，除了要重视在行业中引入竞争之外，还应当做到以下四点要求：①拥有简化、明确且能体现公用事业性质的电力行业规制目标；②清晰的电力行业各类主体之间的关系结构；③对电力经营企业与电力规制机关的危害行为进行全面的规制；④以动态化的规制规则保障规制行为的有效性。

简化、明确的电力行业规制目标应当包括两层含义：一是强调电力规制机关和电力经营企业履行公平普遍服务义务，以体现出电力行业本身的公共性。二是强调电力行业规制要促进本行业的健康发展，电力行业只有不断健康发展才能持续提高行业效率，降低全社会的用电成本。

电力行业中规制者、被规制者、利益相关者的关系体现在以下 2 点。首先，就完善电力规制机关和被规制者的关系方面，电力规制机关角色应由简单的管理者转变为多重角色的复合体，这要求其“权力-责任”也应不断得到拓展。电力规制机关的作用除了直接约束电力经营企业之外，还包括调解纠纷、促进供需双方交易、发布规制报告、提供政策咨询服务等。相应的，被规制者对电力规制机关信息披露义务应得到强化之外，其义务类型也应多样化。因为，电力经营企业有义务防止损害公共利益行为的发生，而损害公共利益行为的判断标准有从“事前明确”转向“结果主义”的趋势。其次，就电力规制机关与利益相关者的关系方面，电力规制机关应以保护利益相关者为价值导向，其规制责任也应得到拓展。利益相关者需要发挥限制规制机关权力的作用，并获得更多参与规制活动的权利。最后，被规制者与利益相关者的关系方面，二者既是利益竞争关系，同时被规制者也应服务于利益相关者。因此，电力服务的最佳状态并非依靠电力企业单方就可实现，多元主体的合理参与必不可少。

现有的电力行业法律规制体系，对公共利益可能造成损害的经营者行为和规制机关行为，仍规制不足。完善电力行业规制体系时，一方面应该继续促进发电市场的良性竞争，严格规制输配环节企业的不合理收益，通过开放售电侧和完善市场规则，来减少因电价格僵化造成的损害；另一方面，应着重解决防止规制机关权力滥用，促进规制权力行使的合理化，确保规制机关的行为有效回应现实等问题，避免规制活动的肆意与僵化。

目前，电力行业规制中使用最多的三种规制手段是准入规制、标准规制和信息规制。而这三种规制手段在我国电力行业规制中都还未能被成熟的改造和运用，仍有必要进一步完善。任何规制工具都需要以解决现实问题为导向，在实践中不断地改进。通过法律解释的商谈化，以及重视多元主体在规制过程中的诉求，才能在法律的框架内实现规制手段的创新与合理化。

吴锐

2021 年 1 月

# 目 录

# 绪论

## 一、研究背景及其意义

### (一)研究背景

电力的英文单词是“electric”,它源于希腊语中琥珀一词“elektron”,描绘琥珀对某些物质有特别吸引力的特性。[①] “电”出现之后才在真正意义上点亮了世界,电的发现和使用使人类的科技和生活进入了新纪元。为了使电能够更好地为人类服务,我们必须对电的特性,以及其生产、传递、分配等各个环节加以了解,并在此基础上对电力行业加以合理规制。

只有对电力行业相关法律制度和理论进行研究,更好地塑造电力行业制度框架,明晰电力行业中公共利益的具体内涵,才能选择合适的规制手段,最终让“电”更好地为我们服务。目前,各界普遍认为我国电力立法、修法工作相对滞后,严重制约了电力市场化和健康发展。本书从法学角度对电力行业的相关法律进行理论检视,选取的视角不局限于时下电力改革的热点,而是期望能够从促进相关法律“从纸面走向现实”的角度出发对电力行业规制予以把握,给出完善电力相关法律规范的建议。基于电力行业在人们生活中的重要地位与行业亟待改革的现实,作者尝试在电力行业规制这一领域用公共选择理论和法社会研究视角来对规制中的法律问题进行阐释,并对问题的解决做出讨论。

电力行业规制的完善需要理论的指引,才能进行有针对性地改进制度。在理论上,我们究竟是持哈耶克(F. A. Hayek)式的“自发演化”态度还是持“理性建构”态度决定了对制度创新与改革的进程。在电力行业规制改革中,我们也面临“内生

① 吉尔·琼斯:《光电帝国:电力发展史上的巨人和他们的战争》,吴敏译,中信出版社,2006,第14页。

增长论”和“结构转换论”两种理论路径，[①]当下经济学、管理学等研究者甚至包括大部分法学研究者的研究更偏向遵循“结构转换论”。大多数研究成果是在讨论什么样的电力行业结构是“好”的，但是很少能够给出如何能转变为“好”的具体路径。在忽视电力行业规制法律体系内生增长的可能与价值的前提下，重新审视当前电力相关法律制度的改革停滞不前的原因，是十分必要的。当前，《中华人民共和国电力法》已颁布二十余年，我国的经济发展取得了巨大的进步，社会环境发生了翻天覆地的变化，宪法理论和经济法理论也发生了深刻的变革。因此，只有系统地研究当前电力市场结构的缺陷，探析改进立法的可行办法，才能明确电力市场中哪些需要转换、应当如何转换等。

制度的设计者永远无法完全把握技术和环境可能发生的变化，所以在制度设计和完善时更应当注重制度变迁的理由是否充分。通常我们认为，当环境的变化（包括政治环境的变化）对社会形成重大威胁时，人们会围绕种种“根本性议程”而形成共识，[②]也因此有必要对制度进行重新建构。但是，一般来说“重大威胁”和“根本危机”都不是社会的常态。在电力规制领域，规制的动因大多是由特定事件引发的对电力法律和政策革新的需求，而新的举措首先面临的就是如何融入既有的理论和制度框架这一问题。因此，秉持“内生增长论”立场对解决电力行业规制问题更符合现实情况。电力行业规制中的问题都是具体的，解决问题的理念变革也都应以具体问题为导向。法学研究者对制度研究的理性建构应当首先始于“概念与逻辑”[③]，即任何法律都需要在符合既有法律概念、程序等形式逻辑的基础上进行构建，所以法学理论的构建都对现有的理论和学说，有着极大的依赖。法学家比起经济学家和政治学家有着明显的保守主义倾向，更倾向于通过解释学或者教义学、释义学来解决法律上的问题，这种学科性质也更契合“内生增长论”的主张。

---

① 沈岿教授认为前者以驯化、控制行政权为目的，以法官适法对行政进行形式合法性判断为导向，以法解释学、法教义学为基本方法；后者以高效实现行政目标和任务为目的，以政策形成、规则制定、制度设计为导向，以法政策学/社科法学为基本方法。参见沈岿：《监控者与管理者可否合一：行政法学体系转型的基础问题》，《中国法学》2016 年第 1 期。

② 孔飞力：《中国现代国家的起源》，陈兼、陈之宏译，生活·读书·新知三联出版社，2013，第 6 页。

③ 我们正是以对词语的深刻认识来加深我们对现象的感知。参见哈特：《法律的概念》，许佳馨、李冠宜译，法律出版社，2011，第 14 页。思维无内容是空的，直观无概念是盲的。因此，使思维的概念成为感性的（即把直观中的对象加给概念），以及使对象的直观适于理解（即把它们置于概念之下），这两者同样是必要的。参见康德：《纯粹理性批判》，邓晓芒译，人民出版社，2004，第 52 页。

在电力行业这样一个涉及面广、技术含量高、本土性强、变化快的领域，要进行制度的合理更迭需要面临利益如何分配、权利如何实现、如何应对不确定性等难题。这一系列问题的解决实际上就是要对既有的法律制度进行突破和创新。本书尝试通过研究来弥合电力行业规制中“自发演化”和“理性建构”这两种理论的鸿沟。通过强调在经济管理层面寻求广泛的一致同意，来解决电力行业规制在规制目标、规制关系、规制对象、规制手段等方面存在的问题，而不再单纯主张对既有制度结构的完全替换。

法学虽然与其他学科不断地进行融合，但是法学与其他学科的基本范式仍然不同。法学所关注的公平、正义、民主、权利等价值，可以被经济学或自然科学所表示、解释或注释，但是无法被其替代。法学基于更高层次提炼人们生产和生活的“共识”与“同理心”，这既是道德的也是文化的。在电力行业发展中，不能避开的话题是什么样的规制才能让大多数人满意，科学的发展使得知识不再平易近人，规制要解决问题的复杂化而导致一些领域中规范的共识不断弱化。重新凝聚对规制活动的共识是规制相关法律的重要任务，也是合法律性与合法性[①]相匹配不可获缺的要素。许多在经济学或自然科学上无法完美解释的观念，却可以是法学永远追求的价值，“如何凝聚共识”是法学不可回避的话题。在电力行业规制法律问题的研究上，电力行业中存在的法律“失范”的现象在整个政府规制领域都一定程度地存在着，促成关于电力行业规制共识的达成既是推动和完善相关立法的重要因素，也是解决法律规范无法有效实施的基础。

### (二)研究意义

目前，在我国公共事业领域，正在逐步放松监管，在可行的领域引入竞争，但是对自然垄断效率最高的行业依然保持严格规制。电力行业输电属于自然垄断，因为运营单一电网的效率最高。然而，在发电领域开展竞争是可行的，多家电力提供商可以连接到同一个电网中。虽然理论看似简单，但事实证明，在实践中，要在竞争性发电、售电部门引入多家供应商，同时保持对垄断领域定价及其他条件的规制，是一项艰巨的任务。所以针对电力行业规制法律问题的研究能够为我国电力行业健康发展提供知识上的支持。

---

① 此处的“合法性”是指政治学意义上的合法性(political legitimacy)，指政府基于被民众认可的原则基础上实施统治的正统性或正当性。简单而言，就是政府实施统治在多大程度上被公民视为合理的和符合道义的。

由于缺乏对电力行业规制机关的有效规制，导致规制者在公共利益上有所疏忽或不负责任，一些电力经营企业在正常经营收益之外，获取了大量的不合理收入。垄断经营企业由于占有资源收益，而人为地造成行业之间收入差距过大的问题。加强对规制者的规制是解决问题的第一步，本书的一个侧重点就是研究如何加强对电力行业规制机关的规制，使其更有效地实施规制，维护公共利益。

以电力行业为代表的自然垄断产业的相关立法滞后，无法适应我国建设法治国家的总体目标。在此背景下，对电力行业规制的深入研究，特别是对电力行业准入规制、价格规制和规制监督的深入研究是科学立法和依法规制的基础。2015 年和 2018 年全国人大两次修正了《中华人民共和国电力法》（以下简称《电力法》），《电力法》修正的内容是将工商登记前置审批事项改为后置审批，并未取消《供电营业许可证》，而是改为《电力业务许可证》，未来仍有极大的修订空间。本书的研究能够对《电力法》与其他相关法律进一步修订提出若干可行意见。

## 二、研究现状评述与研究的重难点

### （一）研究现状与评述

#### 1. 电力立法与电力改革关系研究

早在 2003 年，吕忠梅教授就认为，亟待修改《电力法》，以维护电力市场公平竞争和国家电力监管秩序，保障电力经营者和消费者的合法权益，促进电力事业的发展为其宗旨，应对电力产业具体监管方式、电力经营者的权利和义务、电力市场的行为规则以及电力纠纷的解决等制度内容作出具体规定。① 杨解君（2013）认为，我国电力法律制度已与经济和社会的发展需求不相适应。② 电力体制改革需要法律的引导和支撑，作为电力领域基础性法律的《电力法》却严重滞后，既有损法律的权威，也不利于改革的推进。③ 可见，在电力体制改革中，既需要通过立法的先行来推动改革，也需要对滞后的法律及时进行修改，去除法律上的阻碍，最终还需将改革的成果落实在法律上。

① 吕忠梅：《体制改革后的电力立法模式选择》，《理论月刊》2003 年第 11 期。

② 杨解君：《当代中国能源立法面临的问题与瓶颈及其破解》，《南京社会科学》2013 年第 12 期。

③ 李艳芳、吴倩：《论我国电力法的现代化转型》，《中州学刊》2020 年第 7 期。

2. 电力行业规制目标研究

克罗(1986)认为评价电力产业效率标准为:效率、公平与交易成本。乔思科和罗斯(1989)认为,经济规制效果评价包括五个方面:①价格水平和价格结构;②生产成本;③动态效率;④产品质量和多样性;⑤收入和租金分配。[①] 植草益(1992)提出经济规制的四大目标是资源的有效配置、提高企业内部效率、避免收入再分配和企业收入的稳定化。[②] 哈斯金斯(2000)认为规制系统的有效性取决于五大原则,包括问责制、透明度、相称性、针对性、一致性。[③] 李虹(2005)、王侃和李汉铃(2006)等学者都强调了建立完善的电力市场、提高行业效率、实现社会公正等目标。[④] 骆梅英(2013)认为在当前民营化改革的浪潮下,我国公用事业监管的目标定位,应当从以"融资"为中心的"效率"取向转向为以"普遍服务"为中心的"权利"取向。[⑤] 陈飞、刘军等(2017)认为,我国电力市场建设应当紧扣"创新、协调、绿色、开放、共享"的发展理念,以保障电力供给、理顺价格形成机制、提升效率和降低成本、保障民生与确保电价可负担、大力发展清洁能源和完善政府监管体系为目标深入推进。[⑥] 李艳芳、吴倩(2020)认为,电力法现代化的基础是价值目标现代化,《电力法》的修改至少要体现公平、经济自由、多元效益统一的价值目标。[⑦]

由以上研究可以看出,在对电力行业改革目标的研究中,大多数学者已经认识到在提高电力行业效率的同时应当注重社会整体福利的提升,保证社会基本公平。然而,电力行业改革与电力行业规制并不完全相同。这些目标的具体内涵也依然存在解释空间,电力行业中公平普遍服务意味着什么,电力行业效率的改善标准又应当如何确定等目标性问题,都是需要进一步明确的。

3. 对电力规制机关的研究

学者们普遍认为,目前我国电力行业规制机关的作用并未得到充分发挥。李钺(2005)预言了电监会未来道路很可能和其成立的初衷背道而驰,有可能沦为一

---

① 黄小云:《中国电力产业规制演变与目标绩效评价》,《兰州学刊》2012 年第 3 期。

② 植草益:《微观规制经济学》(1992 年 10 月),转引自石良平、刘小倩:《中国电力行业规制效果实证分析》,《财经研究》2007 年第 7 期。

③ 雷德雨:《国外公用事业规制经济学研究动态述评》,《人民论坛》2014 年第 1 期。

④ 王侃、李汉铃:《电力监管监督机制的新思路》,《自然辩证法研究》2006 年第 5 期。

⑤ 骆梅英:《以"效率"到"权利":民营化后公用事业规制的目标与框架》,《国家行政学院学报》2013 年第 4 期。

⑥ 陈飞、刘军、张阳阳:《电力市场建设的目标、约束与评价标准》,《价格理论与实践》2017 年第 12 期。

⑦ 李艳芳、吴倩:《论我国电力法的现代化转型》,《中州学刊》2020 年第 7 期。

个调研机构。[①] 黄良进、何立军等(2010)认为,我国电力监管系统仍然存在监管机构权力有限、公共服务质量不高、监管过程透明度低、多元网络治理体系欠缺等诸多问题。[②] 陈剑(2012)发现,发展中国家的公用事业规制体系在规制机构的有限性、规制机构的独立性、规制机构结构设计、规制激励等方面存在问题。[③] 类似地,吴思珺(2005)认为,电力行业政府监管存在监管法规不完善,监管职能分散,监管机构独立性不强,监管约束机制缺失,监管职能行使不均衡、不全面等问题。[④] 王燕、李文兴(2006)发现,政府规制机构面临的挑战是,如何在无法验证企业努力程度的非对称信息条件下,对回报率规制进行合约上的改进,以便尽可能钳制住企业逃逸努力的机会主义行为,即我国政府对垄断行业规制上存在明显的道德风险问题。[⑤] 王俊豪、金暄暄(2020)认为,电监会并入后的国家能源局理应主要是能源监管机构,但国家能源局主要承担能源行业的宏观管理和制定并实施行业管理政策职能,从国家能源局内部机构设置看,只有市场监管司和电力安全监管司主要从事能源监管职能。[⑥]

学者们已经注意到我国电力行业规制机构事实上既没有良好的规制能力,也没能带来令人满意的规制效果。他们给出的建议都围绕在加强电力行业规制机构的独立性、设置良好的激励机制、抹平规制机关在规制信息上的劣势地位等方面。这些建议和研究成果都非常重要,然而依公共选择理论视角来看,在完善电力行业规制机关结构上,同样重要的是应该让规制机关更加注重吸纳各类主体意见,并在此基础上,制定规制规则并做出规制行为,以提高规制规则和规制行为的被认可程度。我国曾尝试设立具有独立地位的电监会,但并未成功,短期内重新立法确立独立电力行业规制机构的建议并不现实,故本书的研究重点在于,如何通过合理规制规则来限制规制机关以确保其有效维护公共利益,而不再详细讨论如何设立独立的规制机构。

---

① 李钺:《完善我国电力监管法律制度的构想》,《科技情报开发与经济》2005 年第 10 期。

② 黄良进、何立军等:《网络治理视角下的中国电力监管改革》,《经济决策分析》2010 年第 2 期。

③ 陈剑:《公用事业规制体系运行机理及其下一步》,《改革》2012 年第 8 期。

④ 吴思珺:《我国电力行业政府监管存在的问题及解决措施》,《武汉交通职业学院学报》2011 年第 3 期。

⑤ 王燕、李文兴:《回报率规制中道德风险问题的模型研究》,《中国软科学》2006 年第 5 期。

⑥ 王俊豪、金暄暄:《中国能源监管体制深化改革研究》,《经济学家》2020 年第 9 期。

4. **对被规制行为的研究**

杨辉、张蓉蓉(2009)通过研究发现,监管机构对供电企业监管的重点是供电质量和供电服务,而对供电企业滥用市场支配地位的行为不够重视;其次,对供电企业滥用市场支配地位的行为,监管部门或者没有完全公开,或者只要求相关的企业限期整改,而没有根据《电力法》的相关规定做出严格的处罚,威慑作用有限。① 魏科科(2010)认为,改革涉及利益关系的调整,没有专门对规制机构、职能和程序等授权,在面对既得利益集团阻挠时,监管机构束手无策。叶泽、吴永飞等(2019)认为,对居民的交叉补贴缺乏针对性,造成受益主体不是真正的低收入者,并未体现公平性。② 白玫(2017)发现我国电力市场改革的时间表不够清晰明确,何时全面放开售电市场、何时全体用户有用电选择权都没有明确的改革时间表,造成在实际改革过程中缺乏指导性和可操作性,改革成效大打折扣。③

不论学者们是指出电力规制机关不重视电力企业滥用市场支配地位,还是认为规制机关的功能与其组织行使并不匹配,都未将研究的对象转移到经营企业滥用市场支配地位行为之外的其他危害行为上;同时,由于电力经营企业依然处于对规制机关的配合与服从地位,因此规制机关的不合理行为是导致对公共利益受损的重要因素,但这一因素却被等同于规制机关组织设立问题。相关研究缺乏关注规制机关做出的具有电力行业特殊性的危害行为,仅注重在规制机关结构上的改进,并非"对症下药"。

5. **对规制手段的研究**

在准入方面,董溯战(2014)认为,我国电力领域的国有资本垄断是行政垄断主导下的经济垄断与自然垄断,政府理念转型是电力领域民间资本准入制度变迁的路径依赖,法律制度变革则是电力领域民间资本和国有资本公平竞争的保障。④ 王丽娜(2011)强调要完善市场准入监管制度,建议扩展许可证范围,将目前电力许可证只限于电力业务的许可扩展到包括项目建设和业务经营两个方面的许可。⑤ 在电价方面,张冰(2012)认为,电网企业在市场上出现以低于成本的价格销售电

① 杨辉、张蓉蓉:《供电企业滥用市场支配地位行为的法律规制》,《华北电力大学学报(社会科学版)》2009 年第 6 期。

② 叶泽、吴永飞、张新华等:《需求响应下解决交叉补贴的阶梯电价方案研究:基于社会福利最大化视角》,《中国管理科学》2019 年第 4 期。

③ 白玫:《日本电力工业市场化改革及其对我国的启示》,《价格理论与实践》2017 年第 7 期。

④ 董溯战:《中国电力领域民间资本准入法律问题研究》,《经济体制改革》2014 年 1 期。

⑤ 王丽娜:《论我国电力业务许可制度的重构》,《社会科学家》2011 年第 9 期。

力，是政府基于宏观调控的考虑，为了达到维持和稳定物价的调控目的。[①] 但是政府对电价的调控却出现了“失灵”，王秀强（2010）指出，我国电网企业利用垄断地位，在实践中不执行国家规定的调高上网电价政策、不执行上网标杆电价，而执行较低的试运行电价，通过直接或间接方式压低发电企业的上网电价，将经营压力转嫁到发电企业。[②] 艾崧溥、胡殿凯（2021）讨论了区块链技术在能源互联网的应用，他们认为在大量的用户之间建立安全自主的能源交易渠道，能实现一个自组织、自调节的能源系统，这将极大地提高能源使用效率、降低管理成本，使区块链成为高效的规制工具。[③]

我国电力行业规制的主要手段是价格审核与市场准入的行政许可，两种制度都具有不同程度的反竞争性。再者，规制机关被虚置和基本规制手段的欠缺，以及多元主体也未能参与规制规则的制定，导致我国电力行业价格和准入规制不能起到真正限制相关企业利益、促进行业发展和保护公共利益的作用。由于电力企业拥有极强的市场势力，所以其很容易将价格规制的成本进行转嫁，使得规制目的落空。解决这些问题的途径当然包括完善价格规制和行政许可制度，但笔者认为更应将重点放在两方面：一是完善电力行业规制试点制度，以增加制度备选方案数量；二是强化宏观管理层面的多元主体参与，以协商、讨论等方式促进规制规则的灵活度和被认可度，以规则的创新促进规制方式的创新，同时保障规制对竞争的促进和对利益的公平分配。

**6.对电力行业规制改革未来的研究**

唐松林、任玉珑（2008）认为，为了实现电力行业的可持续发展，中国应将促进竞争、保护环境、保障能源安全及其他的社会性目标融入统一的电力监管框架当中来。[④] 晋自力、陈松伟（2009）认为，应借鉴欧盟电力市场化改革的成功经验，以市场化改革为基本取向，逐步完善我国的电力工业管理体制和市场运行模式。[⑤] 白

---

① 张冰：《论电网企业滥用市场支配地位行为的立法规制》，《西安交通大学学报（社会科学版）》2012 年第 6 期。

② 王秀强：《电力价格大检查部分地方放纵高耗行业》，21 世纪经济报道网，http://www.21cbh.com/html/0nmdawmde4mdq0na.html，访问日期：2018 年 5 月 16 日。

③ 艾崧溥、胡殿凯、张桐等：《能源互联网电力交易区块链中的关键技术》，《电力建设》2021 年第 6 期。

④ 唐松林、任玉珑：《电力行业政府监管体制改革：国外经验与中国对策》，《经济问题探索》2008 年第 8 期。

⑤ 晋自力、陈松伟：《欧盟电力市场化改革及其启示》，《生产力研究》2009 年第 16 期。

玫(2014)认为,要构建全国电力市场,延续“放开两头、监管中间”的模式。[①] 黄良进、何立军(2010)提出以网络治理作为改革突破口,鼓励公众参与,加强过程监管,提高透明度;集权与分权相结合,构建多元网络治理体系;增强安全监管能力,建设网络治理决策和危机管理体系。[②] 王丽娜(2011)建议完善我国电力业务许可制度的实体重构,在完善法律法规体系的同时,要增强组织职能体系、健全监督机制;而程序上的重构,应完善监管手段、加强信息化建设等。[③]孙素苗、迟东训(2021)认为,应同时建立有效容量交易市场、辅助服务交易市场、电量交易市场、绿证交易市场,形成“四位一体”、有机统一的中国特色的新型电力市场体系。[④]

我们不难看出,各位学者在对电力行业规制的未来进行展望时,都从不同侧面给出了真知灼见,每个建议都不无道理。现实中电力行业规制的复杂现状,一方面突显出要实现这些目标是一项浩大的工程,同时也提示我们在对电力行业规制研究中,应当做到对电力行业规制目标的整合和识别。当前我国处于供给侧不断改革、大数据应用在行业管理中不断推行、智能电网等技术不断发展的背景下,行业规制面临的问题必然会不断变化。因此,目前的关键应该是,要在明确电力行业规制目标、规制关系、被规制行为的基础上,不断完善和丰富规制手段,避免“计划赶不上变化”所带来的资源浪费。通过完善程序和相关制度,对各类意见进行有效整合,以此指导电力行业的协调、可持续发展,而不能将环境保护、能源安全、促进竞争等电力改革的目的与电力行业规制的目的相混淆。

**7.对规制法的研究**

由于行业规制与多个法律部门中不同层级的法律规范密切相关,涉及立法法、行政法、环境保护法、价格法、电力法.电力监管条例、信息公开条例等。仅讨论电力法及其相关法律规范的调整,通常受限于上位法与相关法的限制而难以取得效果,因此有必要在规制法这一领域法的层面上进行研究。美国学者桑斯坦在其著作《权利革命之后——重塑规制国》一书中,阐述了以下几个问题:①为什么要规制;②规制法的功能;③规制是如何失灵的;④“规制国”的解释原则;⑤适用、新政和制定法解释。桑斯坦指出,规制国的观念最终导致了制衡制和个人权利等原初

① 白玫:《新一轮电力体制改革的目标、难点和路径选择》,《价格理论与实践》2014 年第 7 期。

② 黄良进、何立军:《网络治理视角下的中国电力监管改革》,《经济决策分析》2010 年第 2 期。

③ 王丽娜:《论我国电力业务许可制度的重构》,《社会科学家》2011 年第 9 期。

④ 孙素苗、迟东训、于波等:《构建新型电力市场体系及电价机制》,《宏观经济管理》2021 年第 3 期。

宪法信念的变迁，个人权利不仅包括传统的自由权和财产权，还包括享受清洁空气和洁净水的权利、拥有“社会保障网络”的权利，以及免遭工作场所风险、消费者产品风险和其他不合理风险的权利。美国学者理查德·斯图尔特(1991)在对桑斯坦的《权利革命之后——重塑规制国》一书所作的书评中，提出了“规制法学”(regulatory jurisprudence)这一概念。[①] 英国曼彻斯特大学的法学教授安东尼·奥格斯(2004)在其著作《规制：法律形式与经济学理论》中将现代政府规制理论引入了公法学研究。[②] 李洪雷(2008)认为，规制法已经与传统行政法有了根本区别。在现代社会，大量的行政决策是要对复数利害关系人的不同利益加以协调整合，而这些利益往往难以构成法律上的权利，特别是在风险社会的背景下，很多行政决策必须在不确定的基础上做出，是一种风险管理活动，将这种风险管理等同于权利保障，忽视对成本收益的分析，可能导致政府规制的僵化并引发严重不利的社会后果。[③] 通过规制法与责任法的对比，刘水林(2013)认为从法的主导规则的功能角度可把法分为两类，规制法和责任法。规制法，即以规制规则为主导，以预防有害行为发生为主要目的。[④] 朱虎(2018)认为可以通过寻找违反规制性规范对侵权责任影响的实现途径，确立司法实践的整体论证方案和规范适用框架。[⑤]

目前在我国，规制领域一部分属于传统行政法的研究范围；另一部分属于经济法的研究范围，由于研究的出发点并不相同，因而导致研究结果存在共识上的割裂。正是法学内部部门法划分对法学研究的限制，因此很多学者提倡“领域法学”[⑥]的研究。从规制领域来看，确实存在着各个分支差异性大的问题，所以要解决问题必须将研究提升到“规制法”的高度，通过理论推动在上位法层面立法、修法或法律解释来完善规制规则，避免出现必须通过违背上位法才能实现合理规制的尴尬情况。基于我国规制法研究起步较晚，影响力不大，所以要解决具体规制领域

---

① 程岩：《规制国家的法理学构建：评桑斯坦的〈权利革命之后：重塑规制国〉》，《清华法学》2010年第2期。

② 安东尼·奥格斯：《规制：法律形式与经济学理论》，骆梅英译，中国人民大学出版社，2008。

③ 李洪雷：《权利革命之后：重塑规制国·代译序》，载凯斯·桑斯坦：《权利革命之后：重塑规制国》，钟瑞华译，中国人民大学出版社，2008，“代译序”第12页。

④ 刘水林：《经济法的问题意识、观念基础和本质属性》，《经济法论坛》2013年第1期。

⑤ 朱虎：《规制法与侵权法》，中国人民大学出版社出版，2018。

⑥ 刘剑文：《论领域法学：一种立足新兴交叉领域的法学研究范式》，《政法论丛》2016年第5期；熊伟：《问题导向、规范集成与领域法学之精神》，《政法论丛》2016年第6期；王桦宇：《论领域法学作为法学研究的新思维：兼论财税法学研究范式转型》，《政法论丛》2016年第6期。

的问题,必须能够在规制法的高度上有所建树,这也是本书第一章想要达到的目的。

8.评述

大部分专著与论文主要强调电力行业的竞争、规制机构和体制改革,并没有形成一套成体系的理论来指导实践,研究依然是针对单一问题谈对策,更没有将建议落实为可行的法律规范(规制规则)。由于研究的角度限制和我国电力改革实践的滞后,目前还没有对电力规制法律做过比较全面研究的专著或文章,大部分的研究仍只是停留在如何完善行业结构方面,并没有讨论对规制体系的完善。电力行业是国民经济基础产业,是制造业与服务业正常运行的保障,同时也是资源消耗和环境污染的重要来源,其发展水平和发展路径对经济的总体效率有着重大影响。由于规制机关被虚置,基本规制手段的欠缺与不完善,我国电力行业的价格规制没起到真正限制某些企业利益和保护公共利益的作用。面对这些社会问题,学者们给出解决的路径是进行市场化改革,调整监管机关的职权,重塑被规制者的行为。然而,这种调整与重塑往往是缺乏弹性的,因为被规制企业与个人在大部分情况下只能遵从规则。为了使得规则具备一定的灵活性,规制机关在制定规则时会尽量抽象、富有解释空间,这又导致规则目标在规则运行中极容易落空。在概括授权的规制领域,规制机关具有准立法权、执法权和准司法权,这使得规制机关对规制活动有了更大的权威。在"依法行政"和"法不禁止即可为"的理念下,对规制机关的规制强调了合法性而轻视了合理性;对私人主体行为的规制强调了对明显违法行为的禁止,轻视了对损害轻微或因果关系不明确行为的规制。面对政府监管失灵,传统惯性思维让焦点依然集中在如何确保"命令与服从"规制模式的完善与可实现上,限于思维定式,对于私人部门的作用认识不足。当今社会,行政机关行为的后果不再是凭借感情和日常认知就能保证"手段一定合目的性",由于信息和技术的劣势地位,其想要使自身行为做到科学合理,必须吸收私人主体的建议和借助私人主体的力量。

现行《电力法》体现了电力建设、生产、管理等环节主管机关的权力和相关主体的义务,完全是一部适应计划经济时代电力体制的行政法。就目前的研究来看,学者们认为电力行业规制的经济法属性主要体现在建设竞争性的电力市场上,尽管只是在发电侧和需求侧引入竞争,但显然已经不需要垂直一体化的行政管理,取而代之的应是利用法律手段建立和保障电力市场中的竞争。通过对电力市场竞争的推动,可以实现规制机关对电力行业中自然垄断部分进行严格、合理的规制,在提高行业效率的基础上维护社会利益。而笔者认为除了强调竞争性电力市场，还应当使被规制者与利益相关群体有参与行业规制的权利，促进电力行业宏观管理层面的正当性。

如果法律在道义上是正当的，且在意思上是明确的，那么这种法律能够发挥作用吗？杨力教授认为："为了回答这一问题需要从现实主义角度，反过来检验法律实施的有效性。"[①]由于《电力法》及其相关法的研究程度与电力行业在国民生活中的重要性是不相称的。因此，在完善电力法过程中增强法律的有效性，重视培育法律完善的推动性力量，以规制理论、公共选择视角及法社会学理论来重新审视电力法是十分迫切的。

## 三、研究思路与方法

### （一）研究思路

由于行业规制的完善无法仅仅依靠单纯行业内部法律修订的完善来实现，因此有必要在规制法的层面上进行讨论和研究，梳理和研究电力行业规制的目标、规制中的关系、规制行为对象、规制手段等问题。

第一章阐明本书的基本理论视角。首先阐明规制的基本内涵、类别以及发展历程，并且针对我国政府规制中出现的现实与理论问题，讨论规制中出现问题的原因，将电力行业所处的宏观背景展现出来，为接下来的章节对电力行业规制具体问题进行讨论作为理论铺垫。本章分析了规制在世界范围内兴起的过程，以及我国未来要如何完善相应的规制规则，提出了四条规制规则的合理化标准，即：①规制规则应以清晰的规制目标来促进被规制领域的（经济）民主；②应突显出利益相关群体的重要性和作用；③应以危害公共利益为标准来识别被规制行为；④应确定动态化和多样化的规制手段以应对不确定性。

第二章首先明晰了电力行业规制的本质，即首先引入竞争，通过合理规制创造竞争，在不能引入竞争的部分进行合理并有效的规制。在此基础上，通过实证研究发现我国电力行业法律规范（规制规则）和学理研究中存在的问题，并尝试在后面几章分别加以讨论和解决。通过本章的研究可以发现，《电力法》及其相关法中在

---

① 杨力：《法律思维与法学经典阅读：以〈哈特法律的概念〉为样本》，上海交通大学出版社、北京大学出版社，2012，第15页。

规制目标、规制主体关系、规制行为对象与规制手段四方面规定的都存在一定问题，这些问题的出现与我国制度发展历程有关，同时也与学者和规制机关对电力行业规制的认识相关。想要达成“依法规制、有效规制”，则必须在规制规则中对这四个方面存在的问题加以解决和完善。

第三章讨论电力行业规制的目标。目前规制可以分为基于社会需要的规制、基于利益平衡的规制、基于专业技术的规制三类。明晰电力行业的规制目标才能使我们形成有效的规则制定机制，采取合理的规制手段。我国现行法中赋予了电力行业规制过多的目标，难以突显出规制任务的重点，笔者认为在电力行业规制所涉及的诸多问题中，最应当解决的是公用事业公共属性体现不足的问题，即应当确立公平普遍服务义务的内涵和实现方式。其次，由于决定公民享受公共服务水平的是公用事业的发展水平，所以另一目标应当确立为电力行业的健康发展。因此，安全规制、环境规制、碳规制等，都只能是电力行业规制的外部硬性约束，而并非电力行业规制本身要解决安全生产问题、环境污染问题、低碳减排问题等。

第四章以讨论规制关系为主。规制规则的形成具有弥补市场失灵的作用，因为在许多领域无法通过明晰产权的经典办法来引入市场这只“看不见的手”，提升行业效率。在规则形成层面，应当明确规制机关（规制者）、被规制企业（被规制者）与利益相关群体（利益相关者）之间的关系。[①] 在规制机关和被规制者的关系中，规制机关角色应由管理者转变为多重角色，被规制者对规制机关信息披露义务应当强化，其他义务类型也应趋向多样化。在规制机关与利益相关者的关系上，利益相关者应当起到限制规制机关权力的作用，而规制机关应以利益相关者为价值导向。在被规制者与利益相关者的关系上，被规制者与利益相关者往往是利益竞争关系，但被规制者必须服务于利益相关者。

第五章讨论规制行为对象的特征。除了电力经营企业的垄断行为之外，还有很多危害公共利益的行为尚未被纳入规制范围，包括规制机关自身的危害行为，而厘清所有危害行为是类型化被规制行为的前提。首先，虽然规制机关的职责范围决定了某类行为是否有可能进入规制的视野，但是社会的危害程度和成本收益衡量也是不可忽视的因素。其次，随着协商、妥协和讨论等非强制手段在规制行为中的运用，规制主体的意志不再具有绝对的正统性，规制机关要自觉维持合理的边界，其重点在于构建回应型规制，即对发展变化迅速的现实世界予以有效回应。最

① 本书在第四章中为了表述方便会以括号中的名词进行讨论。

后，应当避免规制的肆意或僵化，确立政府规制供给的程序，明确规制供给中的政策导向性，建立规制的合法性审查和监督体系。

第六章研究规制手段。在准入规制方面要明确准入制度产生的原因，避免过度进入的可能，以及对在位企业和新进企业存在政策歧视，应采取放松准入规制的策略，加强进入后的规制。在规制过程中，注重运用价格规制、标准规制、流程规制，并明确三者之间的关系和衔接方式。在信息规制方面，应明确适用条件及灵活确定披露项目。此外，更重要的是，应当明确保障规制手段合理化的途径，即重视法律解释的商谈化与规制中的多元主体合作，这样才能通过灵活的制度和规则促进规制手段的创新。

本书的总体框架如图 1－1 所示。

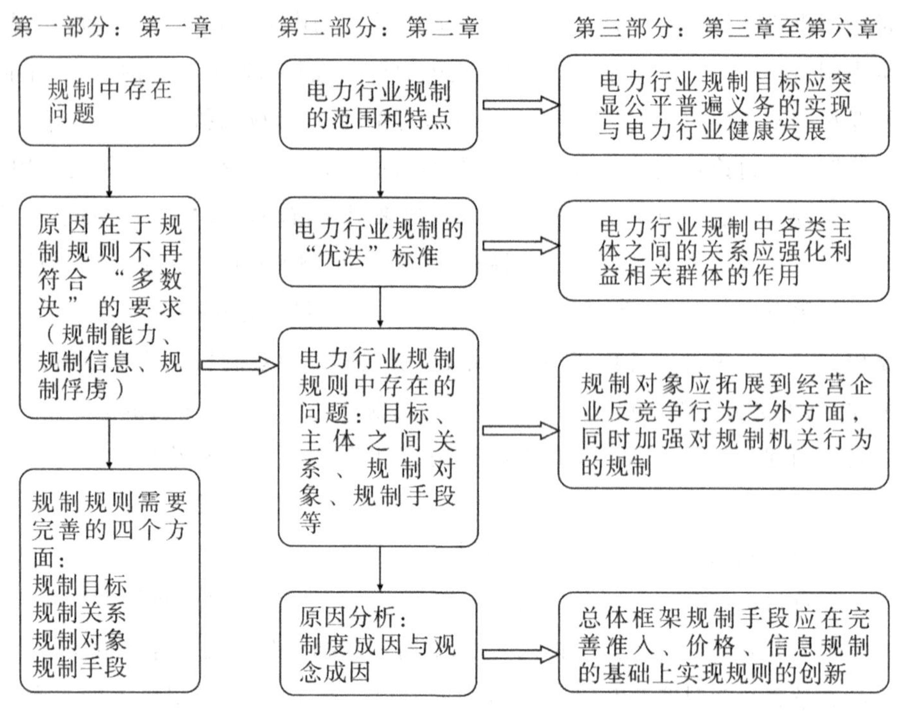


图 1－1 总体框架图

# 第一章　我国规制分析的一般理论框架

规制并不是一种无视人们明确愿望的保护性措施，而是一种使人们可以得到自己真正想要的东西的必要机制。市场并不能给人们提供所偏好的选择，规制却有促进功能。具有讽刺意味的是，这种促进是通过其强制性质来实现的。①

——凯斯·R·桑斯坦，《权利革命之后：重塑规制国》

本章在对规制国家的形成历程进行简要梳理的基础上，对规制实施中遇到的各类问题及其产生原因进行讨论，旨在对“规制如何才能真正做到维护公共利益”这一命题进行更深入的理解，从而完善规制活动与规制规则。本章也为后文分析电力行业规制中相关法律存在的问题，提供了背景和理论铺垫。首先，介绍规制国家的形成及其重要性，包括简要介绍规制的内涵及分类，回顾规制国家的缘起和发展，结合我国国情概括出我国的规制理念；其次，总结和归纳我国政府规制中存在的一般问题；再次，重点分析规制所面临各类问题出现的原因，分析既有规制规则存在不足的原因，揭示法治的形式化特征与规制需要回应现实问题之间存在的张力；最后，就规制中如何维护公共利益提出四条规制合理化建议，构建规制合理化的研究框架，为后文在电力行业规制中避免或解决这些问题做理论准备。

① 凯斯·桑斯坦：《权利革命之后：重塑规制国》，钟瑞华译，中国人民大学出版社，2008，第48页。

# 第一节　现代规制的兴起及其重要性

## 一、规制的内涵及分类

### （一）规制的内涵

“规制”[①]一词具有法学、社会学、经济学及管理学上的多重含义，从法学角度来看，规制主要指依规则对特定行业和领域中对社会公共利益具有重要影响的行为予以规范、控制的活动。[②] 由于规制本身有动词（regulate）和名词（regulation）两种含义，动词意义上的规制指在特定法律制度的约束下对危害公共利益行为的控制活动。而名词意义上的规制[③]则有两种含义，一是指对社会公共利益具有重要影响的行为予以规范、控制的活动；二是指动词意义上规制行为所作出的依据。从广义上来看，第二种名词意义上的规制是对构成规制规则的相关法律规范和各类规范性文件的统称，本书在广义上使用。从狭义上来看，名词意义上的规制特指除了法律、法规、规章之外，规制机关所制定的用以指导、约束行为的其他规范性文件，其中包括解释法律规定、规范行政权运行、控制自由裁量的手册（a code of practice）、指南（guidance）、指南要点（guidance note）、指导纲要（guide lines）、通告（circular）、白皮书（White Paper）、纲要计划（outline scheme）、指导意见（statement of advice）、部门通告（departmental circular）等。[④] 本书题目“我国电力行业规制法律问题研究”中的“规制”为第一种名词意义上的含义，而本书的研究也涉及如何通过使规制（规制规则）合理化，来促进规制活动有效达成目标。

与传统行政法更加关注规范可能会对公民个人自由和财产权进行直接侵害的

① 由于英文对 regulation 和 regulate 的翻译有管制、规制、干预等含义，本节中笔者在引述国外文献的时候统一将以上诸多用法以“规制”替代，目的在于使全书在概念和用词方面保持一致。

② 刘水林、吴锐：《论“规制行政法”的范式革命》，《法律科学》2016 年第 3 期。关于规制内涵的详细讨论，参见王波，《规制的法律形式与学理分析》，博士学位论文，上海财经大学法学院，2012。

③ 为了便于区分，名字意义的“规制”在后文中用“规制规则”的方式进行表达。

④ 余凌云：《现代行政法上的指南、手册和裁量基准》，《中国法学》2012 年第 4 期。

行政行为不同，规制同时侧重塑造对公共利益[①]可能造成重大损害的私人行为。因此，在规制活动中，为了达成规制目标往往会以限制私人行为为手段，使传统私法上的契约自由受到动态化限制。“规制”一词在20世纪六七十年代经过经济学的充实，发展出“规制经济学”这一领域，经济学研究对规制的细化和深入产生了深刻影响，布坎南认为规制是指政治化的控制对市场作用的直接干预[②]。人们比较熟悉的例子是对商品和服务资源交换条件进行整治、控制或干涉：控制工资、价格、利率、租金、行业、产业、地区的进入与退出。此后，伴随着经济学本身的发展和对其他学科的扩张，“供给-需求”“成本-收益”等经济学分析方法适用的范围不断扩张，规制已经不再局限于政府对经济行为的管理或制约，其内涵有扩展到干预私人主体的一切行为的趋势。[③]

通过规制法与责任法的对比，刘水林教授认为“从法的主导规则的功能角度能将法分为两类，即规制法和责任法”。“规制法是以规制规则为主导，以预防有害行为发生为主要目的的法规；责任法是以责任规则为主导，以救济受害者为主要目的的法规。规制规则，则是在实际损害发生之前通过颁布标准、禁令以及其他形式的一些要求，较为直接地修正人们的行为。”[④]依照这种理解，规制的内涵不单是要规制经济行为，而是拓展至所有领域对公共利益造成损害行为的事前控制，这种理解方式抓住了规制行为的特征，虽然更符合规制法律规范在现实中的功能，但是有泛化“规制法”内涵的嫌疑。宋华琳教授认为不应泛化理解规制的内涵，“规制”的内

① 学术界对于“公共利益”的界定未形成过统一的标准，本书将规制中的“公共利益”界定为被法律所确定的良好秩序，这种良好秩序背后指向一定的目标体系下，法律对某种结构或系统的组织化，并且这种组织化能够获得各类利益相关群体的认可。比如，良好的竞争秩序可以被视为一种“公共利益”，这种秩序背后是对市场竞争结构的维护，即在特定市场中维持某一产品的生产或消费者存在两个以上的数量。

② 詹姆斯·布坎南：《宪法秩序的经济学与伦理学》，朱泱译，商务印书馆，2008，第123页。

③ 目前，在我国法学界对“规制”一词的使用更倾向于对所有危害行为的控制与规范，而不限于政府对危害特定市场行为的干预。比如，李大勇教授发表于《法学》的《谣言、言论自由与法律规制》(2014年第1期)将“规制”用于对谣言的规范，姜明安讲授发表于《行政法学研究》的《论行政裁量的自我规制》(2012年第1期)将“规制”一词用于对行政裁量行为的规范，侯艳芳教授发表于《政法论丛》的《非法超量移植胚胎行为的刑法规制》(2016年第4期)将“规制”一词用于对非法超量移植胚胎行为的规范。类似的用法还有很多，可以看出“规制”一词在我国实际上被等同于“规范”“调节”。

④ 责任规则是以对具体主体权利的侵害的存在为前提的，它的运作不是直接通过社会指令，而是间接地通过损害发生后引起的损害赔偿所产生的威慑作用来矫正人们的损害行为。参见刘水林：《经济法的问题意识、观念基础和本质属性》，《经济法论坛》2013年第1期。

涵应限于政府对市场所作出的限制。[①] 从形式化的角度来看，不论何种范围，规制都强调依特定法律设立或依法律授权的规制机关，依据一定的规则，在特定行业和领域中对社会公共利益具有重要影响的行为予以规范、控制。

即便以市场的角度看待规制，仍可以将公权力对财产权的保护、对社会基本秩序的维持、对危害社会行为的打击等广义的规制行为视为市场成功运作的前提，而将规制与市场或经济的概念相联系。因此，由于现代社会中规制的真实存在和不可避免，真正的问题不在于是否依据与市场相关而确定规制涵义的边界，而是重点明确用什么样的规制方式能更好地促进公共利益。马克斯·韦伯认为，目的理性[②]的影响力通过社会制度正在逐渐增强[③]，而目的理性强调对达成特定结果的方式进行计算。在规制研究中，如何在法制的形式主义下确立最具理性的规制手段是规制研究的主要命题。所以，政府规制正在逐步吸收各个学科中有益的认识，从而也溢出了传统行政法控权理念，旨在解决社会发展中前所未有的复杂问题。为了解决规制的复杂难题，对规制类型的区分构成了对规制分类的基础，也决定了规制手段的异同，所以有必要对规制的类型进行讨论，以进一步理解规制的目标。

### （二）规制的类型

目前，学术界和实务界公认按领域和特点的不同，将规制分为两大类，即经济规制和社会规制。但是这种分类不是非此即彼的，而仅仅是强调规制偏重点的不同。日本学者植草益认为，社会性规制主要通过资格制度、审查检验制度和标准认证制度等规范产品和服务在安全、健康、环境等方面的标准；经济规制则是在自然垄断和存在信息偏差的领域通过进入退出壁垒、价格规制等手段达到资源的有效配置。[④] 经济合作与发展组织（OECD，1997）在此之外还提出了行政规制，其根据

---

① 此观点来自 2016 年 10 月 31 日宋华琳教授于上海交通大学凯原法学院主讲的报告《行政法学研究的多维视角》。

② 此处的目的理性与价值理性相对应，价值理性强调行为的内在价值，目的理性强调适用手段的合目的性。

③ 马修·戴弗雷姆：《法社会学讲义：学术脉络与理论体系》，郭星华、邢朝国、梁坤译，北京大学出版社，2010，第 39 页。

④ 植草益：《微观规制经济学》，朱绍文、胡欣欣译，中国发展出版社，1992，第 22—27 页。

规制内容的不同,将规制分为经济性规制、社会性规制和行政性规制三种类型。[①]就目前的理论发展趋势来看,经济规制已从针对自然垄断企业拓展至对一切市场主体,规制手段的使用也逐渐丰富多样化,包括行政协商、行政许可、使用规制合同等。社会规制方面,除了强调对产品质量、公民健康和环境保护制定严格的标准之外,大量的诸如信息披露、程序性规制、准入规制等更具多样性的手段开始被采用。

**1. 经济规制**

经济规制与作为部门法的经济法所要解决的问题有很大重合,即解决的问题是经济发展所产生的市场失灵问题,以及与此相关的政府失灵问题。所不同的是,经济规制较少涉及经济法中的宏观调控部分。另外,传统规制经济学中的公共利益理论,把政府看成是一个"社会福利最大化者"[②],而经济法更侧重研究调节经济的法律,能够在形式上实现统一性与系统化。经济规制中的干预一般被认为是应对垄断、外部性和信息不对称等内生于市场本身而又无法通过市场本身解决的问题,有着很强的经济学理论与现实相互映射的特征。而经济法所具体处理的是在经济发展中不断出现的、阻碍经济健康发展的问题,是对经济发展中现实问题的法律回应,因此经济法需要不断地在实践中进行理论完善。单飞跃教授从历史发展的角度考察认为,中国经济法部门的形成轨迹呈现为以经济立法为主线,按照"经济法规→经济法规体系→市场经济法律体系→中国特色社会主义法律体系中的经济法"的路线逐步发展。[③] 虽然我国的经济规制也逐步体现出规划性、渐进性、整合性的特点,强调在立法前夕通过科学的立法预测来形成越发完善、合理、协调的规制规则。但是,由于经济规制是为了避免市场自发性和盲目性而对经营者和政府进行限制的外部性约束,在这样的外部约束下经济规制的展开更多地依赖于经济学理论。不同于经济规制展开的逻辑,经济法的展开依赖于对实在法的解释,在保证合法性的基础上才会吸收经济学理论。因此,经济规制强调规制行为以效率或福利的最大化逻辑为先,而经济法则强调规制行为的合法性和对良好经济秩序的维护。

**2. 社会规制**

社会规制主要保障人类的生存、安全和可持续发展。社会规制的出现一方面

---

① 依据 OECD 的界定,社会性规制是诸如保护公民健康和安全、环境以及社会团结等社会公共利益的规制,规制方式包括设立标准、发放许可证、收费等。行政性规制是指政府出于收集信息或干预个体的经济决策的目的,在文件形式或行政程序上对经济主体提出的规则要求。经济性规制是指直接干预经济主体的市场准入和退出、价格、竞争等行为的规制。

② 李月军:《西方社会规制研究关注的主要问题及其启示》,《公共管理学报》2006 年第 4 期。

③ 单飞跃:《中国经济法部门的形成:轨迹、事件与特征》,《现代法学》2013 年第 4 期。

源于人们观念上的转变，在避免侵害上不再仅仅依靠事后责任机制，而开始要求政府对已经存在的健康安全威胁或风险采取措施予以避免；另一方面源于市场经济中的“理性人”在追求自身利益最大化时，开始顾及他人生存、安全和健康的社会威胁或风险。政府基于民众的要求与自身职能的转变，对社会危险或风险行为进行规制，以维护良好的社会秩序。

工业文明发展至今，人类的生产活动焕发出巨大的活力，为了满足当下的需求，人们在飞速生产时大规模攫取自然资源而忽视未来的利益，向自然环境中肆意排放生产废弃物，最终导致环境侵权事件大量发生。在技术不断发展的情况下，劳动者、消费者与厂商在商品的生产流程、质量水平和产品技术等方面存在的信息鸿沟越来越大，生产安全事故与产品侵害事件频频发生，损害发生后劳动者与消费者的利益难以得到保障，因此引发了对职业安全规制和产品安全规制的需求。此外，工业社会发展伴随着温室效应引发的灾害、自然资源的枯竭、生态系统的脆弱等问题，也构成了威胁全人类生存的共同风险。所以，政府的社会规制既需要保护个人的生存和发展环境，又需要保护全社会生存和发展的环境，包括安全生产、产品质量、劳动保护、环境保护、食品药品安全、社会医疗卫生等方面。社会规制与经济法也有着一定的重合。

## 二、规制的缘起及发展

### (一)规制以实在法为基础

奥特弗利德·赫费认为：“在西方传统上存在的两种关于法和国家的观点，一种是法和国家的实证主义，取消了合法性即正义问题在法和国家理论中的地位；另一种是无政府主义，主张以无统治而不是正义统治作为社会原则。如果说国家的实证主义把道德问题排除在法和国家之外，那么无政府主义连道德问题适用的范围即法和国家关系也不要了。”[①]在现实中，政府真实存在着，人们要求政府不但能够依法行为，还要求这些行为符合人们的道德观念和正义观念。目前，规制作为政府干预私人主体的重要方式，建立在法和国家的实证主义基础之上，并且被普遍认为是维护公共利益的重要方式。这也是为什么本书赞同使用“规制”表达对危害公共利益行为的控制活动，而不用“调节”“调整”“干预”等词语，因为在汉语上“规制”

① 奥特弗利德·赫费：《政治的正义性》，庞学铨译，上海译文出版社，2014，第3页。

这个词更能体现法治精神[①]，即依规则而治。布坎南也认为："不论理论上存在怎样的激烈的争议，在目前的政治辩论中，广泛干预的国家仍是一种可行的选择，其支持者既有科学家也有普通公民。"[②]规制型国家能够产生和发展，首先，因为这种模式符合在传统契约论基础上建立的现代民主国家的基本逻辑，即符合人们的正义观和道德判断[③]。其次，在科技、经济、社会的不断进步下，规制国家模式是在不断变动的环境中维护公共利益的有效方式，极大满足了大多数公民的现实需求。因此，在极为广泛的意义上，所有的近代国家均为规制型国家[④]，但只有被纳入法治框架内的规制，才不会沦为"利维坦式"的政府和压迫人民的工具。

### （二）规制的发展历程

从历史发展的角度来看，规制国家缘起于经济发展所引发的对经济协调的需求，同时也受到福利国家理念传播和实践的影响。政府规制行为自现代国家产生之初就已存在，为了实现政府成立的目标而对私人展开各类干预，但彼时的规制行为通常是"以事件为中心"(event - centered)[⑤]的，是为了解决个别的现实问题，而缺乏体系化的理论支持。福利国家理念流行之前，公权力的规制行为虽然不至于

---

① 塔玛纳哈(Brian Z. Tamanaha)教授认为，不论是在形式法治意义上还是在实质法治意义上，"法治"的内涵包含三个方面，即受限制的政府、存在正式的法律、依法律而治。See Brian Z. Tamanaha, *On the Rule of Law: History, Politics, Theory*(Cambridge : Cambridge University Press 2004), pp. 114 - 126.

② 詹姆斯·布坎南：《宪法秩序的经济学与伦理学》，朱泱译，商务印书馆，2008，第53页。

③ 现代契约论奠基人洛克认为"政治权力不能是一种支配它们的生命和财产的绝对的、专断的权力，因为生命和财产是应该尽可能收到保护的。…而且这个权力仅起源于契约和协议，以及构成社会的人们的相互同意。"(参见洛克：《政府论(下篇)》，叶启芳、瞿菊农译，商务印书馆，1964，第109页。)这里隐含着只有政治权力能为人们谋福利和保护其财产，才是正当的。

④ 因为这些国家都是不间断地通过规范的制定和实施以及通过个案的行政调整来约束、促进或压制社会变化进程，当法律上的控制达到一定的程度和目的时，只有将其称为"干预性国家"，才是合理的和有意义的。参见米歇尔·施托莱斯：《干预性国家的形成与德国行政法的发展》，王银宏译，《行政法学研究》2015年第5期。

⑤ 杰里·L·马肖：《创设行政宪制：被遗忘的美国行政法百年史(1787—1887)》，宋华琳，张力译，中国政法大学出版社，2016，第14页。

完全是肆意的[①]，也要遵从道德、立法、自然观念的约束，但是这种工具性的行为本身并不是研究和争议的中心，也并不是当时法律层面的重要问题。19 世纪末，伴随着民族国家的构建，提倡社会全体成员利益有了政治基础[②]，福利国家理念从理论萌芽进入社会实践，这种背景下社会工业化进程所引发的社会问题催生了一系列公共政策的出台。而所有这些政策的目标都旨在使工业化、城市化过程中，不断扩大的不平等和潜在的社会不满变得缓和，换言之，这些政策都致力于建设这样的一个国民共同体，其中代表各自利益的不同阶级和政党能找到一种共存共荣的方式。[③] 人们不仅需要国家"维持法律秩序"，而且还需要国家行为能够"有利于促进理性的人类目的，只要个人或者小团体中的参与者自己不能达到此目的"[④]。在此基础上，政府规制行为目标逐渐丰富起来，开始深入公民依靠自身难以实现的各种领域中，也导致政府行为本身的有效性和合理性不断受到考验。

最早实行福利政策的欧洲一部分国家，起初采取的做法是济贫，即对那些已经失去生计的贫困人群给予简单的食物和救助。[⑤] 之后，这些措施逐渐扩展至对养老金、社会保险、卫生医疗服务、工作时间以及职业健康和安全等。二战之后的欧洲，社会主义改良思想的影响使得整个欧洲福利国家的思想得到了进一步巩固，各类福利政策在欧洲各国逐步展开，民主政治的发展也使得福利由工人阶级发展到所有国民，福利政策的普遍性原则得到确立。至此，布坎南这样说，"以前启蒙神话的'上帝会照看你'彻彻底底地被新的、可实现的宣言'国家会照看你'替代。就此

---

① 塔玛纳哈教授认为，在理论上不受法律限制"君权神授"时代，君主的行为依然通过自我施加(self-imposed)的责任通过法律来约束自身行为。参见 Brian Z. Tamanaha, *On the Rule of Law: History, Politics, Theory* (Cambridge : Cambridge University Press, 2004), p. 22.

② 王朝国家造就了一个民族；接下来，这个民族又通过对国家的根本性改造而认同了国家，实现了民族与国家的统一，并取得了国家的形式，建立了民族国家。只有当人民认同国家，把国家视为自己的国家的时候，才能实现民族认同与国家认同的真正统一。所以，民族国家的人民性，是其民族性的必然要求，或者说，民族国家的民族性就内在地包含着人民性要求。(参见周平:《对民族国家的再认识》,《政治学研究》2009 年第 4 期。)正如马克思所说的那样在民族国家中:"每一个企图代替旧统治阶级地位的阶级，为了达到自己的目的就不得不把自己的利益说成是社会全体成员的共同利益"。(参见马克思、恩格斯:《马克思恩格斯选集》，人民出版社，1972，第 53 页。)

③ 唐纳德·萨逊:《欧洲福利国家:历史演变与改革现状》,《社会保障研究》2008 年第 1 期。

④ 米歇尔·施托莱斯:《干预性国家的形成与德国行政法的发展》，王银宏译，《行政法学研究》2015 年第 5 期。

⑤ 丁东红:《论福利国家理论的渊源与发展》,《中共中央党校学报》2011 年第 2 期。

来看,个人对上帝(以及通过其组织实体教堂)的依赖转移到国家。在公开福利主义这样的政治中,对强制性的依赖已经大大超出之前的准意志论程度,有过之而无不及。纵观20世纪的世界,人们从出生、养育、教育都仰仗集体,进而听命于集体"[①]。[②] 在这种社会环境下,以改善整个社会境况为目标的政府规制的合理性得到确立,各国不断在政策和立法上对这种趋势进行回应和完善。基于政府任务的不断复杂化与专业化,以及规制中存在政府本身的低效率问题,私人主体越来越多地开始参与公共产品和服务的提供,政府规制作为限制私人主体行为的手段所要应对的问题也不断复杂起来。正是在这一背景下,规制理论开始受到学者们的重视。

## (三)规制确立背后的哲学转向

从正义观念上来看,福利国家理念的被广泛接受,在哲学上体现了人们对正义和政府责任的观念发生了从洛克式到罗尔斯式的转变,这影响着人们对公平的看法。洛克认为"人们联合起来成为国家重大的和主要的目的是使得财产得到保护"(Ⅸ/124),并基于此论述了个人权利和基于同意的政府理论,但是这种法律主义的政治观念对共同友好、公共利益或者其他一些属于共同体的利益不置一词[③],正义的标准已经被简化为一个内容,即财产权[④]。在这样一种政治哲学观念下,政府的合法性源于政府的成立经过公民的同意,政府只要严格依法行政就是正义的,政府的责任就是依法行政。因此,最初美国行政法沿着普通法的进程发展,不是裁决性听证模式、规制成本-收益分析模式和利益代表模式,而是采用侵权行为法模式,即以法院为核心对行政行为的合法性及其自由裁量权进行审查,司法权成为防止行政权对私人侵权主要手段。[⑤] 而在罗尔斯看来,正义需要为了"最少获益者"的利益而组织好社会安排,这些人也就是基因博彩中的输家;当且仅当一个社会致力于矫正社会不平等,并使那些最少获益者受益,这个社会才是正义的。[⑥] 德沃金进一

① 詹姆斯·布坎南:《为什么我也不是保守派:古典自由主义的典型看法》,麻勇爱译,机械工业出版社,2015,第17页。

② See Claudia Goldin and Gary D. Libecap, *The Regulated Economy a Historical Approach to Political Economy* (Chicago: The University of Chicago Press, 1997), p. 2.

③ 史蒂芬·史密斯:《政治哲学》,贺晴川译,北京联合出版公司,2015,第212页。

④ 霍伟岸:《自然法、财产权与上帝:论洛克的正义观》,《学术月刊》2015年第7期。

⑤ 于立深:《公法的"知识瓶颈"与方法论变革》,《法制与社会发展》2007年第4期。

⑥ 史蒂芬·史密斯:《政治哲学》,贺晴川译,北京联合出版公司,2015,第215页。

步主张需要真正弥补人们天赋的差别，排除个人选择之外的运气因素造成的不平等。[①] 伴随着法律现实主义的兴起，财产权等同于自由的观念受到批判。如果无家可归的人们无处落脚，那不是由于上帝的意志或者自然的因素，而是由于财产权规则驱逐了他们，必要时还会伴随着强制。[②] 因此，政府职能的扩张在哲学上有了依托，其干预的范围也从在经济上补偿弱者而拓展到任何需要由政府来实施的、存有不公平的领域。因此，民主国家下政府以公共利益为目标，承载满足民众需求和平衡各类群体利益的重要任务。桑斯坦在成为美国白宫信息与监察事务办公室负责人后就曾这样描述过他工作的部门："该办公室负责监督有关空气清洁和水资源、食品安全、金融稳定、国民安全、医疗保健、能源、农业工作安全、性别和种族歧视、高速公路安全、移民、教育、犯罪、残疾人权利等方面的联邦法规。"[③]政府规制除了在范围上的增加，事项也越来越细致，对公民生活的各个方面都进行了限制，桑斯坦甚至用"保姆型国家"来形容现代规制国家。[④]

## 三、规制在我国的重要性

在法治国家的规制活动中，公权力的一切行为都应受到法的限制。公法是一种复杂的政治话语形态，公法领域的争论是政治争论的延伸[⑤]，经济规制活动与经济法作为政治国家向市民社会延伸的制度，同样体现着政治话语的延伸。在我国，政府由计划经济下的全面干预正转向市场经济下"服务型政府"，2004 年宪法修正案将"国家尊重和保障人权"以及"国家建立与经济发展水平相适应的社会保障制度"写入宪法，从宪法上充实了福利国或社会主义色彩。[⑥] 抽象、概括的宪法内容

---

① 高景柱：《民主平等观的困境及超越：罗尔斯与德沃金之争》，《南京社会科学》2007 年第 11 期。另外，德沃金的正义观通常被概括为"敏于志向、钝于禀赋"，这种思想在补偿自然残障时不愿意尝试更优的方案，似乎意味着对残障者福祉的关心仍然不够。（参见威尔·金里卡：《当代政治哲学》，刘莘译，上海译文出版社，2015，第 102 页。）

② 凯斯·桑斯坦：《罗斯福宪法：第二权利法案的历史与未来》，毕竟悦、高瞰译，中国政法学出版社，2016，第 21 页。

③ 卡斯·桑斯坦：《简化：政府的未来》，陈丽芳译，中信出版社，2015，第 XII 页。

④ 例如，纽约市长迈克尔·布隆伯格于 2012 年所做的决定，该决定由纽约市公共卫生委员会出台，禁止在特定的地方出售重量大于 16 盎司的苏打水，其目的是帮助减少肥胖的状况，布隆伯格认为该禁令能帮助人们实现这个目标。参见卡斯·桑斯坦：《简化：政府的未来》，陈丽芳译，中信出版社，2015，第 222 页。

⑤ 马丁·洛克林：《公法与政治理论》，郑戈译，商务印书馆，2004，第 8 页。

⑥ 龙晟：《社会国的宪法意义》，《环球法律评论》2010 年第 3 期。

背后存在广阔的解释空间需要国家指导思想[①]来充实对其内容的阐释和丰富。十八大提出的重要指导思想和重要执政理念——“中国梦”中所包含“学有所教、劳有所得、病有所医、老有所养、住有所居”等具体目标。党的十三大强调“效率优先、兼顾公平”，发展至党的十七大后调整为“把提高效率同促进社会公平结合起来，初次分配和再分配都要处理好效率和公平的关系，再分配更加注重公平”。不论是宪法还是各类方针政策，都体现了国家加强对人民群众各类保障，对财富进行公平分配，为人们提供各类公共服务的基本理念和具体目标。然而，我国人口结构、经济发展、历史进程、社会问题与其他国家不同，决定了我国福利国家建设不能单纯以西方国家为模板套用我国现实，而是要归纳和发现各国政府提供服务和实施规制所遵循的内在机制和发展规律，借此科学合理地满足我国人民的需求，提高人民的幸福感。

本书所研究的电力行业属于标准的“公用事业（public utilities）”，通过固定网络设施为公众或不特定的多数人提供产品或传输服务的行业。[②] 由于公用事业所具有的民生必需性、公共利益性、不同程度的自然垄断性或公共（集体）物品属性，导致了法律对其调整的特殊性。[③] 在全面推进依法治国背景下，[④]电力行业规制要通过规制改革来促使行业优化配置资源，[⑤]提高公共服务水平。所以目前我国电力行业规制本身面临着依法提供高公共产品质量，满足人民需求的任务。《中共中央、国务院关于进一步深化电力体制改革的若干意见》（中发〔2015〕9 号）（以下简称 9 号文）也明确了电力体制改革的基本原则之一是坚持保障民生，要做到结合我国国情和电力行业发展现状，充分考虑企业和社会承受能力，保障基本公共服务的供给；妥善处理交叉补贴问题，完善阶梯价格机制，确保居民、农业、重要公用事业

---

① 莫里斯·奥里乌认为指导思想体现了社团（如国家、协会、工会）的利益的必欲实现的宗旨。参见莫里斯·奥里乌：《法源：权力、秩序与自由》，鲁仁译，商务印书馆，2015，第 85－128 页。

② 章志远：《公用事业特许经营及其政府规制：兼论公私合作背景下行政法学研究之转变》，《法商研究》2007 年第 2 期。

③ 史际春、肖竹：《公用事业民营化及其相关法律问题研究》，《北京大学学报（哲学社会科学版）》2004 年第 4 期。

④ 2012 年中国共产党十八大报告提出了“全面推进依法治国”的重大决策和战略部署，其中明确指出：“法治是治国理政的基本方式，要推进科学立法、严格执法。”

⑤ 2013 年十八届三中全会指出，“要发挥市场在资源配置中的决定性作用，大力推进电力、石油、电信等自然垄断行业的价格改革”，2014 年十八届四中全会审议通过了《中共中央关于全面推进依法治国若干重大问题的决定》，明确“社会主义市场经济本质上是法治经济。使市场在资源配置中起决定性作用和更好发挥政府作用，必须以……有效监管为基本导向，完善社会主义市场经济法律制度”。

和公益性服务等用电价格相对平稳，切实保障民生。

## 第二节　我国政府规制中存在的问题

伴随着政府责任的扩张，在我国政府规制活动中，出现了许多亟须解决的现实问题。本节的主要内容是对我国规制在现实中出现的问题进行总结和梳理。本书虽然主要研究电力行业规制的法律问题，但电力行业规制中出现的问题与其他行业出现的问题具有共性，明确这些具有共性的问题，有利于在完善电力行业规制的目标下尽快识别出具体问题，促进理论与实践的良好互动，并及时汲取其他行业的有效解决办法。法律不是强大的独立势力，而是要对外界压力作出反映，从而反映施加压力的社会势力的愿望和力量。[①] 从这个意义上来说，规制本身是一种工具，如何能使工具既能达成规制目标，又能不脱离既有法治框架，还能满足社会需求，考验规制者的能力和智慧。目前，如何合理分配利益、如何处理传统权利话语体系与规制目标的不协调问题、如何应对规制中存在的不确定问题以及抽象法律的具体化问题，是规制实践中的四个突出问题。

### 一、利益分配问题

目前，政府承担大量提供公共服务、公共产品、对弱势群体保护、对经济社会进行宏观调节等职能。但是想要不损害所有主体利益，进行理想的“帕累托改进”[②]式的规制往往是难以实现的。政府规制过程中必然会涉及减损某些群体的利益，而维护另一些群体利益的问题。比如，政府对雇工工资、工时、工作环境的规制是为了保护被雇佣者的利益，但这样会增加用人单位的成本，减少其经济收益。规制的目的在于维护某一秩序处于良好的状态，从长远来看，任何主体在良好的秩序中都会有收益，然而短期内政府规制的“从无到有”会影响被规制个人主体的利益。有目的地调节收入分配也是政府维护社会正义而进行规制的起点，所以，在政府规制中面临的问题，首先是对规制行为的损益和收益做出衡量，并平衡不同群体之间的利益。

---

① 劳伦斯·弗里德曼：《法律制度：从社会科学角度视察》，李琼英、林欣译，中国政法大学出版社，2004，第4页。

② 帕累托改进是以意大利经济学家帕累托（Vilfredo Pareto）命名的，指在没有使任何人境况变坏的前提下，使得至少一个人变得更好的改进行为。

长久以来，由于我国行政权力运行依照的是保障个人基本权利和财产安全的逻辑[①]，在面对给付行政的新任务时，如果政府给付能力欠缺，就极有可能会在相关法律规范的制定时被忽略。实际上给付任务确实受到给付能力的限制，不合理的给付规则会导致在政府规制中忽视行政资源的有限性，以及对损益和收益的权衡。[②] 这使得在法治框架内，政府缺乏对利益平衡的现实考量，继而导致很多政府规制行为并非是以效用最大化为导向。在发生利益纠纷时缺乏平衡能力，往往导致利益的"按闹分配"，依照"不闹不解决，小闹小解决，大闹大解决"的逻辑来进行利益分配。这种情况的普遍发生使得人们对许多公共设施建设"只愿享其利，不能担其弊"，这不利于事前解决纠纷，还有可能纵容了闹访和群体事件的发生。[③] 另外，源于对"公平"的平均主义理解，很多更具效率的规制措施难以施行。比如，我国一些大城市对车辆牌照所采取的限制措施，无疑是为了保障公共交通道路的通畅，但是为达到这一目的所采用的限购和摇号措施均无法令各方满意[④]，能够以最大效率利用车牌的人无法得到车牌，没能得到车牌的人也未获得任何补偿。多元利益群体的分疏使得政府规制首先要处理好各类主体之间的利益分配问题。本书在第三章中将会详细地讨论电力行业规制中涉及的利益分配问题。

---

① 个人依赖须依赖国家实现的权利，即公权利，多数权能仅凭公民自己努力很难实现需要国家积极的帮助 国家是主要的义务主体，且主要负有积极义务。从方式上讲权利的保障应是全方位的确保，是指确保权利 的存在、实现以及不能实现（受到侵犯）时的救济保护。参见邓佑文：《行政参与权的政府保障义务：证成、构造与展开》，《法商研究》2016 年第 6 期。

② 阿提拉·马扬：《社会政策："欧洲模式"适合中国吗?》，姚森元译，《华东师范大学学报（哲学社会科学版）》2016 年第 5 期。

③ 在相互冲突的权利竞争有限社会资源的假定之下，正确的决策不是充分保护任何一种权利，而是在保护各种权利上投入恰当数量的资源，以谋求权利保护所实现的产出总和的最大化。参见桑本谦：《理论法学的迷雾：以轰动案例为素材》，法律出版社，2008，第 23 页。

④ 于 2011 年北京市交通委发起的有关缓解交通拥堵调查中，有 29.22%的投票者认为，"倡导和实践'3510'（3 公里步行、5 公里骑行、10 公里乘公交地铁出行）绿色出行"对缓堵最有效。而"通过小客车指标调控并采用摇号方式实施机动车总量控制"这一措施仅获得 11.71%的支持率，在全部六个选项中垫底。而"停车价格调整和加强停车管理""推进城区道路微循环、保障较好路况""公共交通快起来""加强交通信息服务和交通管理"，四项分别获得 15.32%、14.81%、14.51%、14.44%的支持率。参见王静：《近九成民意认为缓堵效果未现，摇号购车在满意度调查的六大选项中垫底》，http://www.bj.xinh uanet.com/2011－07/03/content_23148551.htm，访问日期：2018 年 7 月 31 日。广州市正式发布《广州市中小客车总量调控管理试行办法》，宣布对全市中小客车试行总量控制管理，有学者认为，广州限购令让部分消费者失去或者无限期延长了拥有汽车的机会，更没有征求民意，完全是一次公权力以汽车限购名义对公民正当权利的无理消费。参见陈喆：《请别以汽车限购的名义消费公民权利》，《中国经济时报》2012 年 7 月 3 日，第 9 版。

## 二、权利体系与规制目标的不协调问题

马克思有句名言，“权利永远不能超出社会的经济结构以及由经济结构所制约的社会文化发展”，[①]社会发展伴随的是各项权利内涵逐渐发生变化。权利这一概念产生之初，是针对个人意志的独立地位而言的[②]，人们意志自由[③]的绝对性使得权利的内涵也有着较强的绝对性，权利就是法律赋予的自由和利益，权利不能在无正当理由的情况下受到剥夺或减损。而在福利国家中，一方面，政府提供各类公共服务和物品的义务赋予私人主体享受这类服务的权利；另一方面，分工的加剧和发展的不平衡引发利益群体的分化。利益群体的分疏不可避免地会造成权利冲突的问题。这是因为：其一，不同群体对权利认知不同从而导致对政府规制的需求不同；其二，相同群体在权利扩张的趋势下可能会要求实现两种互相冲突的权利。以电力行业规制为例，谋求电力公用事业基本服务权实现时，有些群体更加重视电力价格的合理性，而其他群体更加重视电力服务的普及化，这会使得公用事业基本服务权内涵发生混乱，从而影响政府规制电力行业，导致规制的重心不明。另外，人们主张公共事业基本服务权，就需要在一定程度上遭受因发电而引发的空气污染所造成的健康损害，人们获取利益和实现权利并不再是毫无成本的，公共资源的有限使得人们在权利上不能“鱼与熊掌兼得”，既享受公共事业服务的同时又能实现绝对的健康权。

劳伦斯·M. 弗里德曼教授认为：“权利是对一种好处的要求，至少在理论上，或道德上，这种好处的供应应当是无限的，权利不是配给的。主观上权利是绝对的。客观上，没有或很少权利可能是绝对的，不是理论上而是事实上。”[④]所以，理论上权利具有绝对性而现实中权利具有相对性。在规制领域对权利和利益的保护依赖于公共资源，对权利的僵化认知有时确实会引发人们对立法者不愿保护个人

---

① 马克思：《马克思恩格斯选集（第 3 卷）》，人民出版社，1972，第 12 页。

② 方新军：《为权利的意志说正名：一个类型化的视角》，《法制与社会发展》2010 年第 6 期。

③ 自由让人类拥有尊严，自由是摆脱所有人身依附和社会、自然约束的能力。个体有权利选择加入一个国家里的任何社群，然后国家政权却没有这项权利。参见吕克·非希、克劳德·卡佩里耶：《最美哲学史》，胡杨译，上海书店出版社，2015，第 221 页。

④ 劳伦斯·弗里德曼：《法律制度：从社会科学角度视察》，李琼英、林欣译，中国政法大学出版社，2004，第 269 页。

权利和不负责任的诟病。[①] 波斯纳教授认为："受制于法律意识形态的支配，将法律背后的经济性因素隐藏域抽象的道德教义或宪法权利背后，才能使法律获得无可置疑的正当性。"[②]除了法律逻辑对权利权衡的阻碍，目前的公共政策形成所使用的"阶段分析的方法"[③]也并不是一个具备因果关系的模型，[④]不再强调对权利的绝对维护。再加上我国并非判例法国家，没有成熟的判例制度来对权利的实现机制进行修正，这一系列因素导致的结果就是规制中尚未形成对权利协调的有效机制。

在电力行业方面，以商业机会权为例，经营企业的商业机会权的实现受电力行业发展状况、竞争环境、市场化水平等多方面影响。继而在经营资格意义上对商业机会进行权利确认[⑤]，需要由正当程序来确保对商事机会权施加合理的约束。为了实现保障电力行业的稳定运营、妥善处理交叉补贴、鼓励新能源发电等目标，对电价的约束直接限制了经营企业实现交易的选择空间和商业机会权的范围。

## 三、规制结果的不确定性问题

如今，政府职能不再局限于保护人民基本权利和财产安全，而是扩展到人们生活的各个方面。规制任务复杂化所带来的不确定性，已经使得规制计划越发棘手，公共干预措施有时显得过于膨胀，对财富的二次分配也可能过度依赖强制征收等传统行政手段。规制的不确定性和限制缺失，可能引起更多的唯意志论行为[⑥]。在现实中，正是由于不确定性因素引起的各类大规模侵权事件的发生，有些学者将当下社会称为"风险社会"[⑦]。不确定性问题在现代社会中无法避免，在规制中既

---

① 桑本谦：《理论法学的迷雾：以轰动案例为素材》，法律出版社，2008，第 149 页。

② 波斯纳：《道德与法律理论的疑问》，苏力译，中国政法大学出版社，2001，第 125 - 126 页。

③ 公共政策的阶段分析模型把复杂多样的政策过程分解成能够加以分析的环节，特别注重对有关议程的设定和政策实施的研究。

④ 保罗·萨巴蒂尔、汉克·詹金斯·史密斯：《政策变迁与学习：一种倡议联盟途径》，邓征译，北京大学出版社，2011，第 3 页。

⑤ 这种权利是一种抽象的参与权，达成交易后取得的是现实的具体的财产权利，持续不断的交易活动就是资格权利向具体财产权利转化的过程，强调抽象的商事参与权，既非资格性权利，也非现实性财产权。参见吕来明：《论商业机会的法律保护》，《中国法学》2006 年第 5 期。

⑥ 让·皮埃尔·戈丹：《何谓治理》，钟震宇译，社会科学文献出版社，2010，第 8 页。

⑦ 风险社会理论由德国学者乌尔里希·贝克首次提出，相关论述参见乌尔里希·贝克：《风险社会》，何博闻译，译林出版社，2004。

需要降低因不确定因素带来的损益，同时也需要对损益的风险进行合理分配。

具体来说，政府规制的不确定性有两种来源，其一是因科学发展滞后而使规制的后果存在不确定性，包括损益发生因果关系不明晰或损益发生概率不确定。比如，就是否应大规模使用转基因技术的利弊问题而言，目前来看在科学上仍然没有定论，政府对相关政策也难以做到风险最小化。其二是规制后果本身是否符合公众利益和民主要求的不确定，虽然很多规制行为是出于善意的，但是可能会引发人们的不满而导致规制行为需要撤销。比如，我国的电力变电设备和对二甲苯化工项目(PX)[①]的建设，政府认为无风险，而民众却对其产生恐慌。在电力改革中也面临着大量的不确定性问题：电力行业中哪些部分应当市场化，市场化是会带来行业效率的提升，还是会因“市场失灵”而损害行业效率；对于不能完全市场化的部分，应当采取何种规制手段等问题，都并非有着确定无疑的答案，亟须理论研究。

## 四、抽象法律规范的具体化问题

### (一)宪法的具体化问题

目前，绝大部分规制活动仍依赖于政府行政，行政的作用在于形成社会生活、实现国家目的，特别是在福利国家或社会国家中，国家的任务更是庞杂而繁重，行政往往必须积极介入社会、经济、文化、教育、交通等各种关系人民生活的领域，成为一双处处看得见的手，如此方能满足人民与社会的需要。[②] 在法治国家的要求下，政府制定规制规则和实施规制行为首先应当确保可以在宪法中追本溯源。然而，由于宪法中的规定往往是抽象和概括的，比如宪法中对“国家尊重和保障人权”以及“国家建立与经济发展水平相适应的社会保障制度”等规定。所以，政府规制对于宪法规定的具体化和展开，具有十分重要的现实意义，也与一国法治化水平、经济发展程度、文化等多方面因素相关。因此，规制的展开不仅受制于法律体系本身，也受制于外部因素，但在福利国家要求下宪法的具体化仍是政府能够合理采取

① PX项目，即对二甲苯化工项目。PX是英文P－Xylene的简写，其中文名是1,4－二甲苯。

② 翁岳生：《行政法(上册)》，翰芦图书出版有限公司，2000，第13页。

规制措施的前提。然而，目前对抽象的宪法条文，在公共政策方面缺乏一套解释理论。[①] 作为宪法义务主要承担者的政府，在依据宪法第 89 条“规定行政措施、制定行政法规、发布决定和命令”时，往往因缺乏解释理论，而难以避免部门利益的干扰或者会忽视某些群体利益。另外，没有恰当的程序能够合理地使宪法权利通往公共利益的程序性“隔音空间”[②]，宪法如何具体化是规制中避不开的话题。

### （二）规制决策合理化的问题

在福利国家中，规制决策所要处理的问题可能极端复杂，行政机关不仅要做到不滥用权力和不侵害私人主体利益，更需要确保其决策的科学合理。为了保证决策的合理化，学者们将目光移向了规制过程，建议建立规制过程的合法化框架，在过程中寻求形式、理性、民主的复合式规制合法化框架。[③] 但是，如何在面对具体问题时整合这些合理化要求，做出合理决策，仍需理论探索。规制的合理化应当视政府行为和财政收入本身为一种资源，并且在对这种资源分配时必须考虑效率。规制规则的制定者与适用者应当能认识各种可能的行动选项，应为新的发展提供适当答案；观察国家与社会的演变、分析其对行政法体系的影响，据此对行政部门日常的具体化行为指出变化的可能性与发展方向。[④] 行政的科层制[⑤]存在着容易

① 徐继强教授认为，由于我国宪法权利的实施方式目前主要是由国家以立法的方式来进行，其间的推理过程并没有也无法充分显现出来，所以我国宪法权利的结构特征及其推理的方式仍不明朗。虽然宪法学者对大量的宪法事案进行了规范性的分析，但都只是一种学术性的探讨，并不能真正反映我国宪法权利规范的结构和推理方式的实际状况，也无法形成一致的、融贯的宪法权利解释和推理模式。参见徐继强：《宪法权利规范的结构及其推理方式》，《法学研究》2010 年第 4 期。

② 李建华教授认为，通过分配程序参与者的角色的权利与义务，可以对政治权力的恣意进行有效的限制，以创造出一个相对独立的决策“隔音空间”。参见李建华：《公共政策程序正义及其价值》，《中国社会科学》2009 年第 1 期。

③ 王锡锌：《行政正当性需求的回归：中国新行政法概念的提出、逻辑与制度框架》，《清华法学》2009 年第 2 期。

④ 陈爱娥：《行政法学的方法：传统行政法释义学的续造》，《月旦法学教室》第 100 期。

⑤ 马克斯·韦伯认为，科层制为实现组织的目标所必需的日常工作，作为正式的职责分配到每个工作岗位。所有岗位的组织遵循等级制度原则，每个职员都受到高一级的职员的控制和监督。科层制的组织由一些固定不变的抽象规则体系来控制的，这个体系包括了在各种特定情形中对规则的应用。参见马克斯·韦伯：《韦伯作品集Ⅲ：支配社会学》，康乐、简惠美译，广西师范大学出版社，2004，第 22－25 页。

被俘获、效率低下和忽略人们需求等缺陷，[①]如何在规制中尽可能做到合理化，考验着规制者和相关理论。

复杂多变的环境会导致规制合理性自我消解的可能。规制政策可能会有双重影响性，即在规制实施后成功改变人们的经济行为，却也改变了规制实施的初始环境基础。[②] 规制体系一旦建立起来，就创设了收益的利益群体，他们会使得规制规则的修改或废除变得十分困难。

能够满足人们需求的规制体系，需要合理化的规制规则，而要做到这一点并不容易。规制责任的合理化是约束政府行为的必要条件，但规制责任的"权责一致"，需要与其他制度进行配合才能实现。比如，当规制责任追究在由"点"向"面"不断推进时，规制责任的标准也会由笼统逐步走向具体，如何解决规制机关工作人员"不求有功，但求无过""多做多错"的制度问题，还需要容错与激励制度予以配合。[③] 由此可见，规制决策的合理化需要各种制度的相互协调与配合，也需要不断地在规制实践中进行总结和完善。

## 第三节　我国规制中出现问题的原因分析

公民权利意识相对淡薄、《行政程序法》的缺失与社会中间层的不发达等，许多因素都决定了我国规制中出现的问题不同于其他国家。电力行业规制需要以规制理论为基础，本节主要讨论我国规制中出现问题的原因，为后面章节对电力行业规制的完善做理论铺垫。

---

① 科层制组织的合理性指的是注重技术效率和计划性而不是人的需要或价值。科层制中，对自发情感的满足和欢乐被合理而系统地服从于科层制机构的狭窄的专业要求所淹没。总之，效率的逻辑残酷地而且系统地破坏了人的感情和情绪，使人们沦为庞大的科层制机器中附属的而又不可缺少的零件。参见约翰逊：《社会学理论》，南开大学社会学系译，国际文化出版公司，1988，第 291 - 292 页。

② See Claudia Goldin and Gary D. Libecap, The Regulated Economy a Historical Approach to Political Economy (Chicago : The University of Chicago Press, 1997), p. 10.

③ 目前很多文献中揭示了我国官员升迁中地方 GDP 增长这种可清晰衡量的因素影响比重很大，虽然上级对下级的升迁激励中包括了经济、文化、环境保护等多重目标，并且理论上官员的最优决策应当是多目标下各因素的矢量和。但是由于环境等因素难以数据化衡量，并且管理上相对绩效考核更侧重于经济数据，也因此导致了很多社会规制无法合理化。

## 一、利益相关群体的利益表达滞后于规制活动

政府无疑应当满足公民生存和发展的基础性需求，但是由于现实中政府的规制规则形成于代议制机关或者专业化的规制机关，大多数规制规则在规制行为做出后才有机会吸纳对规制行为不满者的意见。这就导致了规制机关如果不对规制行为进行调整，就会被认为不符合民主要求，而如果按照其意见撤销或重新做出规制行为，则会带来高昂成本。出现这些问题的原因在于，我国既有的规制体系将公民对规制行为的具体偏好表达置于规制行为作出之后。如果人们无法承担规制行为的高昂成本，则可能采取闹、访、诉等行为。实际上，政府做出规制行为之前，既定的规制目标在宪法和法律框架下存在很多选择的可能，仅由规制机关制定的规制规则很难做出最优选择。因此，由各类主体在规制机关的主导下，通过明确规制目标和充分的“讨价还价”而形成的备选方案，既能促使各类主体于规制之前商定出具有共识的规制规则，又能比单纯的“依法行政”更尊重人们的选择自由，有利于被规制者和相关者的利益最大化。这要求规制机关在形成规制规则与实施规制行为时能够充分重视利益相关群体的诉求。

目前，学者们倡导的立法协商、立法听证和执法协商等制度，还没有赋予多元主体对备选规制规则和规制行为的决定权，而仅是要把各类利益群体表达诉求的阶段提前到法律法规制定和具体规制行为的酝酿阶段，赋予了各类主体一定程度上表达其需求的程序性权利。人们已经开始重视通过规制行为做出之前的商谈程序，形成一套能够尽可能平衡所有人利益、规制效果更好或成本更小的规制方案。规制实践中所出现的利益分配问题，很多都源于未能在规制规则形成和实施阶段吸纳多元主体的参与，在规制行为做出之后，也无法有效的对各方存在的异议进行反馈。

## 二、缺乏正当程序对权利内涵充实以突显出利益群体的重要性

权利是法律赋予的利益与自由，权利源自法律的规定，而法律的权威产生于公民的普遍认可。为什么民意能够给出好的选择，借用卢梭对“公意”的论述，答案是：“它是好的，因为它是(合)理性的；而它是(合)理性的，因为它是普遍的；它通过

个别意志的普遍化而出现，而那种（个别的）意志本身则是不好的。”[①]这一观点的逻辑是：个人的理性化能够导致制度的合理化，而合理化的途径就是集合民意。但是在规制的语境下，民意的集合并不必然导致制度的合理，个体层面上价值判断的难题或不确定性，不再能够通过简单的民意汇集来解决问题。这种情况一方面会驱使人们通过构建被普遍认可的程序来解决问题，以求在民意的实体判断之外获得解决的良方。因此，民意的功能便从直接的价值判断转向通过特定程序得出一定的结论，结论好与坏的标准不再是所有人主观判断的结果，而是其是否严格经由民意认可和参与的程序而产生。[②] 另一方面，基于政府本身的优势地位，人们会更多地授权给政府代替自己进行选择。政府在进行规制时，由于其复杂性，立法阶段很难就单一问题进行及时有效的回应，具体问题的显露和人们获取“立法理论”[③]都可能需要相当长的时间。在这种情况下，立法阶段偏向于授予专业的规制机构制定规则的权力，通过程序或者责任来控制其权力和决策的合理性。

不难发现，规制相关的新型“权利”往往需要在民众参与下，通过规制规则制定程序来确定。因为，人们以权利为主张要求政府实施的某些义务，往往是人们从逻辑上推理得出的政府义务，而事实上，许多涉及福利权利的实现并非单纯是逻辑的结果，还需要考虑现实的资源和成本约束。正是对于权利相对性的无视，导致人们容易要求政府提供对权利的绝对性保障。

## 三、忽视政府与民众的共识是应对政府行为不确定性的基础

面对规制的不确定，及时吸纳利益相关者的意见，促进共识的形成，有利于保护各类主体的利益，减小规制结果不确定性所引发的危害。在实践中，正是在规制过程中忽略了共识的达成，以及忽略达成共识所需尊崇的民主价值优先性，才导致

① See Leo Strauss, *The Three Waves of Modernity. In An Introduction to Political Philosophy: Ten Essays by Leo Strauss* (Detroit: Wayne State University Press, 1989), pp. 81-98.

② 吴锐：《论风险社会语境下司法的风险预防功能》，《兰州大学学报》2015年第5期。

③ 布坎南使用立宪理论和立宪利益来论述宪法形成中的决定因素，此处笔者借用这两个概念，并扩展到整个立法过程，即使用为“立法理论”和“立法利益”。只有人们明确了法律对自己的利益影响才能做出是否赞同这一法律的决定，而人们对法律与自身利益的判断事由其所具有的理论所决定的。参见詹姆斯・布坎南：《宪法秩序的经济学与伦理学》，朱泱译，商务印书馆，2008，第72页。

规制缺乏正当性。科学上的不确定性是无法避免的,对具有不确定性问题的应对,只有基于科学本身才能做到合理,基于民主的程序才能做到合法。之所以要寻求人们对规制活动的共识,正是要实现规制合理性与合法性的统一。法律本身具有超越现实利益和因果关系的价值倡导作用,抽象的法律条文既不足以提供统一的标准来赋予所有人利益,也不足以应对科学上的不确定性。面对不确定性问题时,如果没有共识作为规制基础,难免会使民众感觉"所有的统计和数据都是假的,只有我的感觉是真的",这会割裂多元主体之间,及多元主体与规制机关的有机联系。

规制任务的复杂性,使得规制机关在做出规制决策时不得不依赖技术专家。而不论这些专家是否直接隶属于政府,其都应当能够维护公共利益。虽然在对公共利益本身的理解上,专家和民众可能会产生分歧,但是在民主国家中,民意的价值应当高于专家意见。所以专家们除了要给出政策建议,还要向民众说明这些政策的影响,并说服他们采纳这些政策,通过更新人们所持有的"立法理论",来推动规制规则的合理化。因此,达成共识是政府进行有效规制的基础,不仅能够促进科学的政策的形成,也能够限制政府权力。正是在面对不确定时,缺乏对规制机关探寻一致同意的要求,使得政府规制在面对由不确定性引发的诘难时,没有足够的回应能力。在规制前缺乏对民意的提前说服,就只能在规制后疲于应对民意。

## 四、规制需要"一致同意"原则来弥补形式法治的缺陷

### (一)规制的现实性要求与法治的形式化特征之间存在间隙

法治的形式化特征难以完全保证政府在规制中维护公共利益。法律作为维护公共利益的重要手段,其形式化特征对于防止公权力的滥用发挥着重要作用。然而现代法律的作用不再局限于限制权力,更承载了组织和治理社会的功能[①],即法律要促成政府对公共利益的维护。因此,如何在形式化的法律内有效地维护公共利益是对法治本身的一大挑战。公共利益成为法律所追求的目标,其与国家、社会、经济环境有着紧密联系。在每个国家的实在法中都能找到维护公共利益的条款,但是对这些内容进行解读与阐释的方式却并非是不言自明的,甚至无法为政府

① 人类文明的历史显示出一种越来越趋向于由受过训练的司法官有系统的适用政治上有组织社会的强力的动向,这些司法官在运用强力时,所根据的是一套科学组织起来的权威性指南和裁断理由。参见罗斯科·庞德:《通过法律的社会控制》,沈宗灵译,商务印书馆,2010,第76页。

行为指出明确方向。从教义学角度来看，陈新民教授指出："现代宪政法治国家法律体系所追求的公共利益，最重要的决定因素是直接由该国宪法所导源出的公益理念，具体可以分为'国家的任务'和'国家的基本原则'。"[①]但是笔者怀疑，从法教义学角度出发，基于对宪法和法律内容的解释，能否真正实现所谓的公共利益。[②]法教义学即便能够在法律系统理论中通过法律概念的形成过程与规范期望功能[③]相联系，继而获得一定程度与实践问题相呼应的现实感，但是终究"法律系统"是去主体化的自我指涉系统[④]。

在不断破解"法律黑箱"(法律系统)的过程中，法律系统自我指涉的特征在回应现实需求时出现了问题。通过二阶观察[⑤]的视角来识别究竟什么样的信息应该被纳入法律系统来构建开放的教义学理论，在现实中有其难度，因为人们立场的不同可能无法形成公认的二阶观察视角，法律的运行终究离不开人的主体化因素。并且在面对新型复杂的问题时，法律缺乏了通过"自发"形成"秩序"的试错时间，只能通过概括授权，将准司法权、准立法权赋予规制机关，把这些问题由法律问题变为行政管理问题。而在这一趋势下，规制机关成为规则的制定者、阐释者、执行者，甚至是纠纷的裁决者，规制领域中由于复杂技术的存在，法官通常会更多地遵从行政决定，因此，在被视为法律与现实互动的司法环节中，很难有"法官造法"的机会，进而难以实现对法律系统的更新。[⑥] 这导致的结果是规制领域的法律在立法与司法两个阶段变得更加封闭。所以，教义学所强调的通过司法来实现法律概念的现实性，似乎无法对涉及复杂技术和诸多利益影响的公共利益加以限定。电力行业

① 杨海坤、郭鹏：《公用事业民营化管制与公共利益保护》，《当代法学》2006 年 9 月。原文中未标明陈新明教授观点的来源。

② 南京师范大学法学院的刘涛博士对法教义学回应现实问题进行了颇有深度的论述，反驳了法律现实主义认为法律教条"虚伪"的批判。刘涛认为法律概念的教义化意味着其自身的演变和对外界变化的敏感。因此，对法律概念的批判和革新，意味着对实际问题的关注。参见刘涛：《法教义学危机：系统理论的解读》，《法学家》2016 年第 5 期。

③ 如果法律规范失去满足行为人"期望"的能力，那么法律也将被弃之不用。

④ 法律在规范上是封闭的，因为考虑到其自身的持续性，一个自我指涉系统必须被看作一个递归的封闭系统。参见卢曼：《社会的法律》，赵伊倩译，人民出版社，2009，第 40 页。

⑤ 二阶观察只是观察他者是怎样观察的，一旦"怎样"的问题被摆出来，一阶观察与二阶观察的特征性差异就显示出来了。See Richard Nobles and David Schif, *A Sociology of Jurisprudence*( Portland: Hart Publishing, 2006), p. 198. 相关讨论另见宾凯：《法律如何可能：通过"二阶观察"的系统建构：进入卢曼法律社会学的核心》，《北大法律评论》2006 年第 2 辑。

⑥ 法律系统理论的开放性与封闭性，也可以解释所谓的法官造法工作。

规制如何维护公共利益也难以简单地从相关法律文本中得出，而规制相关法也因为往往被简单地理解为行政法，没能体现出经济法或社会法的定位。也正因为在规制领域内难以给公共利益以现实性，才会导致人们对公共利益的认知和解释存在诸多分歧。

## (二)需要以“一致同意”原则填补形式法治的自由区域

公共选择理论将经济学的假设引入了政治领域，告诉我们，选民、政府工作人员甚至机构都在理性地行动。此外，布坎南事实上还构建了关于正义规则的一套理论，即规则的正义性来自规则获得了相关群体的“一致同意”(现实中为多数决)，而不是基于所谓客观的“成本-收益”衡量，即人们可以在一致认可的规制之下，通过广泛的交易和选择来自行实现其效用的最大化。又因为规则有时是具体和细致的，并且寻求人们同意是有成本的，所以我们通过使规则变得抽象并有层级，来避免对任何琐碎的事务寻求一致同意。对上位抽象规则的同意，大多数时候就意味着对下位详细规则的同意。

政府对人们的干预也不例外，在一致同意(包括多数决定的情形)的范围内才能够对人们进行合理限制。那么在合理干预之外，往往是“法无明文禁止即可为”。公共选择理论告诉我们，规则的一致同意受到了立法理论和立法利益的影响。只有在交易和选择下，人们才能认清楚立法对自身利益的影响，所以应当积极地降低交易成本来促成人们的交易。如果人们对现实的规则感到不满，那么他们有可能通过修改根本规则(即宪法)来进行改善，而如果这样的不满仅仅是少数人的，或者人们对不满无法提出更好的备选方案，即立法理论落后，那么对于整个社会来说最好的状态就是不改变规则。

在复杂的社会现实下，规制机关享有的权利无论是在范围还是程度上都有不断扩大的趋势，然而规制机关不再有完全的能力和信息完成规制任务，对“一致同意”的落实也就变得并非显而易见。为了使得规制行为尽量得到各类主体的认可，规制领域发生着诸多转变。首先，各国规制领域都开始注重增强规制的透明度，对规制计划、方案、风险进行提前说明，并合理吸收公众建议。其次，逐渐确立规制影响分析制度以减少立法中的不确定性因素，强调规制行为与其效果之间的关联关系，同时也可以避免不必要的规制。最后，随着合作治理的兴起，政府、市场与第三部门开始以相对平等的地位，在相互信任的基础上共同参与公共事务的治理，或者公共服务的提供。

一系列对规制完善的举措,事实上都以被规制者与利益相关者对规制行为或更高的认可度和参与度作为导向,这一方面增强了公民对规制结果的可接受性,另一方面也促进规制机关对规制行为更加负责。这些措施能够增强规制者、被规制者和利益相关者对规制规则的“一致同意”。规制中需要对抽象的法律条文进行合理的解释,在赋予规制机关在实施和解释法律法规时,除了符合法条的字面含义之外,还应当经过公正的程序来保证对法律实施和解释的独立性、非专断性和非任意性,尽量追求规制的实质合理。①

## 第四节 规制合理化的意义与具体要求

要解决前文中所描绘的各类规制问题,就需要使规制合理化,而规制作为维护公共利益的重要手段,其工具性价值是显而易见的。要使得规制能有效达成目标,首先需要有清晰的规制目标,在明确的目标之下才能通过设置相关主体的“权利”“权力”“责任”“义务”来实现这一目标。此外,还需要清晰识别哪些主体的哪些行为会危害规制目标的达成,而后对这些行为加以限制②。最后,应将被规制主体行为受到的限制加以类型化,例如对意思表示的限制、强制信息披露的限制、程序性限制等。总结出不同类型限制对应的规制手段及其功能和实施方式,这既有利于规制机关实施规制,也有利于被规制者服从约束。

### 一、规制合理化的意义

#### (一)规制中的公共利益体现为“一致同意”的要求

历史上政府所采取的每一个规制措施,其背后都体现着彼时该国对特定事物的认知状况,根源是主流的哲学观。对国家权力的恐惧是行政法产生的重要原因,而发展至今,行政规制合法化的前提是其能够维护公共利益。在我国有着一定影

① 通过清晰的立法过程或者已经明确的惯常用法等,能够赋予法律术语实质性内容,并使得对其进行解释的行政规范可以据此实质内容获得合理性判断。不论是立法过程还是惯常用法实际上都是通过程序或者不断试错来获取人们认可的。参见杰弗里·吕贝尔斯:《美国规章制定导论》,江澎涛译,中国法制出版社,2016,第 54 页。

② 这些限制包括积极和消极两方面,消极的限制是被规制主体不得从事某一行为,而积极限制是指被规制主体必须从事某一行为。

响力的新控权论、平衡论、人民政府论及其他行政法学说，也都或多或少包含有维护公共利益的意味。但是目前来看，学界并未能形成对公共利益理解的共识，即便是成立专门维护公共利益的规制机关也难以完成这一任务。普罗瑟在考察英国早期国有化行业时看到，通过任命管委会管理行业的制度安排的一个主要缺陷在于，原本人们认为通过专家管委会就可以毫不困难地发现一种含义不言自明的公共利益，但这个想法在实践中却被证实只是镜花水月。[①] 张千帆教授也认为："几乎不可能找到以同样方式影响所有人的公共利益。"[②]

如果公共利益像空瓶一样，任何理论都可以装进去，那么公共利益本身的合法性也会受到质疑，形式化的法治是无法促进"共善"的，在遇到新的问题时我们也很难迅速给出一套可行的解决办法。由于对公共利益的多元化认识，难免会陷入"公说公有理，婆说婆有理"的境地。所以只有在明确了现代规制背后体现了什么样的价值判断，以及这样的价值判断之下政府、市场与公民之间的应然状态之后，才能使得掩藏在公共利益之后的规制目标本身变得更加清晰。所以探求我国政府或行业规制背后各方应然关系是关键任务，而这些都蕴含在我们对"公共利益"的理解之中。

目前就公共利益的实现有两种路径，一种偏重个体主义方法[③]论为基础，旨在寻求私人利益综合的最大化或者私人利益之间的某种平衡，以公共选择理论、功利主义为代表；另一种是偏重整体主义方法下承认在个人利益之外存在更高的公共目标，以社群主义为代表。[④] 笔者认为，不论是哪种路径，实际上都承认了对多数人意见的维护，[⑤]即对公共利益的维护可以看作是对被公民所一致同意规则和价值的维护。因为，在个体主体方法下，公共利益的确定需要在集体层面对利益进行

---

① 迈克·费恩塔克：《规制中的公共利益》，戴昕译，中国人民大学出版社，2014，第 43 页。

② 张千帆：《"公共利益"的构成—行政法的目标以及平衡的意义之探讨》，《比较法研究》2005 年第 5 期。

③ 个人主义方法论认为，社会是由个体构成的，脱离个人的社会是不存在的，因而也不存在超越个人之上的"公共"利益或"集体"利益，公共利益毋宁说是代表了所有人利益的加总。参见刘水林：《经济法基本范畴的整体主义解释》，厦门大学出版社，2006，第 14 页。

④ 刘水林教授认为以整体主义的有机社会观来思考，"社会利益""社会公共利益"或"公共利益"就是社会作为有实质意志的独立存在的有机整体的利益，它不能简约或还原为个人利益的加总，多数人的利益并不一定就是社会利益。这种利益具有不可分性、收益的不排他性或非竞争性、开放性及受益对象的不确定性、历史积淀性、主体的历史连续性及组织代表性、表现形式的状态性等特征。

⑤ 个体主义的"契约论"传统中，非常重视个体对社会规则的认同，霍布斯、洛克、康德、卢梭都使用了社会契约的论证方式来论述规则的公平性。参见威尔·金里卡：《当代政治哲学》，刘莘译，上海译文出版社，2015，第 78 页。

选择和权衡;而在整体主义方法下,公共利益直接就源于"集体"或所谓的"集体意志"。借用经济学对公共物品的界定方式,公共利益具有非竞争性与非排他性[①],即便这种利益与具有排他性和竞争性的物权有着明显区别,二者都可以基于"一致同意"而获取正当性。在个体主义方法下需要"一致同意"来进行内部的妥协和交易,从而确定公共利益;在整体主义方法下需要"一致同意"来探知"集体意志",从而将"集体意志"落实为具体规则。因此,笔者赞同张千帆教授的观点:"公共利益这一术语,也许只是精心合计的一种'神话'或意识形态,用以掩盖有价值利益的配置过程,或只是对立法机关不能解决疑难的社会选择问题的一种承认,主张'公共利益'的律师实际上代表的是重要的,但又没组织起来的私人利益,而不是某种超然存在于国民福利之中的集体利益。"[②]

### (二)合理的规制有利于促进规制中的"一致同意"

无论哪种观念,"一致同意"都可以作为较为严苛的公共利益判断标准,而由于极端偏好和决策成本的存在,"一致同意"在现实中表现为多数决,这也是现实中法律产生的标准程序。[③] 为了避免成为政治控制的工具,法律成为抵制政治权利滥用的堡垒[④],因此法律强调形式主义特征,那么随之产生的是法律与"一致同意"之间的间隙。面对规制任务的高技术化、复杂化与多变性等特征,目前通过概括授权给予规制机关以准立法权、执法权和准司法权的做法,无疑更是扩大了这一间隙。笔者认为正是这种无可避免的间隙,导致了法律形式主义下包括电力行业规制在内的规制活动中出现了对公共利益保护的偏差。虽然在新制度主义学家看来,制

---

① 公共物品的非排他性、非竞争性,决定了人的利益的共存性。公共利益是一种独立存在,并非个人利益之和,社会利益虽可被作为社会成员的个人分享,但不能划归为个人利益。参见刘水林、芦波:《消费者权益保护法范式转化的经济学解释》,《上海财经大学学报》2016 年第 6 期。

② 此观点来自张千帆教授评价美国行政法学家理查德·斯图尔特在《美国行政法的重构》一书中对"公共利益"的界定。参见张千帆:《宪政、法治与经济发展》,北京大学出版社,2004,第 117 页。

③ 不同于很多法律由立法代表过半数即可生效,宪法通常体现了多数决定的特征,这表明宪法不仅代表多数人的利益,而且保护少数人的利益,例如在美国如果超过 1/4 的州或中国的全国人大中超过 1/3 的代表不赞同,多数势力就无法通过修改宪法的形式来剥夺少数的权利。参见张千帆:《宪法学导论:原理与适用》,法律出版社,2004,第 15 页。

④ 马修·戴弗雷姆:《法社会学讲义:学术脉络与理论体系》,郭星华、邢朝国、梁坤译,北京大学出版社,2010,第 162 页。

度化的过程是认知性的，即制度在任何一种制裁规范发生效用之前实际上就会控制人的行为。[①] 但是，“总的来说，现代法律理论从人开始，以人结束；哲学家可能用超人类概念来判断法律但并不以此解释法律本身。占主导地位的意见认为法律现在是，而且一直是人制定的。”[②]因此，笔者认为“一致同意”依然可以作为检验某一规则是否符合正义和公共利益的标准，也是对抽象规则进行阐释的价值取向，只是如何实现与如何理解“一致同意”仍需要继续厘清。[③]

由于在现实中追求“一致同意”存在高昂成本，法治中对于“一致同意”的理想状态只能做到不断逼近，而难以完全达到。对于解释法律文本或规制规则而言，应当充分考量利益群体的诉求，通过权利和程序性规则来保障利益群体的诉求能够得到规则的关照，并在法治的形式主义特征与法治追求维护公共利益之间找到可行的平衡点。就规制规则的演变来看，规制规则起初强调对规制者权力的限制，以保护被规制者与利益相关群体的利益；随着规制者能力显示不足的情况开始不断发生，规制规则开始强调规制者与被规制者之间的合作。这实际上都是在促成各类主体对规制的认可，即使在制度上直接承载或享受公共利益的利益相关群体可能在规制规则中的地位仍然未能直接显露。因此，本书所强调的是在规制规则中充分确立利益相关群体、规制者与被规制者之间的三元关系，这需要在规制规则确立之前赋予利益相关者以影响规则的权利[④]，在规制规则实施阶段赋予利益相关

① 马修·戴弗雷姆：《法社会学讲义：学术脉络与理论体系》，郭星华、邢朝国、梁坤译，北京大学出版社，2010，第140页。

② 劳伦斯·弗里德曼，《法律制度：从社会科学角度视察》，李琼英、林欣译，中国政法大学出版社，2004，第160页。

③ 为了阐明“一致同意”的正义性，布坎南认为，要获得稳定的规则人们会将目光放的足够长远，而如果将目光放的足够长远，那么他们自己的身份、地位、其他禀赋等因素的都会变得不那么重要，如此一来类似于罗尔斯意义上的“无知之幕”的产生可以使得人们建立起相对公平的规则。因此，人们若想达至目标，必须给自己的欲望预先设防。此外，人们在确立规则时除了考虑利益的分配和平衡，还受制于其本身所具有的理论的约束。例如，基于生活在霍布斯式自然状态中人们的认知，可能创造出利维坦式的政府，并产生对宪法的法律实证主义态度，而基于生活在洛克式自然状态中人们的认知，就可能创造出有限和人民民主的政府，并通过自然理性的法律对公权力约束。公共选择理论强调重视“立宪利益”和“立宪理论”，因为人们决定宪法层面的规则时，所要做的是平衡各方面的利益，而对利益的认知程度、认知方式、所持立场等因素与人们所持有的立宪理论相关。

④ 比如，美国《行政程序法》第553(e)条规定：“各部门应给与利害关系相关人要求发布、修改或废除某部规章的权利。”这一要求“不仅适用于实体性(立法性)规章，也适用于一般性政策解释和声明以及有关组织和程序之规章。”参见杰弗里……吕贝尔斯：《美国规章制定导论》，江澎涛译，中国法制出版社，2016，第122页。

者就规则合理性提出诉求的权力，以及确保规制机关维持规制的灵活度[①]。目前，我国的各类规制规则所缺乏的是能够体现出对利益相关群体诉求以满足的条款，而对这些诉求的有效回应与反馈，是规制合理化的重要表现，也是规制规则能够维护公共利益的前提。

## 二、规制目标的合理化：以清晰的目标促进被规制领域的民主

规制规则应以清晰规制目标来促进规制领域内的民主(经济民主)。保护经济民主通常被认为是保护各类经济主体利益的措施，经济民主意味着保护某一行业或领域存在着多元的、相互制约着的各类市场主体，以及对市场主体经营自由的维护。王保树教授认为："经济民主是发生在经济领域的民主，包括宏观经济管理中的民主和微观经营中的民主。"[②]笔者认为，宏观经济管理中的民主侧重保障各类主体在经济运行中对经济管理权力的分享，而微观经营中的经济民主侧重保障市场上的选择自由和平等地位。但是，在经济民主广阔内涵中市场主体的经营自由更为人们所重视，即我们更加重视市场之内的经济民主，而忽视了市场之上的经济民主，也就忽视了在经济管理权的运行中体现出"一致同意"的要求。不考虑规制领域内的(经济)民主，一方面可能会导致在形成规制目标时，会使得规制目标溢出于规制领域，而显得过于广泛，明显超出了规制领域的所能承受的限度；另一方面，可能会导致规制目标对规制领域中某一类群体利益有所偏私。

正是宏观经济管理中的民主，体现了对规制规则合理化的要求。由于公共利益定义的千差万别，在针对特定领域或行业的公共利益予以厘清时，必须要依据多方面资料和各类主体的诉求来综合判断，进而给经济管理权力以必要的指引和约束，避免权力的肆意性。只有促进经济民主，才能提供中立的竞争制度，促使微观市场充满竞争，鼓励各类主体的经济行为，使人们获得对"立法理论"的真实判断，同时也能使各类主体通过影响经济管理权力而完善市场运行规则。

由"立法利益"和"立法理论"二者共同塑造法律的情况下，保证了经济民主有利于各类经济主体偏好的展露。激励各类主体参与到竞争的市场中，通过比较和交易来了解他们到底需要什么，有助于形成清晰的规制目标。在一定规制目标之

---

① 比如，美国《灵活规制法》中对小型企业的受规制影响予以了特别关注，使规章必须考虑其对多数小型实体的影响。

② 王保树：《市场经济与经济民主》，《中国法学》1994 年第 2 期。

下，市场主体充分理解其行为会产生怎样的影响，可以帮助他们改善市场规则和规制规则。

## 三、规制关系的合理化：突显利益相关群体的重要性和作用

规制规则应明确各类主体之间的应然关系来维持良好的行业结构。（经济）民主所导致的结果可能是所有主体共同忽视未来利益或环境利益等短期利益之外的价值，或者导致在经济上处于强势地位的主体对处于弱势地位主体的掠夺。主张吸纳多元化的规制参与者，就是由基于抽象概念的公共利益观发展至基于尊重多元主体偏好和选择公共利益观的结果。随着布伦南、布坎南和阿罗等学者所开创的公共选择学派影响力的逐渐扩大，其理论造成的影响却是人们对政府的极度失望。他们的理论告诉我们，立法就是立法者与私人集团之间的交易，通常以普通公众为代价来改进二者的境遇。[①] 因此，在强调对规制一致同意的基础上，不能忽视人们对各类价值已经达成共识的落实。也就是说，规制规则的制定中除了要寻求现实中利益群体的认可，也要维护宪法和法律中已经确立的经济民主之外的价值。在规制中应避免对工具理性依赖导致价值理性的缺失，进而避免由价值理性缺失导致的规制无能。由于规制中非经济价值很难通过市场化来实现，公民只有对自身的利益理论有了清晰的认识，才有可能在经济价值与非经济价值做出最可靠的衡量。

"法律制度是一种配给制度，它所作的及它的本质反映了社会权力的分配：谁在上层，谁在底层；法律还保证这种社会结构保持稳定或只按同意的模式改变。这种制度发布命令，授予利益，告诉人们可以做什么，不可做什么；每种场合，法律规则，如果可以得到遵循，对谁拥有或保留或得到什么好处，已做选择。"[②]所以，在明确的规制目标下，除了应当对各类主体的实体性权利和程序性权利予以规定，还应当明确何种危害行为需要受到约束。只有实现各类主体之间的应然关系，将公共利益落实为特定主体的权利或义务，才能维护好良好的行业结构。我国目前的规制结构中，缺失了对利益相关群体权利的关注，因此要明确各类主体之间的应然关系，通过对"权利""义务""责任"的全面安排来使利益群体对规制规则和规制行为

① 杰里·马肖：《贪婪、混沌和治理》，宋功德译，商务印书馆，2009，第 34 页。

② 劳伦斯·弗里德曼：《法律制度：从社会科学角度视察》，李琼英、林欣译，中国政法大学出版社，2004，第 23 页。

的“一致同意”转化为法律关系。同时，因为存在代际利益协调、易于搭便车、利益难以识别等问题，所以需要培育这些利益的代表者，并让其参与到规制中。

## 四、规制对象的合理化：以危害公共利益为标准来识别规制的行为对象

规制中应以危害公共利益为标准来识别被规制行为。萨缪尔森认为，“政府和市场，它们单独任何一个，在没有另外一个的帮助之下，都无法服务于公共福利。”布坎南认为，“如果经济学家依据独立存在的效用等级表来评价交换能在多大程度上增加交易者的效用，那么，即使在交换过程中没有观察到强制、欺诈或胁迫，他或她也会可能建议进行干预。这种态度采取家长式的立场，由政府提供特殊价商品，集体干预市场上的自愿交换提供了基础。”[①]这说明对政府以家长式的依赖，是人性中的一部分，人们总会因为各种原因而选择让政府替自己做决策。而如果一项决策不能被证明是政府权力的合法运用，那么它就只能是高压行为或者霸权行为。[②] 著名法国公法学家狄骥也认为：“统治者与其臣民的区别是自然形成的。前者的权力所施加在后者身上的程度，是随着后者对它的信奉程度，以及它本身的效用程度不同而有所差异的。”[③]这样看来规制行为究竟应当处于何种程度[④]仍需要继续明晰。

从制度的演进角度来看，在宏观层面，一系列复杂的制度互动以及环境将选择何种变异—从制度规则到生物变异—最终应能够为群体或大众增加竞争优势。[⑤]当前社会中公共利益构成个体利益[⑥]的主要部分，所以个人的竞争优势主要依赖于承载着公共利益的良好社会秩序，良好社会秩序中的生产、生活成本与交易成本均较为低廉，有利于人们财富的最大化。因此，危害个体利益的行为不仅是直接侵

---

① 詹姆斯·布坎南：《宪法秩序的经济学与伦理学》，朱泱译，商务印书馆，2008，第 56 页。

② 罗伯特·海涅曼：《政策分析师的世界》，李玲玲译，北京大学出版社，2011，第 38 页。

③ 狄骥：《公法的变迁》，郑戈译，商务印书馆，2013，第 46 页。

④ 规制手段依弱到强可以分为信息规制、标准规制、准入规制等。

⑤ 奥赖恩·路易斯、斯文·斯坦默：《制度如何演进：进化论与制度变迁》，《甘肃行政学院学报》2014 年第 2 期。

⑥ 对个人来说，利益可以划分为：私人利益与公共利益，私人利益具有排他性、竞争性，公共利益具有非排他性、非竞争性。私益的主体具有特定性、闭锁性，因而，只能归当下的、确定的人所分享。而公共利益的主体具有不特定性，开放性，可归不特定的人分享，且可归未来的人分享。参见刘水林：《经济法是什么：经济法的法哲学反思》，《政治与法律》2014 年第 8 期。

害个人健康与财产权的行为，也包含了导致全社会层面商品成本高昂与增加个人获取商品成本的行为，而这是规制出现的重要原因。所以，当今社会不论是依赖市场还是政府，其目的都促进公益为主，市场主体所受到的限制也应以增加社会交易成本与不合理提高产品价格为理由。由此，危害公共利益应成为被规制行为的判断标准[①]，而不应再简单地纠结是依赖政府还是市场。

## 五、规制手段的合理化：以动态化和多样化的规制手段应对不确定性

应以动态化、多样化的规制手段来保障规制活动的有效性。人们就规则取得的一致意见，要比在一定规则之下就不同政策的选择取得一致意见容易得多，因为在前一种情况下很难确切地识别个人的经济利益[②]。如果我们把这种互动和交易一般化，将其适用范围扩展至许许多多的行为者，便可以解释、推论和分析社会或政治方面的互相依赖关系，把它们看作是复杂的交换，是一种关系，这种关系把政治上自愿达成的一致意见视为适当的合法标准。[③] 而即便是存在人们普遍赞同的规制规则，往往由于失败的财政政策和货币政策，通过经济学理论无法对某一时期的经济弊端做出有效回应，导致去规制化就成为貌似合理的回应。[④] 此外，所有的法律规则都是针对行为的，法律规则的一般表达是一种集体决定，即社会或社会中某部分统治集团希望行为朝某特定方向倾斜[⑤]，但是在规则之下如何合理地塑造行为却需要在不断地试错中进行完善。所以，在规制措施与规制结果之间的因果关系并不明显的现代社会中，人们对规则的认识处于不断地变化与发展之中，人们对规则的认可需要一定的规制手段来保障其能够得到落实，而只有动态化和多样化的规制手段才能维持规制的有效性。

---

① 还需要考虑规制行为本身的成本收益分析或政治可能性问题。

② 詹姆斯·布坎南：《宪法秩序的经济学与伦理学》，朱泱译，商务印书馆，2008，第70页。

③ 詹姆斯·布坎南：《宪法秩序的经济学与伦理学》，朱泱译，商务印书馆，2008，第58页。

④ 马克·艾伦·艾斯纳：《规制政治的转轨（第二版）》，尹灿译，中国人民大学出版社，2015，第198页。

⑤ 劳伦斯·弗里德曼：《法律制度：从社会科学角度视察》，李琼英、林欣译，中国政法大学出版社，2004，第45页。

## 第五节　本章小结

本章主要分析、构建了我国规制分析的一般理论框架，在讨论解决政府在规制中遇到的各种问题的基础上，提出了规制合理化的四个条件。面对规制中的问题，选取公共选择理论和法社会学视角来进行检视，发现目前的规制中仍然遵循传统行政法理念，其基本假设为规制机关是有完全信息和规制能力的机构。因此，在赋予规制机构权力的同时，侧重保障权力运行中公民、法人和其他组织的权益。这带来了权力与权利的协调难题，因为要赋予私人主体以权利，就限制了公权力运行的灵活性，同时要使权力本身使用合理化必须一定程度倚靠私人主体，给予其更大的权利空间，赋予其影响规制规则的能力。没能通过凝聚共识塑造规制活动，是导致我国规制出现问题的主要原因。对此，公共选择理论和法社会视角给出的建议是通过设置恰当的规制目标、规制关系、规制对象、规制手段来寻求一种最具共识的安排，而不是反复走在抽象的“权力”与“权利”，或“政府”与“市场”的拉锯上。

要寻求共识，并不是简单在利益上达成妥协和同意，还需要有理论来对规制目标、规制关系、规制对象、规制手段进行阐释与确定，以理论促进合意的达成。本章对全书研究问题的宏观背景做了阐述，目的是为后文审视电力行业的发展现状和完善电力行业的规制做理论准备。

# 第二章　我国电力行业规制的应然状态与实然问题

立法先行是国外电力体制改革成功的基本经验之一，而我国的电力改革走的是先改革、后立法的道路，其原因可归结为国情和改革背景的不同。……电力体制改革涉及社会生活中各种利益关系的重大调整，更应当以立法为先导，按法定程序进行。①

——朱维涛 《论电力法修改——"从行政管理法"到"现代意义上的经济法"》

## 第一节　电力行业规制的范围及特点

电力行业作为重要的公共事业之一，其发展的健康程度直接影响着我国经济发展状况，也影响着消费者、经营者、政府等各类主体的切身利益。电力相关法律的经济法属性决定了电力行业规制法律主要处理如何使电力行业健康发展的问题，通过稳定、高效的电力供给促进社会公共利益最大化。各国的电力行业都经历了不同程度的民营化或私有化的趋势，我国也正处于电力行业的市场化改革进程中，但目前存在的问题是市场化的界限仍不明确。本节主要讨论电力行业规制中政府规制和市场化的关系与界限，基于此探析电力行业规制的基本任务和特性，并在讨论理想电力行业规制的基础上审视现有的电力相关法律法规的缺陷及其出现的原因。

① 朱维涛：《论电力法修改："从行政管理法"到"现代意义上的经济法"》，《中国电力企业管理》2006 年第 5 期。

## 一、电力行业的市场化及其边界

市场既是经济实体,也是政治实体。[①] 本书第一章中描述过这一理念不仅是公民的普遍需求,而且已经上升为宪法对国家和市场的要求,那么基于维护公共利益目的,政府对于私人主体的限制就是正义的,并且这种限制可以从多个角度展开。我们通常将市场理解为产权明晰下,所有权人能够通过现实的市场对物品行使占有、适用、收益、处分的权利,政府不得对此进行干预。而要实现福利国家的目标,政府必须对私人主体的意思自治进行必要的限制。即便是坚定的自由市场信奉者哈耶克也承认,法律承认私人财产权和契约自由原则并不足够,更重要的是对财产权适用不同事物的恰当界定,除了国家,没有任何一种体制可以理性地提供防卫、有效竞争体制需要明智的设计和不断调整的法律框架。[②] 所以,在电力行业中,哪些环节需要遵从“意思自治”,倡导竞争,哪些环节应当由政府进行规制,是需要率先明确的问题。

我国电力行业长期以来以垄断经营为主,随着这种模式弊端的日益显露,很多学者认为电力行业改革主要是要维护电力市场的竞争属性,将以行政计划和垄断为主的电力市场转变为有效竞争的市场,即电力行业的改革就是电力产业的市场化改革。当今世界很多国家都在经历着电力行业规制放松或重建规制的试验,改革的动因可能源于技术革新、需求增加、经济约束或执政理念的变化。但是,拆分垂直垄断的电力企业,在发电侧和售电侧引入竞争,对无法引入竞争的输配电进行严格的规制,并建立独立的监管机构,这几乎是各个国家电力行业改革的标准套路。我国 2002 年出台的《关于印发电力体制改革方案的通知》(国发[2002]5 号,以下统称为 5 号文)对于电力行业改革的设计也大致遵循了这一模式。[③] 电力改革近二十年来,这些目标却没能完全实现,输配电依然垄断经营,售电侧也未能实现开放,独立的规制机关——电监会,最终被并入国家能源局。这种情况说明我们不

---

① 经济结构的剧烈变化会导致对立法议程和政治性质的显著影响,比如,不断集中的经济和政治力量促使人们消除或阻止破坏市场机制的工业组织和公司行为。参见马克·艾伦 艾斯纳:《规制政治的转轨(第二版)》,尹灿译,中国人民大学出版社,2015,第 28-35 页。

② See F. A. Hayek, *The road to serfdom* (Chicago: University of Chicago Press, 1945), pp. 43-45.

③ 魏科科:《中国电力行业规制改革研究》,博士学位论文,华中科技大学经济学院,2010,第 1 页。

仅要承认市场化的优势，还要深入研究市场化的理由是否充分、界限是否明确。一味地以市场化为目标，而不顾现实条件和现实问题，将难以使改革获得广泛支持，也难以使改革获得真正的成功。

## (一)电力行业的改革历程——由垄断转向市场化

政府出于维护公益的目的要对电力行业进行结构性改造，而市场通常被认为是最具效率的资源配置方式，也就应替代政府的“命令-控制”手段来主导电力行业的发展。自亚当·斯密阐述了市场这一“看不见的手”的作用之后，市场被假设为可以通过内在价格机制，使个人对私益的追求达到所有人福利的最大化。随着经济发展中自然垄断行业的出现，人们开始认可自然垄断是具备效率的。以电力行业为例，由于其规模报酬递增的特征十分明显，若由两家或两家以上的厂商生产将产生较高的平均成本，则会造成社会资源的浪费。如果自然垄断行业内竞争性厂商过多，也会造成经济资源的巨大消耗。同时，这类部门一般是资金规模大、技术水平高、风险大的行业，如果没有政府的支持和许可，私人厂商可能会避开这类行业，这样部分消费者将会因为不能消费这些商品或服务而受到损失。所以，自1878年电力成为商品到之后的100余年间，电力行业一直处于纵向一体化垄断经营的状况，这也是我国电力改革之前所采用的模式(如图2—1所示)。

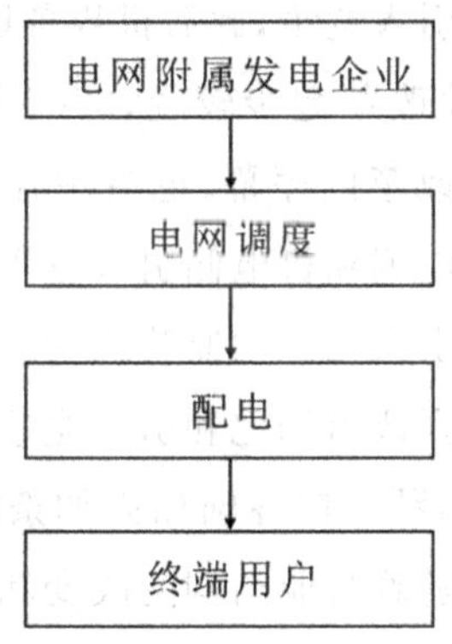


图2-1　纵向一体化垄断经营模式

美国1890年通过的谢尔曼反托拉斯法(Sherman Antitrust Act)、1906年通过的赫本法(Hepburn Act)、1910年通过的曼-埃尔金法(Mann-Elkins Act)开启了政府对垄断行为规制的先河。依据哈佛学派的观点，政府必须通过反垄断法来阻止卡特尔组织和合谋行为的产生，拆散市场中占统治地位的企业，控制企业间的合并，打击人为的进入障碍。[①] 这种观点对于大企业采取完全抹杀的态度，却也严重阻碍了一个国家大型企业的国际竞争力和创新能力。芝加哥学派对此进行了反驳，强调市场集中的效率。经历了芝加哥学派的洗礼之后，政府对垄断企业的干预，既不会一概反对，也不会过度放任，而是会根据企业行为的具体影响，综合进行理论和实证分析，既考虑垄断企业行为促进竞争的一面，也考虑其限制竞争的一面。由于电力行业具有很强的外部性，同时电网的自然垄断属性、规模经济和范围经济特征明显，导致电力行业一直维持着纵向一体化的模式，反垄断法在近一百年里一直未将电力行业纳入规制范围。

随着一体化模式效率低下的弊端不断显露，低效、浪费、缺乏投资吸引力等问题也日益突出，直到 1990 年前后在电力控制系统技术发展的推动下，市场化改革成为可能，理论上可以对上下游企业进行拆分，并逐步引入竞争。“1989 年，英国议会通过了《1989 年电力法》，在英格兰和威尔士，原中央发电局被拆分为 3 个发电公司（国家电力公司、电能公司和核电公司）和一个输电公司（国家电网公司），对原有的 12 家地区供电局实行私有化，成立了独立的地区电力公司。所有的发电商就像批发商一样，把电送到电力库里，再通过 12 个供电单位分配到各个地方。电力库由国家电网经营，负责分销电力，每半小时会发布未来 24 小时的电力需求情况”[②]。美国也于 1992 年，通过《能源政策法案》的颁布开始原则上同意开放电力输送领域，以及在电力批发市场引入竞争，此后世界各国均开启了电力行业的市场化改革。我国电力体制的系统化改革起步较晚，2002 年 3 月国务院发布的《电力体制改革方案》开启了我国电力改革的序幕，也沿用各国电力改革的思路，不仅要拆分垂直垄断的电力企业，在发电侧和售电侧引入竞争，同时强调对具有自然垄断性质的输配电进行严格规制，并引入独立的监管机构。

我们不难看出，电力改革强调市场化和引入竞争，其目的就是要解决垄断经营条件下电力行业效率低下的问题。在各国如火如荼的电力改革进程中，我们可以发现在进行市场化改造之后，随着行业结构的改变和社会发展需求的变化，电力行业规制所要解决的问题也在发生改变，效率可能不再是唯一优先的目标。2014 年英国实施的新一轮电改方案不再以“促竞争、提效率”为目标，而以保障安全供电、促进低碳发展和用户负担最小为目标。厂网由分开时的 12 家供电企业整合为 6

---

① 任剑新：《美国反垄断思想的新发展：芝加哥学派与后芝加哥学派的比较》，《环球法律评论》2004 年夏季号。

② 倪思洁：《英国电力改革的中国启示》，《中国科学报》2014 年 4 月 1 日，第 6 版。

家发输配售一体的集团公司，占据大部分市场。这 6 家集团公司同时拥有发配售(或发售、发输配售)垂直一体化集团公司，占据英国发电市场 65%和售电市场 87%的市场份额，其余市场份额由独立发电或售电公司占有。[①] 市场化改革究竟要进行到的什么程度，在促进竞争、增强本国电力企业国际竞争力和减小用户负担等其他目标之间如何选择，都不是简单的推行市场化就能明确的。而在我国，市场化改革已经进行了将近二十年，除了厂网分离、业务拆分等几项内容已经完成外，其他改革措施并未落地，总体上垄断的格局并未打破，竞争有序的电力产业链也未能建立，甚至很多改革果实被其他政策蚕食殆尽。

纵览我国电力行业改革历程，输配电系统的一体化是市场化难以打破的症结。市场化改革是大趋势，但是如果市场化改革真是百利而无一害的，那么为什么这样的改革没能顺利进行下去，这是需要我们研究的重要问题，必须明确哪些因素阻碍了市场化改革的推进。如果电力行业的市场化改革并不能发挥维护公共利益的作用，那么这些年改革的停滞就有其正当性。因此，摆在我们面前的首要问题就是，如果要"区分竞争性和垄断性环节，在发电侧和售电侧开展有效竞争，培育独立的市场主体，着力构建主体多元、竞争有序的电力交易格局，形成适应市场要求的电价机制，激发企业内在活力，使市场在资源配置中起决定性作用"[②]，那么电力行业市场化的边界和限制究竟在哪里？

### (二)电力行业市场化的边界

大部分学者都持有类似的观点，由于我国电力工业发展存在着体制性障碍、电源结构不合理以及电网建设落后、地区发展不均衡等深层次问题，因此应借鉴欧盟电力市场化改革的成功经验，以市场化改革为基本取向，逐步完善我国的电力工业管理体制和市场运行模式。[③] 电力市场与其他市场的区别就在于其结构的特殊性，这也使得电力市场偏离了理想型竞争市场的模型。通常我们熟悉的范式是，市场通过价格机制来发挥作用，而在价格机制不存在之处，市场无从发挥配置功能。[④] 由于存在不完美的市场、不完美的政府以及不完备的法律，规制就成为

① 范孟华、马莉：《英国电力体制改革历程及启示》，http://www.indaa.com.cn/ydwystjq/tjq02sb/201401/t20140124_1452862.html，访问日期：2019 年 7 月 10 日。

② 中共中央、国务院《关于进一步深化电力体制改革的若干意见》(中发[2015]9 号)。

③ 晋自力、陈松伟：《欧盟电力市场化改革及其启示》，《生产力研究》2009 年第 16 期。

④ 李昌麒：《寻求经济法真谛之路》，法律出版社，2003，第 159 页。

必要。[①]

首先，电力市场化不能解决外部性问题。外部性问题的存在会使电力行业存在供给过度或者供给不足的问题；电力市场的稳定和健康发展对社会经济的发展有着至关重要的作用，这种作用也是无法在电价中完全体现的，如果政府不对电力行业进行一定的规制，则可能会导致用电价格过高，进而降低居民和商业生产用电量。另外，为了避免供电中断、电能供给不足、对能源的不合理使用等问题，政府需要防止这几方面问题的产生而在市场中设定限制，但这同时也会为企业增加运营成本，将用电的稳定性转化为用电成本。

其次，电力行业市场化不能解决垄断问题。在进行市场化改革时，我们所选取的策略是“放开两头，管住中间”，这是因为在发电市场和售电市场，还可能有潜在的竞争者。而在输配电市场上由于电网物理上的一体化，使电网运营无法同时存在多个主体。因此，在对电力行业进行规制时，通常认为只有公共定价这一办法能够较好地避免垄断带来的效率损失。公共定价比起公共生产而言，政府只需要承担监管责任，而不需要对其投资、参与经营，也不必承担监督资产的责任，政府干预的成本较低。

再次，电力市场化不能解决信息不对称问题。电力产品的无形性，即电力商品本身看不到、摸不着，仅能借助仪器才能进行度量，通过电器发挥其效用。也就是说，用户在用电的时候无法分辨电力是由哪家发电厂发出的，其成本究竟是多少。如果没有政府规制，在这样一个市场上将很难通过消费者的主观偏好来形成维护清洁能源使用、淘汰落后产能等“倒逼机制”。更重要的是，如果面临的是垄断市场，信息不对称的情况会影响对垄断经营者的治理效果，难以保证公共定价的合理性。

最后，电力行业市场化改革的目标是比较单一的，其主要针对的是电力行业长期以来存在的资源错配和效率不高的问题。然而，由于电力行业在现代社会中的重要地位，效率只是我们对电力行业发展诸多要求之一，还存在保护环境、发展低碳经济、促进公民个人发展、调节收入分配[②]等要求。所以，应当明确，电力行业规制是为了使电力行业的发展满足全社会的需要，以竞争和市场化为主导的电力改革是提高电力行业效率的主要措施，而效率仅仅是电力行业规制的目标之一。

---

① 王波：《规制的法律形式与学理分析》，博士学位论文，上海财经大学法学院，2012，第20页。

② 由于拥有不同财富与用途各异的人们对电价敏感程度不同，其通过用电的收益也不同，如果采取无差异的电价可能会导致穷人补贴富人用电的结果。

## (三)电力行业中政府规制与市场的关系

在讨论政府与市场关系时，我们实际上是在讨论哪些领域应当交由政府通过“命令-控制”的手段进行管理，哪些领域又应当交由私人主体，允许其通过“意思自治”来自由选择其行为。前述已经提到市场化不能满足达成所有的电力行业规制目标，所以重要的是政府应该如何塑造好市场的“围栏”，使在“围栏”之内的市场运行达到令人满意的结果。规制的目的不是限制市场力量的发挥，更不是代替市场机制，而是与市场机制功能发挥之间处于一种“不断调整的动态变迁过程”。[①] 为了追求经济效益的帕累托最优和社会发展的公正状态，需要对经济及其外部性领域和一些特定的非经济领域采取的调节、监管和干预。[②] 所以，规制的“敌人”并不是市场，而是影响市场或政府维护经济和社会效益的行为，或者说是严重危害公共利益的行为。规制的作用体现在以下几点。

1. **为了维护竞争秩序的规制**

电力行业具有自然垄断属性，反垄断规制的目的是打破这种垄断现状。经济秩序学说将这种对企业垄断行为的限制，概括为对竞争秩序的维护，这使得政府责任由完全放任市场发展和直接干预市场的两个极端发展为促成市场的自由秩序，将经营自由与稳定的经济秩序联系起来。竞争越充分的部分越健康，且越不需要政府规制，竞争越困难的部分越需要政府规制来创造竞争并维护公共利益。此外，政府除了要促成交易之外，还要促进市场的创新和对弱势群体进行无差别的保护。垄断者为了自身利益的最大化，可能会采取减少产量并提高价格的策略，这样会减少市场上产品的数量，比如以制定垄断高价排除一部分消费者与其进行交易的可能。对此，政府采取的限制最高价格或其他措施，虽然可以迫使垄断企业增加产量从而促进更多交易的达成，增加消费者剩余[③]，但是处于垄断地位并能够获取稳定地垄断利润的企业依然会缺乏创新动力。从长期来看，单纯从促进交易数量的角度考量，并不能促进竞争和确保科学技术的进步。在确保交易普遍化的同时，维持多个企业之间竞争，即让交易主体有可选择性时，才能从长远角度逼迫企业进行创新。所以依据经济秩序学说，国家不应该直接干预社会经济过程，而要通过自己的

---

① 周学荣:《政府规制论》,湖北人民出版社,2010,第 14 页。

② 茅铭晨:《传统行政法与政府管制法的关系》,《西南政法大学学报》2005 第 4 期。

③ 消费者剩余又称为消费者的净收益,是指消费者在购买一定数量的某种商品时愿意支付的最高总价格和实际支付的总价格之间的差额。消费者剩余衡量了买者自己感觉到所获得的额外利益。

经济政策建立起一种“竞争秩序”，以保证厂商在产品生产阶段相互进行竞赛。[①]电力行业规制既要通过制度约束来限制电力企业剥夺消费者剩余的能力，同时又要在能够引入竞争的范围内维持良好竞争秩序。从实践的角度来看，首先，促进发电端的竞争需要允许在资源上处于独立地位的新企业能够进入行业；其次，促进跨网交易行为，应将电网系统开放给所有发电企业；再次，在配电环节中应当体现出为不同群体用电中配送电力的成本差别。[②]

实际上，保护竞争秩序和保护消费者福利都会促使公权力限制部分私人主体的意思自治，这也会限制所有权的内涵，因此这种限制的前提是其必须合法，即其是基于一致同意的（或为多数决定的）。也就是说，只要它们是合法的，这些政策、措施就不能作为政府干预而遭到拒斥，但必须从合算的角度审视它们在具体情境下是否适用。[③] 电力行业规制本身要选择和确定哪些部分可以交给市场，哪些部分由政府进行管控，又有哪些部分可以在政府规制的基础上创造竞争。由于竞争秩序本身具有模糊性，有时维护竞争秩序（长远利益）与保护消费者福利（当下利益）会是矛盾的[④]，因此要达到一定的竞争程度离不开多元主体对利益的权衡与妥协。

**2. 为了维护非经济价值的规制**

在充分竞争的市场之外，还需要解决的问题是究竟电力经营者在市场中的哪些行为是我们不希望出现的，并能够通过何种方式合理地禁止这些行为发生。比如，“公司这种我们发明用来服务于我们自己的奇妙事物正在颠覆我们。它们正在攫取之前交给政府的权力，并用这些权力扭曲公共生活以服务于其自身目的”，[⑤]越来越多的公司行为开始被法律所规制。以产品质量为例，尽管依靠经营者之间的竞争和市场主体主张损害赔偿的方式，能促进产品质量提高。但在我国当前的环境下，仅依靠市场竞争和消费者的监督，尚无法完全解决产品质量等问题，必须

---

① 左大培：《瓦尔特·欧肯的经济政策学说》，《经济社会体制比较》1987 年 3 期。

② See Richard Mattoon, “The Electricity System at the Crossroads,” *Society* 40, no. 1 (Jan. 2002): 64 - 79.

③ See F. A. Hayek, *The Constitution of Liberty* (Chicago: The University of Chicago Press, 1978), p. 221.

④ 由于竞争着眼于以促进技术创新和限制企业受益来保障消费者利益，从长远角度来看这可能是有效率的，但是从即时角度来看，维持在竞争中处于劣势地位企业的存在是低效率的，不利于保护消费者的。

⑤ 艾斯纳：《规制政治的转轨（第二版）》，尹灿译，中国人民大学出版社，2015，第 235 页。

借助行政权力的监督和制裁来督促经营者的产品质量行为。[①] 电力行业属于"公用事业",源于英语中的"public utilities",从字面意思来看,主要指公用设施。公用事业提供的产品和服务是人们日常生活中不可或缺的,所以应当具有普遍服务的特点,还应当为公民提供可以接受的价格,然而普遍服务与可接受价格方面仅依靠市场是难以达到的。

非经济价值中有一部分属于社会规制的范畴。与经济规制不同,社会规制聚焦于生产过程自身和其负外部性。社会规制主要处理工业经济对于人类健康、生命及环境所产生的威胁及带来的副作用等方面的问题。因此,社会规制并不保护企业,而是对企业活动施加限制,以保护大众,社会规制不寻求保证竞争条件或保护竞争者,但是可能涉及限制小型企业的合规成本。[②] 电力行业涉及很多竞争市场本身无法解决的问题,比如电力的稳定供应、对环境的污染、对低碳和清洁能源的激励等一系列问题,所以为了维护人们所重视的非经济价值,政府必须承担起必要的责任。应明确的是,非经济价值并非都是规制本身的目标,而是规制必须考虑外部的约束。

3.**提升规制活动自身的效率**

依美国的电力行业规制经验来看,电力行业规制的复杂性遏制了创新,抬升了电价,造成严重的资源浪费,因此美国开始对电力服务业的规制进行改革,力求规制体系的透明性、协调性、综合性。[③] 2003 年 8 月 14 日发生的美国加州停电风波,以及之后在全球范围发生的五六次大停电,学者们开始意识到要放松规制,创造出稳定电力市场和积极创新的氛围,不是政府一撒了之就可以的,而是要谨慎和明智地设计出一套恰当的机制。[④] 因此,规制活动本身的成本收益分析应当是规制实施前的重要考量内容。规制改革的过程就是不断摸索政府规制的边界,基于行业效率、消费者效用、规制成本等多方面经济因素来调整规制范围和规制手段,一方面对无竞争的领域进行严格限制或引入竞争,另一方面对存在竞争的领域进行制度完善。不论何种规制,总体上的规制收益应高于规制成本,规制成本的降低可以有效拓展规制范围。

总之,在竞争无法实现规制目标的领域,严格的规制就必不可少。电力行业规制以促进行业竞争为导向,但这并不意味着竞争就是电力行业规制的全部,所以电

---

① 徐孟洲、谢增毅:《一部颇具经济法理念的产品质量法:兼评我"产品质量法"的修改》,《法学家》2001 年第 5 期。

② 艾斯纳:《规制政治的转轨(第二版)》,尹灿译,中国人民大学出版社,2015,第 132 页。

③ 王林生、张汉林:《发达国家规制改革与绩效》,上海财经大学出版社,2006,第 21 页。

④ 陈建华:《中国电力—普遍服务供给规制研究》,中国经济出版社,2013,第 22 页。

力体制的市场改革并非电力行业规制的全部。

## 二、电力行业规制的限度

电力行业的市场化改革不能解决电力市场的垄断、信息不对称、外部性强等问题，因此对电力行业的规制所要做的就是对电力行业内部的市场主体做出必要的限制和干预，并在非理想的市场环境下达成规制目标。目前的电力市场改革承载了过多的任务，既要考虑加快煤电转型升级、淘汰落后产能，又要促进清洁有序发展，达成减排目标，还要组建相对独立和运行规范的电力交易机构，建立公平有序的电力市场规则。① 2015 年的 9 号文明确规定："实现供应多元化，调整产业结构、提升技术水平、控制能源消费总量，提高能源利用效率、提高安全可靠性，促进公平竞争、促进节能环保。"②2016 年的电力发展规划中所强调的"构建清洁低碳、安全高效的现代电力工业体系"成为近年来电力行业发展的指导原则。2020 年 9 月，国家主席习近平在第 75 届联合国大会上宣布"中国二氧化碳排放力争于 2030 年前达到峰值，努力争取 2060 年前实现碳中和"，电力行业低碳发展的目标更加明晰。不同的是，电力行业规制本身要解决的是行业本身的发展问题，更好地满足公民或企业对电力产品的基本需求。所以，规制的最终目的是向公民或企业提供稳定且价格低廉的电力供应，其他领域规制目标的实现也需要以电力行业的健康发展为前提。

因此，电力行业发展所涉及的低碳减排、环境保护与安全生产等问题并非是电力行业规制要解决的主要问题，而是碳规制、环境规制和安全规制所需研究的领域。虽然各类规制彼此之间都会有千丝万缕的联系，但是明确各类规制的基本任务，避免互相之间的混淆是改善规制与协调各类规制的基础。所以，电力行业规制的任务是在能够满足环境保护、低碳发展和安全生产等要求的基础上，维持行业结构的合理化，促进电力经营企业的高效稳定运营，进而更好地满足公民和企业的基本用电需求。电力行业规制的任务一般没有确定不变的指标，根据行业发展状况不断进行改变的，规制效果直接体现在行业的发展状况与电力价格上。环境保护、安全生产与低碳减排等规制类型是电力行业规制不可忽视的外部刚性约束，虽然这些规制对电力行业有着重要影响，但并不是电力行业规制本身所需处理的直接

---

① 2016 年 11 月 7 日，国家发展改革委、国家能源局正式发布《电力发展"十三五"规划》。

② 中共中央、国务院《关于进一步深化电力体制改革的若干意见》（中发[2015]9 号）。

任务，而是从外部对行业发展设置的约束指标。①

## 三、电力行业规制的特点

电力相关法律究竟属于传统的行政法还是新兴的经济法范畴，并未引起过大的关注。经济法的价值取向是维护市场或者某一行业的良好秩序，且在国家整体经济健康发展的需求下，明确对这一行业规制的目标和改革方向，而并不单纯强调规制行为的形式合法性。有学者认为，与传统私法将其主体塑造为市场“经济人”不同，经济法中的主体是对市场中“社会人”的特定类型的法律拟制。② 也就是说，经济法必须考虑经济的健康发展，稳定性强、价格低廉的电力供给才是符合社会公共利益的。

电力系统中输电部分属于自然垄断，但在发电和售电两端引入竞争是可行的，因为多家电力生产企业和销售企业可以连接到同一个电网中。虽然道理看起来十分简单，但实践证明，要在竞争性发电、售电部门引入多家供应商，同时保持对垄断领域的合理定价及其他规制，是一项艰巨的任务。一个重要原因是电力产业链的各个环节之间密切相关，一个部分的价格扭曲，可能严重影响其他部分的表现。所以电力行业规制本身就是要厘清这些复杂的关系，确保在对电力产业链中针对各个环节的特点采取不同的规制策略，并通过在规制中充分促进各类主体之间的利益交换，避免不同的规制策略相互冲突。

我国电力产业的“厂网分开”导致了市场参与者利益的变化和调整，以网络运营企业为中心的利益集团，借助在新产业结构和规制体系中的特殊地位，对上游独立发电企业实施了严重的接入歧视。③ 纵向拆分后形成的可竞争性结构并不意味

---

① 在碳中和目标明确之前，我国虽然倡导节能减排，但是并没有建立起有一个真正有效的、完善的、合理的节能减排机制，而是过分依赖行政管理的手段进行管理。参见谭艳姣：《电力行业节能减排现状问题及策略》，《电力技术》2016年第6期。相较而言，被美国联邦最高法院做出裁定暂停执行的奥巴马政府《清洁电力计划》中规定“到2030年美国发电厂碳排放目标将在2005年基础上减少32%，这意味着大量燃煤电厂将关闭，太阳能和风能发电获得全新发展动力”。这个被裁定暂停执行的法案就为电力行业减排设置了明确标准，这个标准并非为了电力行业本身的发展而设置，而是为了减低行业所造成的负外部性问题。

② 张继恒：《从“规范教义”到“法理守则”经济法学研究之转型》，《法商研究》2015年第5期。

③ 白让让、王小芳：《规制权力配置、下游垄断与中国电力产业的接入歧视：理论分析与初步的实证检验》，《经济学(季刊)》2009年1月。

着市场机制可以取代政府规制。相反，随着参与者数量的增加和交易行为的复杂化，如何协调现货市场和长期合约交易之间的波动、抑制上下游垄断势力的关联、划分自然垄断业务和竞争性活动的合理界限等问题也更加突出，也提高了对规制有效性的需求。[①] 这种为了竞争而单一开放某一环节的办法，事实上并不能立即促进整个电力行业的开放，反而不断地使规制所面临的问题复杂化。仅就发电环节来看，市场化使进入门槛的合理性、开放后的竞争环境、发电企业的利润控制等问题接踵而至，在发电环节并非仅依靠市场化理念就能“一顺百顺”地解决所有问题。因此，规制本身就变成了动态化的过程，当开放竞争的部分发生变化时，也有必要对保持垄断部分改变规制策略，这样才能达成最佳的规制效果。这一过程被学者们称为“规制重建”，说明要维护电力结构的合理化，仅仅通过自由放任的市场，或单纯通过卡特尔、垄断组织都不能良好的维持各部分群体利益的协调与稳定。因此，规制目标得以实现所依赖的只能是宏观经济管理层面上的广泛参与，应当注重规制规则在整体上的合理性，而不能仅仅依靠某种理念对行业进行“局部性”的调整。

### （一）电力行业规制与反垄断规制

电力行业规制属于综合性规制。从价值目标取向来看，反垄断法的主要目标是促进竞争、提高行业效率。相较而言，电力行业规制的目标较为多元，除关注效率价值目标以外，还更加关注社会公平，更加注重社会公共利益的维护，促进电力行业协调、全面和可持续发展。[②] 从规制手段角度来看，电力行业规制通过塑造电力经营行为实现社会公共利益，可以从交易条件、交易价格、准入资格等方面直接限制电力经营主体。相较而言，反垄断规制则强调能够有多个经营主体处于平等地位经营同一业务，经营者或者消费者能够通过选择自由维护良好的行业竞争秩序，间接规制的属性更强。从规制介入时间的角度来看，电力行业规制大多属于事前规制，在事前就积极主动介入对经营和消费行为的塑造。反垄断规制则既侧重事前规制，又侧重事后规制，事前塑造竞争规则的同时，于事后对反竞争行为进行责任追究。因此，为了避免规制活动阻碍竞争，电力行业规制应当充分考虑规制规则和规制行为对电力市场竞争环境的影响。在研究电力行业规制时，不应与反垄

① 白让让、王小芳：《规制权力配置、下游垄断与中国电力产业的接入歧视：理论分析与初步的实证检验》，《经济学(季刊)》2009 年 1 月。

② 唐敏：《我国输配电网公平开放的法律路径选择》，《西南民族大学学报》2013 年第 3 期。

断规制研究做绝对分割，而需要充分考虑规制活动的综合性影响。

## （二）电力行业规制与一般行政规制

一般认为电力行业规制是指政府运用行政、法律手段，对电力工业经济活动实施的直接或者间接的干预行为，包括对自然垄断环节的直接规制和对竞争性环节的间接规制。[①] 从现行电力法具有浓厚的行政管理法属性来看，在以往的实践中立法目的就更多地强调其保障电力事业安全运行的一面，而保障的方法就依赖于出台更多、更详细的电力行政管理规章。[②] 然而，这种一般行政规制的思路并不能很好地适用于电力行业，因为电力行业规制更需要关注行政干预行为的合理化，而并非仅保障规制行为形式上的合法性。换言之，电力行业规制侧重建构电力行业良好的经济秩序和经济结构，而一般行政规制则更关注对行政干预行为的合法性与干预手段的有效性。基于维护经济秩序的目标，电力行业规制必须对电力行业全过程进行监督、管理、控制，包括对规制规则的合理制定与有效执行。因此，电力行业规制更侧重对行业规制权力的合理运用，强调合理地做出规制决策。

## （三）电力行业规制与电力体制改革

电力行业规制是在既有的法律条件下，或在一定的规制规则下通过对电力企业或者个人的约束来促成规制目标的达成。而电力体制改革是指通过对电力行业结构的重新设置，使电力行业的结构变得更为合理。电力体制改革必须能够容纳于电力行业的相关法律，但在合法的范围内，电力体制改革更多地体现了行政决策的政治性，这导致结构性改革方案的执行和失败责任难以通过法律来加以约束。电力体制的改革会直接影响行业内电力企业所面临的经营环境，也会影响电力行业规制。目前，我国电力体制改革的目标主要表现为解决制约电力行业科学发展的突出矛盾和深层次问题[③]，通过提高行业效率而开放发电、售电侧业务，推动结构调整和产业升级，所以电力体制改革的目标更为技术化。电力行业规制必须考虑行业属性所决定的公平普遍义务的实现与电力行业本身健康发展的问题，即在相关法律制度的框架下通过合理限制私人主体以实现法律所确定的目标。

---

① 王侃、李汉铃：《电力监管监督机制的新思路》，《自然辩证法研究》2006 年第 5 期。

② 刘宇晖：《对我国电力法体系的构想：对我国电力法体系的构想》，《河北法学》2008 年第 7 期。

③ 中共中央、国务院《关于进一步深化电力体制改革的若干意见》（中发[2015]9 号）。

## (四)电力行业规制强调公私主体的合作

电力行业规制需要处理政府与市场的关系问题,其前提假设并非是市场问题与政府问题的孑然两分。政府通常会禁止某些领域的交易行为,而另一些领域的交易政府则不会干预。即便是在允许交易的领域,与一般私法以尊重市场主体"意思自治"为最高原则不同,公用企业的交易活动仍需要受到严格的约束。因为,承担公用事业运营的公用企业容易在企业利益和公共利益的取舍中丧失平衡,尤其是在公用事业民营化政策推进的过程中,企业的利益导向与公用事业的公益性矛盾更为突出。[①] 政府对以电力行业为代表的自然垄断行业进行规制,包括通过颁布法律和规章以控制定价水平、规定产品和服务质量标准等,这些行动是要努力制止不充分重视社会利益的私人决策[②]。所以,电力行业规制既要解决监管失灵,倡导适度竞争来提高行业效率;又要在市场无能为力的地方,借助公权力来维护行业的健康的发展。由此可以看出,在我国,理论界对以电力行业为代表的具有自然垄断性质的公用事业企业规制的界定,强调反垄断规制和一般性政府规制并重,在可以引入竞争的环节以反垄断规制为主,在不适于引入竞争的环节以一般性政府规制为主。

电力行业的发展应当在保持供电稳定、提升运营效率、建设全国统一电力市场的基础上,[③]通过行业规制对私主体"意思自治"加以限制,约束危害公共利益的私人行为,同时也需要在行业结构的调整中积极促进竞争、鼓励市场主体进入、维护竞争中立的部分,体现公法维护"意思自治"的一面。要使对私主体的限制与维护都有利于行业的健康发展,仅凭规制机关是难以做到的。因此,公私主体需要通过合同、合作、合资等方式实现规制目标。电力行业规制要实现建立公平、公正、充分竞争的电力市场,优化行业对资源的配置、保障电力工业可持续发展,提高人民生活水平等一系列目的,需要同时结合私法和公法工具,并在公私法交融中实现超越,这就使得电力法及其相关法被定位为经济法。

---

① 邢鸿飞、徐金海:《公用事业法原论》,中国方正出版社,2009,第 3 页。

② 约翰·伊特韦尔:《新帕尔格雷夫经济学大辞典(第 4 卷)》,经济科学出版社,1999,第 137 页。

③ 李虹:《电力监管的目标分析》,《经济学家》2005 年第 1 期。

# 第二节　电力行业规制的应然分析

电力行业的发展和改革涉及各类价值的综合衡量，既包括经济价值、环境价值，也包括电力行业自身的可持续发展，但是行业规制所要解决的是在环境、减排等约束之下实现规制收益的最大化。公共利益是综合性的，而在电力行业规制中依然有最重要的和最基本的要求，那就是行业规制对宪法所确定基本权利的维护以及行业本身的健康发展。首先，在任何可以权衡的价值之外，宪法确立基本权利得以体现，是任何行业规制获得合法性的前提。其次，由于对基本权利实现程度依赖于行业发展状况，只有电力行业良好的发展才可能在行业结构科学、利益分配合理、激励相容制度完善的基础上，以最小的经济成本实现基本权利。最后，电力行业规制中的公共利益，会受到社会对基本权利认识方式的约束，必须基于人们对此行业的主观期待来设计规制架构，脱离了具体社会现实的规制只能是“自说自话”。本节主要在对比其他国家公用事业发展经验的基础上，结合第一章给出的合理规制条件，给出电力行业中规制的应然状态。

## 一、现代公用事业规制的发展趋势及其启示

虽然电力行业的发展依赖我国独特的自然资源禀赋、经济发展模式、社会治理模式等，但是世界各国在改善电力行业的探索中仍有许多共性，从这些共性中我们可以找出完善电力行业规制的规律和发展方向，加深对电力行业中“公共利益”的理解并增强规制能力。由于对公共利益的认知偏差可能源于规制机关与公民缺乏相关理论，进而导致电力行业规制无法有效维护公共利益。因此，分析和研究其他国家电力行业发展的历程，有利于我们剥离出一些影响电力行业规制的关键因素，并做针对性的改善。

随着社会与经济发展情况的变化，世界各国都经历着“规制失灵—规制改革—福利提升”的往复循环，为应对各种新挑战和新情况，在既有的规制理论不足应对新问题的情况下，各国都进行了规制改革，并通过规制改革再达成规制目标，使社会整体利益得到了提升。韩国于 1997 年遭受到经济危机之后，实施了一系列规制改革措施，改革的目标是将韩国的经济发展模式从高度干预和权力主导的模式改

变为建立在消费者选择、民主和法制等价值观念之上的市场主导和开放式的模式。[①] 为了建立良好的管理体系，美国政府在制度构建、政策优化和立法等方面的基础设施建设上投入了大量资金，从而在事先规划、管理效果分析、集中式质量控制和与受影响群体进行磋商等关键领域创建了一系列良性运行机制。其中，总统办公室关于联邦政府管理成本和收益的年度报告对改革成果具有重大价值。[②] 1970 年代英国处在经济低迷、失业率不断攀升、国际竞争力下降等压力下，于 1979 年撒切尔上台后开始推行一系列改革政策，这些政策主要以缩小国家干预经济的范围和允许更多的私人部门参与医疗卫生、教育和社会服务等原来公共投资领域的竞争为主。[③] 其主要政策表现为以下四个方面：第一，放开产业进入管制政策，第二，放开价格管制；第三，实施互联互通的规制政策；第四，落实普遍服务规制政策。[④] 日本、法国、新西兰、加拿大等其他国家也根据本国面临的问题开展了一系列规制改革，通过梳理始发于 20 世纪 70 年代并持续到现在的各国规制改革可以发现，各国在改革中都重视以下几个方面。

### （一）重塑规制中的政府角色并对规制规则进行简化

提高规制机关的规制能力是公用事业改革中各国采取的普遍办法。美国联邦能源管制委员会（FERC）是一家独立的监管机构，其所有决定由美国联邦法院直接审议。2005 年，美国国会颁布了《能源政策法》，这部法律赋予 FERC 更多权力，比如全美电力可靠性标准的制定权、对电力企业的市场行为更为广泛的监管权和一系列重要的执法权力。[⑤] 基于电力行业的复杂情况，很难在立法时明确最优的行

---

① 张汉林、蔡春林等：《韩国规制改革：经济合作与发展组织考察报告》，上海财经大学出版社，2007，第 3 页。

② 王林生、张汉林等：《发达国家规制改革与绩效》，上海财经大学出版社，2006，第 3 页。

③ 王林生、张汉林等：《发达国家规制改革与绩效》，上海财经大学出版社，2006，第 3 页。

④ 随着股份制私有化改革的深入，英国国有企业在国民经济中所占的比重由 1979 年的 10% 下降到目前不足 1%，拥有股份的股民人数也由 1979 年的 300 万增加到 1000 万，近 100 万原国有企业的员工转化为私营企业的职工。参见黄德春：《发达国家与发展中国家规制改革的比较研究》，《科技管理研究》2006 年第 7 期。

⑤ 王海霞、周晓梦、白运增：《国外电力市场改革借鉴》，《价格与市场》2011 年第 10 期。

为模式、市场结构时,授予独立的规制机构以准立法权、准司法权①已经成为电力行业规制机构的趋势。

此外,各国政府在规制中还强调保障规制的质量。美国强化了"成本-收入"分析法的使用,并且要求减少规制机关的文书工作负担。在英国,规制透明度原则是政府规制改革的核心原则之一,具体体现为法规的制定和修改程序要标准化:法规的起草要用浅显易懂的语言;应通过法规的发布、汇编以及其他方式使得法规易于查找和理解;法规的执行和上诉程序应具备可预见性和一致性。② 意大利于1988年在总理办公室和规制简化组下设立执法部,追求政府规制的法律合理、明晰与简练,并对规制部门进行压缩和重组。

### (二)准入规制不断放松

传统的管制模式过分强调国家的责任,这导致处于新型社会经济秩序之下的福利国家不堪重负,因而减轻国家的责任、增强企业和个人的责任显得尤为重要。③ 世界各个市场经济国家都开始认识到福利国家理念下,由国家提供的服务和公共产品并非一定要由政府本身通过"控制-命令"的方式来实现,政府的科层化在现实中应验了马克斯·韦伯对这种安排的悲观态度④。低效率、部门利益、创新困难等因素,使政府开始诉诸私人主体来解决这些问题。民营化强调通过减少或限制政府当局在使用社会资源、生产产品和提供服务中的职责,并增加私营企业在这些事务中的职责。⑤ 1978年,美国出台《公共事业管制政策法案》,开始允许企业建立热电联产发电厂及利用可再生能源电厂,并出售电力给地方公用电力公司,要求电力公司收购。1997年,美国只有1.6%的发电量由完全的独立电力生产者

① 我国《电力市场监管办法》第28条规定:"电力市场主体之间、电力市场主体与电力调度交易机构之间因电力市场交易发生争议,由电力监管机构依法协调或者裁决。其中,因履行合同发生的争议,可以由电力监管机构按照电力争议调解的有关规定进行调解"。

② 王林生、张汉林等:《发达国家规制改革与绩效》,上海财经大学出版社,2006,第3页。

③ 这一判断的对象是对德国模式论述,笔者认为其他福利国家面临同样的问题需要减轻国家的责任、增强企业和个人的责任,所以借用此判断进行论述,在此做以说明。参见杨解朴:《德国福利国家的自我校正》,《欧洲研究》2008年第4期。

④ 王春娟:《科层制的含义及结构特征分析:兼评韦伯的科层制理论》,《学术交流》2006年第5期。

⑤ 魏伯乐、奥兰·扬、马塞厄斯芬格:《私有化的局限》,王小卫等译,上海三联书店、上海人民出版社,2006,第5页。

(IPP)生产。但这个数字到 2002 年上升为 25%,2012 年上升为 35%。由于公用事业公司将核电业务出售,1997 年独立电力生产者的核电发电量接近为 0,但到 2012 年已接近 50%。[①] 许多发达国家与发展中国家都在 20 世纪末开始逐步开放电力行业的准入限制。

### (三)充分发挥多元主体的功能

现代国家的规制体系逐渐由强调私人主体对法律的遵守,扩展到更加强调在公私主体的合作的基础之上能够创造出共赢的结果。面对诸多社会问题的发生,传统的解决路径往往是调整监管机关的职权,强调重塑监管者和被监管者的行为,而忽视了其他利益相关者的作用。这种依赖权威的调整与重塑,往往是缺乏弹性的,即在"依法行政"和"法不禁止即可为"的理念下,对政府行为的塑造通常强调合法性而轻视合理性;对私主体行为的监管强调对明显违法行为的禁止,轻视对损害轻微或因果关系不明确行为的监管。面对政府规制失灵[②],传统惯性思维让焦点依然集中在如何完善与实现"命令与服从",困于思维定式,规制中一直对于私人主体的作用认识不足。为了克服过度依赖行政部门的弊端,许多发达国家自 20 世纪七八十年代开始,都逐渐采取多元主体合作模式改进公共服务的提供。[③] 除了交给私人企业提供公共服务任务之外,私化还意味着从行政事务向民间转移(实质性私化)到机构形式的私化(私法形式化)和行政方式的私化(形式性私化),它包含的内容多种多样、各不相同,是一个广泛的概念,但包括削减行政所负责的部分、引入私人灵活高效的方式这一大方向的所有措施。[④] 在电力行业领域,这一趋势往前可以追溯到 20 世纪七八十年代,法国电力集团推进欧洲先进压水堆项目时,公众

---

① See Severin Borenstein and James Bushnell, "The US Electricity Industry After 20 Years of Restructuring," *Annual Review of Economic* 7, no.1 (Aug. 2015): 437—463.

② 当今社会,行政机关行为的后果不再是凭借感情和日常认知就能使手段一定合乎目的性。由于信息和技术的劣势地位,行政机关行为想要使自身行为做到科学合理,不吸收私人主体的建议和借助私人主体的力量难以达成监管目标。参见吴锐:《我国食品安全私人监管刍议》,《兰州学刊》2015 年第 12 期。

③ 夏志强、付亚南:《公共服务多元主体合作供给模式的缺陷与治理》,《上海行政学院学报》2013 年第 4 期。

④ 米丸恒治:《私人行政:法的统制的比较研究》,洪英、王丹红等译,中国人民大学出版社,2010,第 9 页。

辩论与听证制度为政府行政决策提供了良好支持。[①] 英国政府也非常重视在城市公用事业领域建立社会监督机制，其主要政策措施之一就是建立专业消费者组织，并且这些消费者组织独立于政府监管机构和城市公用事业经营企业，只代表消费者利益。

从某种意义上说，所有经济活动都涉及选择，涉及不断变化的复杂的制度安排，个人在这种制度安排之内做出选择。在普通或正统经济学中，分析无论多么简单或多么复杂，注意力都集中与在约束条件之内所作选择之上，约束条件本身是从外部强加给要做出选择的一个人或者一群人的。[②] 对电力行业规制趋势的梳理不难发现，当下我国电力行业的相关立法（规制规则）本身并没能反映出维护公共利益的程序性要求，缺少良好的规制规则形成机制[③]，更不用谈及对规制规则的适用和解释。因此，从规制规则的形成角度来看，我们需要认识到，对电力行业进行约束的规则有着怎样的发展趋势，以及这种趋势背后有着怎样的逻辑。从各国电力行业规制的趋势来看，多元主体不断地参与到规制规则制定中和规制实施的活动中，充分发挥所有主体的积极性才能最高效的达成规制目标，当然这也需要规制机关作出相应改变，履行更多的义务。

## 二、电力行业规制规则的“优法良治”标准

通过近几十年世界各国在公用事业规制改革中所积累的经验，可以一窥各国维护公共利益的途径和办法。政府在主动干预市场主体的交易行为时，或者是提

① 法国国会 1959 年通过法案决定成立全国公众辩论与听证委员会，该委员会由 20 余人组成，其中三分之一是中央和地方的政界人士，三分之一是不同行业的资深专家，三分之一是各类社会团体和非政府组织成员代表。从法律资质上看，该委员会是一个独立性的社会组织，不受国会和政府意志的影响。全国公众辩论与听证委员会的主要职责是，对涉及国计民生的重大事项组织公众辩论与听证活动。通常情况下，参与辩论的团体主要是政治团体、环保团体、设备供应商代表、当地工商界代表及其他不同利益阶层的代表。在听证会上，各类团体或代表同业主之间的矛盾错综复杂，迫使业主在捍卫自己利益的同时，必须改变原有观念，认真考虑社会各界的不同意见。参见靳凤林：《法国公众辩论与听证制度及政府行政伦理决策：法电集团欧洲先进压水堆项目个案分析》，《科学社会主义》2007 年第 3 期。

② 詹姆斯·布坎南：《宪法秩序的经济学与伦理学》，朱泱译，商务印书馆，2008，第 9 页。

③ 由于我国电力行业改革缺乏法律、法规的支持，这种情况被学者们概括为“先改革、后立法”模式。

供结构性环境时，其出发点和归宿都在于充分利用各类主体的优势，并促使多元利益主体对规制达成一致意见或形成多数认可。从公共选择理论视角来看，各国在公用事业规制的改革都符合这一理论的倡导，对规制机关的优化、鼓励民营化和吸纳多元主体参与，都在提升电力行业规制效率的同时，获得了多数人的认同。这些改革举措使得后立宪阶段[①]的立法和法律适用可以达到公共利益最大化。结合第一章的理论论述，可以概括出电力行业规制理想状态的四个方面：第一，简化、明确且能体现公用事业性质的规制目标；第二，以探索各类主体之间的应然关系来维持良好的行业结构；第三，对电力经营企业与电力规制机关的行为进行全面的规制；第四，以动态化的规制来保障规制行为的有效性。

### （一）简化、明确且能体现公用事业性质的电力行业规制目标

电力行业的经济民主意味着在整个行业层面，认可各类主体影响公权力能力的正当性，通过激活有组织、相互竞争的多元主体的参与，避免规制机关被俘虏，或某一个（或某一类）企业获得不合理利益。[②] 不论是行业结构的改革，还是常规性规制规则的制定，只有充分和全面地考虑各类主体的诉求，才能在明确改革和规制目标的基础上，判断出电力行业改革和规制备选方案的优劣。因此，要避免在集体选择中陷入“阿罗不可能定理”[③]所昭示的偏好确定难题，市场仍是不可或缺的手段。市场是人们偏好显露的场所，能使各类有着不同偏好的集合体，通过交易实现各自的效用最大化，也能通过制度层面的博弈来促使各类群体在规则的制定中达成共识，而形成简化、明确的规制目标。[④]

学者们对电力行业发展和改革所持有的各种理论，只有被市场主体所识别和认可，并基于此改变自身行为时才能现实。因为，一方面不论是自然科学家还是社

---

① 宪政经济学与主流经济学的不同之处，就在于强调约束条件的选择。它把集体决策分为两个阶段，即立宪阶段和后立宪阶段。立宪阶段属于规则的制定阶段，涉及的是规则的选择问题，后立宪阶段是在规则制定之后，在已定规则之下进行选择。参见李炜光：《从维克塞尔到布坎南：公共财政理论的蹊径演进》，《读书》2012 年 04 期。

② 凯斯·桑斯坦：《权利革命之后：重塑规制国》，钟瑞华译，中国人民大学出版社，2008，第 44 页。

③ 阿罗不可能性定理是指不可能从个人偏好顺序推导出群体偏好顺序。

④ See James Buchanan, “Social Choice, Democracy, and Free Markets,” *Journal of Political Economy* 62, no. 2 (Feb. 1954): 114—123; James Buchanan, “Individual Choice in Voting and the Market,” *Journal of Political Economy* 62 no. 4 (Aug. 1954): 334—343.

会科学家，其对自然世界的描述本身都不能产生规范性标准[①]；另一方面，他们所给出的建议本身是否合理，也仍然存疑。所以，经济民主强调通过各类主体之间的互动，知晓立法对其利益的影响，并在经济管理中通过影响公权力来维护规制规则的公平性，最终将抽象的规制目标不断明确为具体规则。从这一意义上讲，简化、明确的规制目标也能作为依据，解决电力行业规制中的利益冲突。在电力行业发展中确定对哪些利益的维护更能实现规制目标，是有效规制的前提。与许多国家单一强调市场化不同，我国电力行业的规制强调使全行业更好地履行公平普遍服务义务，因为这个目标突显了电力行业的公用事业定位与对公民基本权利的实现。促进电力行业的健康发展是履行公平普遍服务义务得以落实的手段，也是促进电力经营企业参与到行业规制中的结果，因此这是规制目标的另一个侧面。

### （二）明确的电力行业各类主体之间的关系结构

电力行业不同于其他行业之处在于其在国民经济发展中的重要影响和对私人用户生活质量的直接影响，所以电力行业的秩序和发展状况比起一般产业更应受到"经济法理念"的关照。在以效率为主要评价体系的技术领域，即使诸如公平、正义、公益、道德等内涵极少被考虑，规制机关或者利益集团也能以"资源禀赋"差异为借口而拖延改革。在缺乏效率衡量标准的情况下，对电力行业进行规制时需考虑的一个重要因素，就是如何使规制的结果能够符合人们的主流价值观。尽管我们都认为宪法在我们的生活中十分重要，但是在具体领域内如何落实宪法所确立的价值却是难以讨论清楚的。在无法简单通过效率来衡量行业发展的情况下，维护电力行业所涉及的各类主体之间的应然关系结构就变成了落实"一致同意"原则的主要办法。[②]

电力行业的改革和规制，除了应当通过倡导经济民主获得改革和规制的合理性，更重要的是应通过确立刚性的非经济价值合理限制电力企业的意思自治，并约

---

① 罗伯特·海涅曼：《政策分析师的世界》，李玲玲译，北京大学出版社，2011，第25页。

② 涂尔干认为法律的功能在于促进社会团结，进而维护社会达成一种稳定、和谐的状态。参见埃米尔·涂尔干：《社会分工论》，渠东译，生活·读书·新知三联出版社，2013。此外，帕森斯认为，法律在与其他社会子系统之间的关系中所扮演的角色以及法律主要的整合功能在于，法律的意图是协调不同的利益，使其恢复平衡。参见马修·戴弗雷姆：《法社会学讲义：学术脉络与理论体系》，郭星华、邢朝国、梁坤译，北京大学出版社，2010，第105页。可以看出，法律的功能在于维护一种良好的秩序，而秩序背后是一种对利益协调的和谐状态，这种状态对应着各类主体之间的一种关系结构。

束政府权力，避免市场的盲目性与监管机构的自利性侵害公益。这些限制源于法律层面对各类主体关系的已有安排，并且在电力行业中尤其重要。电力行业的发展现状和模式涉及每一位公民用电的直接经济成本、环境成本、规制成本等，也涉及相关经营者的经营成本，而这些成本的结构安排必须受到宪法和法律的约束。所以，电力行业规制必须体现法律对各类主体之间应然关系的设定。从电力行业发展的动态化趋势来看，电力规制机关、被规制电力企业与其他利益相关群体三者之间也应是有机的互动关系，而不是简单的管理者和被管理者关系，如图 2－1 所示。规制机关的管理以利益相关群体的利益为价值导向，满足其低价用电、保护环境、节能减排等要求，同时要受其约束和建议；而被规制企业作为为利益相关群体提供服务的主体，定价策略又体现了与这些群体存在利益的竞争关系；规制机关与被规制企业都要提升电力行业的效率，满足利益相关群体的需求，在管理关系之外，二者又是合作者。只有基于这种关系所实现的基本公共服务"权利"才不会落入有名无实的境地。

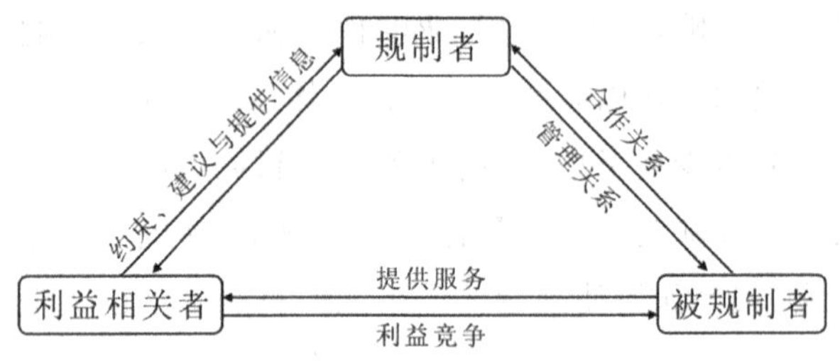


图 2－1　电力行业规制相关群体之间的关系

## （三）对电力经营企业与电力规制机关的行为进行全面的规制

我国将《电力法》定位为经济法，需要在完善《电力法》的过程中进一步明确电力产品的二重性①。要提升电力行业规制规则体系的完备程度，应增强行业规制中的参与度，形成监督体制科学、顺畅，主体权责明确，调整关系全面，具有可实施性与可操作性等特征规制体系。要达成这一目标首先必须突显出电力行业的公共属性，因此除了将定价不合理这种直接侵害公民利益的行为纳入规制之外，还应规范其他间接增加公民用电成本的行为。这些行为中既包括电力经营企业的低效率

① 电力既有私人物品的一面，需要保证电力供给与需求的平衡，满足公民个人自由发展的需求；同时也有公共的一面，必须用稳定的供给保障国家安全、民生需要、环境保护、节能减排目标。

行为，也包括规制机关谋取自身利益影响行业发展，或规制机关的不尽责、懈怠与规制决策不合理等。

电力经营企业所处的生存环境不同于一般竞争市场中的企业，垄断地位使其做出经营决策时所受到的竞争压力极小，这就使得相关企业并不会自觉地采取最有效率的生产决策，再加上其对经营信息的绝对优势地位使得规制机关难以进行有效规制，电力经营企业受到的约束并不足以迫使其令人满意地提供公共服务。因此，除了反竞争行为应受到规制以外，电力经营企业导致经营低效率的行为也应被纳入规制范围，同时也应比一般企业承担更多的信息披露义务。

目前，电力监管委员会被并入国家能源局，增强其独立性地位的改革尝试可以宣告失败，这预示着接下来的立法中想要重新确立独立的电力行业规制机构并不容易，规制机构的改革只能独立于《电力法》的修订。即便没有法律层面对规制机关独立性的保障，也并不妨碍通过对“权力-责任”的重塑来促使其更好地履行规制权力。同时，要提升规制行为的合理性，争取最好的规制效果，不但要防止规制机关专断地行使权力，更要注重通过必要的激励措施促使其积极履行职责。

### (四)动态化的规制规则保障规制行为的有效性和全面性

电力行业的立法本身应是随着社会需求和主流观念不断变迁的。基于电力行业本身受技术和经济发展等因素的制约，电力行业规制也受到多方面影响而呈现出动态化特征。动态化使得电力市场不再像传统的民事领域那样，能够发展出“事无巨细”且稳定的法律体系，而必须在变动不居的社会现实下，构造行业规制的基本制度，并在实践中不断完善。

动态的电力立法在各国电力行业规制中都是十分明显的。我国的电力相关立法存在着滞后于改革的情况，《电力法》长时间未经实质性修订。而大多数法治国家，电力相关法立法在近几十年都经历了频繁的修改。以新西兰电力立法为例，1986 年以前的新西兰电力市场基本是以行政政策代替法律来指导行业的发展，此时政策的形成都是不透明的，包括政策对经济、政治、区域发展和工作岗位数量的影响都不明确，那时的电力市场是完全不存在竞争的。此后，随着公司化浪潮和能源公司法案(1992)、电力法案(1992)的出台，情况开始发生变化，整个电力行业由发电、输电到配送和销售过程都取消了政府许可，商业法(1986)也逐渐被用于电力行业以促进竞争。但是发展至此，除了基本安全规制以外，仍然没有针对整个电力行业本身的制定法。[①] 在既有法律仍不能满足行业规制需求和受欧洲电力改革理念影响的双重作用下，1998 年新西兰议会通过《电力工业改革法案》，开始建立全面开放的市场，发电侧竞价上网，供电公司出价购买，并明确在 1999 年 4 月 1 日前完成改革目标。

电力行业规制所针对的问题不仅包括电力行业本身，也关乎于电力规制机关的绩效、基于公民身份的电力用户权利保护、环境的可持续发展等问题。因此，在电力行业规制中要形成合法并有效的规制规则，前提就是能够不断地促使各类主体就规制规则形成一致的意见，并在体系化的法律框架内，通过一致意见形成对规制规则的修改与阐释。要形成及时有效的一致意见就需要我们能够准确识别危害行为，赋予一些主体推动改变（或影响）规制规则的能力，并促使规制机关针对危害行为的特征选取规制适当的手段。电力行业本身的改革和电力行业规制的改革，都需要以这种动态化的方式来保障改革和规制的有效性，以消除行业发展中的不确定性。

## 第三节　我国电力行业规制的实然问题及原因

应然状态下各类主体的关系是确立权利和义务的基础，电力行业基于其公共性的一面，不像一般性行政机关（规制者）与被管理者（被规制者）之间的关系，而是三类主体（规制者、被规制者与利益相关群体）正和博弈的复杂关系。因此，在电力行业规制中如何使这种应然关系得到落实，即体现着宪法的要求（合法的），也是一致同意的结果（正义的），还是具有工具价值的。此外，通过识别并防止危害规制目标达成和规制关系实现的行为，选择最恰当的规制工具，是保护公共利益的重要方面。电力行业规制产生问题的原因在于形式化的法律失去了回应实现问题的能力，因此有必要对这些问题进行清晰识别。

### 一、规制目标的内涵不够明确

在提升国家整体福利水平的宏观需求下，对单一行业的规制而言，首先应当厘清规制目标，因为虽然国家生存照顾义务和福利国家理念被宪法所确立，但目前对

① See Barry Barton, "Developments in Electricity Law and Policy in Europe," *New Zealand Journal of Environmental Law* 2, (Jan. 1998): 187 - 207.

义务的确定和理念的具体化仍在不断进行中。在抽象规制目标下，明确规制目标本身的具体演进趋势，以及各类目标之间应当如何排序与协调是十分必要的。经济结构的变化总会不断使我们已建立起的经济发展路径变得不再适用，不断对既有的经济发展模式和财富分配模式造成新压力，因此需要行政机关相应地扩大他们的管辖范围，改变治理方式，在变化之中处理人们即迫切又模糊的需求。① 由于电力行业规制的影响范围十分广泛、涉及利益群体多、利益冲突可能性强、区域性差异大，行业规制相关法律只能在一定程度上放弃法律应具备的精确性，可见，规制目标的模糊性源于规制目标本身需要高度抽象概括。1995 年开始实施的《中华人民共和国电力法》第一章总则中体现了立法的价值导向，第 1 条②立法目的强调维护电力投资者、经营者和使用者的合法权益；第 3 条继续强调对电力事业投资的鼓励，实行谁投资、谁收益的原则；第 5 条明确依法保护环境，采用新技术，减少有害物质排放，防治污染和其他公害；第 8 条规定国家帮助和扶持少数民族地区、边远地区和贫困地区发展电力事业，对公平普遍服务义务有所体现；第 9 条通过对相关的科学技术和管理方式的鼓励，一定程度上反映了对行业健康发展的重视。2005 年实施的《电力监管条例》第 2 条明确了维护社会公共利益，保障电力系统安全稳定运行，促进电力事业健康发展的规定；第 3 条规定了电力监管应当依法进行，并遵循公开、公正和效率的原则。“电力发展‘五年’规划”中也涉及了电力行业的方方面面，③相反，9 号文则主要强调对相关市场规则的建设④。可以看出，法律层面对电力行业规制目标的设定十分广泛，涉及电力行业相关的各个方面，也正是因为这种“大而全”的规定使得电力行业规制的优先目标并不明确，很难达成所有目标。

在实践中，我国电力行业规制目标与电力改革目标相互之间并无多大区别，内涵不够清晰，这使得对行业结构调整的合理性命题，掩盖了对企业经营自由限制的

---

① See Marc Allen Eisner, “Discovering Patterns in Regulatory History: Continuity, Change, and Regulatory Regimes,” *Journal of Policy History* 6, no. 2 (Apr. 1994): 157 - 187.

② 《中华人民共和国电力法》第 1 条规定：“为了保障和促进电力事业的发展，维护电力投资者、经营者和使用者的合法权益，保障电力安全运行，制定本法”。

③ “电力发展‘五年’规划”涉及了电力行业的方方面面，包括节能减排目标、综合调节能力目标、电网发展目标、电源结构目标、生产供应能力目标等。

④ 《关于进一步深化电力体制改革的若干意见》(中发[2015]号)明确要建立电力行业“有法可依、政企分开、主体规范、交易公平、价格合理、监管有效”的市场体制，努力降低电力成本、理顺价格形成机制，逐步打破垄断、有序放开竞争性业务，实现供应多元化，调整产业结构，提升技术水平、控制能源消费总量，提高能源利用效率、提高安全可靠性，促进公平竞争、促进节能环保。

合法性命题，也正是这种不明确使规制机关在选择规制工具时显得十分低效。规制目标的设定既要满足人们变化的需求，又要给予电力行业发展方向给出指示，而且我们对规制目标的适当阐释是有效适用法律和各类政策的前提。因此，对电力行业规制目标进行一定程度的抽象，并在抽象的基础上对子目标进行分类并排序就显得十分有必要。根据目前对文献梳理的情况看来，具有代表性的观点是，规制应当确保电力行业的持续稳定发展，提高行业效率，促进全国统一电力市场的建设，保证行业社会目标的实现。[①] 还有观点认为从社会整体角度来看，规制目标应当是通过电力行业发展提高人民生活水平，最终要达到提高社会总福利，保证我国国民经济可持续发展之目的。[②] 在强调行业效率与社会福利基础上，笔者认为应将电力行业规制的目标确立为两类，一类是电力行业本身的高效和可持续发展，破解行业发展中面临的低碳、环保、节能问题；另一类是通过普遍服务义务的确立，维持电力行业的公共属性，在整体上提高人们生活水平。

## 二、规制的多元关系未形成

在既定目标下，对规制关系的厘清是确定参与宏观经济管理层面(广义的交易)适合主体的基础。在电力行业规制中形成的多元主体的良性互动，成为各国改革的方向。理论上，公共利益和普通民众的直接利益存在某种冲突，因此增加相关公民、企业等多元主体在规制中发挥控制作用，不一定有利于公共利益的实现，以及提高政府的规制效率。但是，各国的改革能使政府行为更符合电力用户的偏好，而这正是经济民主的应有之意。[③] 多元主体的参与除了能维护经济民主这一重要理念，也能起到激活社会力量和各类市场主体积极性的作用，从而将规制机关从细小繁杂的事物中解脱出来，更好地专注于其有限的职能。

在我国《电力法》及其他旨在约束电力行业的相关法律法规中，没有对电价变动应当吸收公众或社会团体意见做出过规定。近年来各地所召开的电价上涨听证会其法律依据源于《价格法》第 23 条规定[④]。除价格听证之外，公民和社会组织很

① 李虹：《电力监管的目标分析》，《经济学家》2005 年第 1 期。

② 王侃、李汉铃：《电力监管监督机制的新思路》，《自然辩证法研究》2006 年第 5 期。

③ [美]戈登・塔洛克：《什么是公共选择理论?》，《国外社会科学》1991 年第 11 期。

④ 《价格法》第 23 条规定，"制定关系群众切身利益的公用事业价格、公益性服务价格、自然垄断经营的商品价格等政府指导价、政府定价，应当建立听证会制度，由政府价格主管部门主持，征求消费者、经营者和有关方面的意见，论证其必要性、可行性"。

少有机会参与到电力行业规制中，仅在《电力监管条例》第一章总则中明确了单位和个人可以向电力监管机构和政府有关部门举报违反此条例行为。[①] 由于我国电力行业市场化程度仍然很低，没有《行政程序法》保障多元主体参与规制的权利，导致各类主体通过其自身的行为选择来获益的空间与动力都严重不足。电力经营企业与地方政府形成合谋成为二者为自身牟利的最佳方式，而这种合谋极容易以电力消费者或用户的利益为代价。再加上行政审批制度仍是政府规制电力产业的重要手段，电力行业规制中依然充满着浓厚的行政色彩，不论是企业还是用户只要做到合规即可。

前述提到规制目标的不明确，源于规制影响范围的广泛性和影响利益的复杂性。即便区域性和部门性的利益相对更容易被识别，但是由于可以进行类型化的方式过多，导致我们想要将利益群体进行分类也并不容易。[②] 同时，本应由行政机关进行的利益判断，因针对行政决策合理性的制度约束不足，行政机关为了更多地获取部门利益，导致其“经济人”的一面过多，“社会人”的一面不足。这种情况下对相关群体类别的抽象和简化，能够使得多元互动关系更容易形成。

## 三、规制对象不全面

法律通过规范那些可能危害个人利益与公共利益的行为来维护社会的良好的秩序。出于对市场自发性的过度信赖，何种行为应当被纳入电力行业规制，在相关的研究中并不是重点。大部分学者的关注点都在行业结构的调整上，而没有关注在行业结构转换过程中经营企业可能对公共利益造成危害的各类行为，认为这些行为都是可以被市场这只“看不见的手”所消除的。但是，对被规制行为的研究是电力法及其相关法律完善和具体化的前提。对自然垄断行业而言，行业特殊性会使传统的企业权利体系不再适用，即基于提升行业整体环保、效率、可持续发展等方面的考量，电力经营企业不再像一般其他行业的企业那样享有诸多经营自由。单纯依靠商法、民法、行政法会导致在规制时仅仅能做到对明显违法行为的禁止，

---

① 《电力监管条例》第5条规定，“任何单位和个人对违反本条例和国家有关电力监管规定的行为有权向电力监管机构和政府有关部门举报，电力监管机构和政府有关部门应当及时处理，并依照有关规定对举报有功人员给予奖励”。

② See Marc Allen Eisner, “Discovering Patterns in Regulatory History: Continuity, Change, and Regulatory Regimes,” *Journal of Policy History* 6, no. 2 (Apr. 1994): 157 - 187.

而缺乏相应的路径去约束不合理和社会危害较小的行为。① 即便某些侵害可以建立在补偿原则的基础上，通过事后责任来预防危害、化解纠纷，这依然需要确定危害行为及其损害范围和程度。对经营企业而言，《中华人民共和国电力法》第 36 条至第 44 条规定了电价的确定流程，以防止电价不合理，另外在《电力供应与使用条例》中设置了对供电合同的约束条款，此类约束的目的在于维护电力用户的利益，但却不足以解决行业效率低下和企业经营决策不合理的问题。对规制机关而言，整个电力法及其相关法律规范中对规制者法律责任仅体现为第 73 条和 74 条规定②，未能突显出对规制机关达成某种规制效果的约束。除了对电价的规范，对电力企业其他降低经营效率行为的规制几乎不存在。

通常法律假设规制机关具有完备的知识、动力和资金去维护公共利益。考虑到现实中规制机关也会受到各类资源的约束，对其行为也必须进行成本效益制约，所以本书除了讨论经营企业危害公共利益行为之外，也着重讨论规制机关因各种原因危害公共利益的情形，即应当明确如何“规制”规制机关。

## 四、规制手段单一

在各类法律规范中，电力行业规制机关的规制方式体现为《电力监管条例》第 13 条所规定的颁发和管理电力业务许可证③，第 23 条规定的对电价进行管理与信息披露④，以及第 18 条规定的对电能质量和供电服务质量实施监管⑤。从《中华人民共和国电力法》和《电力监管条例》文本上来看，电力规制机关的权力范围应当足

---

① 对于私人主体来说，因为诉讼的成本高、收益低、因果关系难判定，导致现实中私人主体与公用事业企业之间的诉讼并不多。而基于行政资源的有限性，行政管理中也容易忽视企业不合理的行为的，仅重点监管明显违法行为。

② 《中华人民共和国电力法》第 73 条规定“电力管理部门的工作人员滥用职权、玩忽职守、徇私舞弊，构成犯罪的，依法追究刑事责任；尚不构成犯罪的，依法给予行政处分”；第 74 条规定“电力企业职工违反规章制度、违章调度或者不服从调度指令，造成重大事故的，比照刑法第一百一十四条的规定追究刑事责任”。

③ 《电力监管条例》第 13 条规定“电力监管机构依照有关法律和国务院有关规定，颁发和管理电力业务许可证”。

④ 《电力监管条例》第 23 条规定“电力监管机构有权责令电力企业、电力调度交易机构按照国家有关电力监管规章、规则的规定如实披露有关信息”。

⑤ 《电力监管条例》第 18 条规定“电力监管机构对供电企业按照国家规定的电能质量和供电服务质量标准向用户提供供电服务的情况实施监管”。

以完成规制任务，但是在我国却造成“一管就死，一放就乱”的问题，现实中规制权力并没有被灵活使用。由于缺乏数量众多且具有活力的市场主体，电力行业规制与其说是对市场主体进行合理限制，不如说仍处在电力行业发展模式的探索中。电力行业规制更多地表现为对各类电力改革理论的落实与试点，导致各类规制手段未能灵活展开。这似乎告诉我们在现实中很多市场会存在失灵领域，政府规制同样也会失灵，但事实却往往是“规制”的不合理和不科学造成了人们对规制本身的怀疑。政府作为规制的推动者和实施者，做出何种规制决策会受其自身决策成本、决策能力、决策经验等因素影响。电力市场化改革之后，电力行业的规制亟须升级，根本原因在于规制对象的多元化和问题的复杂化。规制对市场的重要影响，开始体现为不当规制会带来严重后果，而不仅仅是影响追求更低廉的用电价格。[①]规制不当会带来严重后果，也会使得规制机关在制定规制规则和采取规制行为时更加谨慎，而尽量采取规避风险的办法，因此导致规制机关面临着双重障碍。第一重障碍源于规制机关如何克服因应对和回应公众需求而带来的政治压力，第二重障碍源于电力行业中的技术专家通常集中在企业内部，电力企业在信息和知识层面的优势地位，造成了电力规制机关难以信任对专家意见，无法掌握治理理论。重重障碍引发规制手段单一化的后果是，规制机关只能偏向于使用较为保守的规制手段，而并非采取风险稍高、更为合理有效的规制手段。

目前，电力行业规制的手段显得并不丰富，重要原因是多元主体治理结构尚未形成，对危害行为识别不足等因素也导致过度依赖于规制机关的“命令-控制”手段。从本章所介绍的各国在公用事业改革的趋势中，我们可以明显看出，通过促进行业管理上的经济民主，催生出了许多新兴规制方式，并具有更高的效率。规制手段的丰富化，基本目的是避免政府对私人主体直接征收的扩大化，这也是公共选择视角下促进广义交易的基本思路。

## 五、规制存在问题的原因

### （一）规制存在问题的制度成因

我国在确立电力行业规制体制时，一方面秉承了高度的计划经济体制的惯性

① 美国电力经济学家曾经指出，加州电力危机中，环境保护政策要为价格飙涨负20%的责任，而保障民生用电给投机套利造成的便利要为价格飙涨负59%的责任。参见于洋：《电改，管制能不能有效升级？》，《环境经济》2015年第10期。

思维,另一方面并不重视“法律/政治”话语的区分。《中华人民共和国电力法》第6条[①]明确了电力行业的主管机关,这里“监督管理”的表述方式突显了主管机关的协调功能和监督功能,意味着广泛而概括的权力授予。现实中,这种概括授权的方式一方面赋予的电力管理部门极大的权力空间,另一方面这样的权力由于没有明确的法律条文支持而难以有效地规范化运行。正是由于在法律层面一直未明确规制机关权力的配置,通过一系列的政策性文件而落实电力改革才成为可能。因此,我国电力行业的发展与改革只能先以行政规章的形式予以确定,等到改革成功后再在法律层面将经过现实检验的改革成果予以确认。有学者认为,这种做法不可避免地带来两个问题:一是先出台的下位法效力层级低,能发挥的作用有限;二是待上位法律法规正式颁布后,相应的下位法仍要进行烦琐的修订。[②]

针对电力行业的多次改革都以重塑规制机关为重点,2002年成立的电力监管会员会旨在建立统一的电力监管体系,研究提出电力监管法律法规的制定或修改建议,制定电力监管规章,制定电力市场运行规则;监管电力市场运行,规范电力市场秩序,维护公平竞争;监管输电、供电和非竞争性发电业务等。于2005年颁布实施的《电力监管条例》中虽然进一步明确了规制机关的权力,但是就具体职能的分配而言,理论上电力监管委员会与发改委对电价监管权力上存在着交叉与重叠,同时由于现实中电力市场并未形成,电监会实际上“无市可监”。过分强调对电力“市场”的监管,而缺乏对具体危害行业利益行为的识别和规范,其结果就是在电力行业规制中规制机关的权威性变得十分有限,其所发挥的作用也自然很有限。因此,在此后的国务院机构改革中电力监管委员也最终被并入国家能源局。总的来看,电力法是在计划经济、垂直一体化的电力管理体制和电力供应紧张的背景下制定的,主要内容集中在开发电力资源与振兴电力产业方面,确认和强化了政府对电力工业的传统管理方式,可定位为一部传统的“行政管理法”。[③] 这样一部法律未能与其经济法属性相匹配,无法有效防止垄断企业掠夺公共利益,缺乏对规制机关

① 《中华人民共和国电力法》第6条规定“国务院电力管理部门负责全国电力事业的监督管理。国务院有关部门在各自的职责范围内负责电力事业的监督管理。县级以上地方人民政府经济综合主管部门是本行政区域内的电力管理部门,负责电力事业的监督管理。县级以上地方人民政府有关部门在各自的职责范围内负责电力事业的监督管理”。

② 朱维涛:《论电力法的修改:‘从行政管理法’到‘现代意义上的经济法’》,《中国电力企业管理》,2006年第5期。

③ 朱维涛:《论电力法的修改:‘从行政管理法’到‘现代意义上的经济法’》,《中国电力企业管理》,2006年第5期。

“权力-责任”的平衡构造,也没能体现行业组织及电力用户所应当发挥的作用。制度构建上沿袭计划经济体系的管理模式,使得中国电力行业也一直存在效率低下和公平性不足两方面的问题。[①]

## (二)规制存在问题的观念成因

### 1.对电力企业与电力用户之间的作用认识不够

目前对整个规制领域的研究都重在研究规制结构的改革,并以塑造规制机关为重心。作为规制机关的行政主体通常天然地被认为能够维护公共利益,能够代表电力用户的利益,这是构建电力行业规制的基础,因此只需划定规制范围即可达成规制效果。然而,实际上被规制的电力企业可能俘获规制机关,其对规制机关的影响力并未被充分考虑。现代规制理论告诉我们,作为被规制者和规制利益的享用者,电力企业有多种手段与消费者或用户争夺行业利益,也包括直接影响规制机关的决策。

政府在和社会资本合作时必须能够满足双方的利益需求,既要能满足政府行使其职能和维护公共利益的需求,又要能满足资本逐利的需求。社会资本在选择是否与政府合作时,其目标是赚取利润,而判断其获利可能性则建立于对制度环境的认知之上。因此,在电力行业的市场化改革过程中,必须明确电力改革要以消费者或用户等相关群体的利益为价值导向,规制机关应当接受其监督与建议;也要明确对资本获益的保障,明确社会资本的经营风险与限制,保证电力经营企业既能发挥优化资源配置作用,又不至影响其他主体利益。因此,对各类主体在规制中的功能研究,是判定其行为是否正当的前提。

有学者认为电力行业规制应借鉴网络治理模式。这种模式强调公私部门的合作,通过非营利组织和电力企业的广泛参与,提升公共服务的有效性,并用客户(公民)满意度来检验公共服务的质量。依据网络治理的要求,应协调电力规制与电力服务的关系,因为通过规制为消费者或用户提供优质服务,才能证明电力行业规制是有效的。网络治理模式在规制电力企业行为的同时,更加强调电力企业的服务职能,把规制对象和公众的满意程度作为评价标准。[②] 然而,在当前对电力行业规制的相关研究中,仍在很大程度上忽略了经营企业与其他利益相关主体在宏观管

---

① 魏琼:《电力监管权力配置研究》,博士学位论文,西南政法大学经济法学院,2014,第2页。

② 黄良进、何立军等:《网络治理视角下的中国电力监管改革》,《经济决策分析》2010年第2期。

理层面的积极作用。也就是说，电力行业的规制不仅要重视多元主体在事后的满意度，更要在事前让多元主体的利益诉求和规制建议得以表达。

除了要降低各类主体之间进行交易的成本，维护规制规则的公正性还要促进各类主体参与到规则的制定中，即在规则层面达成“一致同意”，这样才能体现出各类主体之间的应然关系。由于现实中往往因个体极端偏好的存在，难以就各类规则达成完全的一致同意，替代性的方案是达成多数同意。如何设计多数决规则与各类主体参与的程序，考验着规制机关的规制能力。电力行业的公共事业属性决定了电力企业的盈利必须受到限制，其存在是为了满足公民和其他企业的基本用电需求，而这种带有主观色彩的需求必须与电力行业的生产效率相互匹配才能实现，基于此电力企业与电力用户的信息沟通变得十分必要。因此，只有充分认识到电力企业和电力用户在规制中的重要性，才有可能促进规制行为，合理地选取规制手段。

2.对规制本身的科学合理化要求研究不足

本书以公共选择理论为视角研究电力行业规制，意在以根本规则是否促进了“一致同意”以及在根本规则之下是否有利于广义交易为标准，审视电力行业相关宪法法律的具体化、规制改革、规制合理化等问题。人们同意某规则或通过交易后同意规则，都源于规则有利于他们。类比人们生病后选择医生的例子，在生病后我们都会选择医术最好、最负责任的医生，并将掌握我们健康的权力交给他。在电力行业规制中一样，我们要使电力行业规制机关成为有能力高效完成规制任务的主体，也有必要通过制度和规则的限制，避免规制机关为其自身牟利。所以电力行业规制一方面要研究对经营主体的行为进行合理限制，另一方面研究政府通过公权力对私人主体进行有效干预的基本规律和基本逻辑，通过合理约束规制机关提高其规制能力。

以公共选择的视角来看，政府干预私人主体的行为是在以宪法、法律、行政法规与规范性文件所构筑的约束条件下，出于维护公共利益和维护政府自身利益所进行的选择。这些选择的基础本应是公民对“立法利益”与“立法理论”做出判断的结果，而现实中规制机关却出于其规制利益和规制理论进行选择。规制利益是指规制活动对规制机关利益的影响，规制理论指规制机关对规制手段与规制后果因果关系的预测。通过“立法利益”与规制利益的分析可以判定规制行为是否是正当的，“立法理论”的滞后，使得规制理论能提供给我们达成目标的手段，并且理论的更迭往往带来手段的更迭。但是立法与规制现实的割裂，导致规制手段的更迭却没能成为行业规制的研究重点。

梳理目前研究电力行业规制的相关文献可以发现，经济学的研究方式主导了行业规制的变迁，经济变量的设置和把控，使得规制研究往往以客观的经济数据为衡量标准。但是抽象的模型和经济数据往往难以精确概括复杂的现实世界，导致因果关系和相关性的研究虽然向我们展示了某些变量之间的重要关系，但也极容易让我们忽略某些不易衡量因素的影响。因此，公共选择视角强调的是通过寻求多元主体的同意，而获得各类利益和价值的平衡。这就对规制机关提出更高要求，即规制机关不单是在法律赋予的裁量权范围内做简单的选择，而是要在应对各种复杂情况的基础上做出最佳决策。实际上，在现代行政国家中，行政机关的大量活动并没有法律的依据，或者缺乏细致的法律规范。行政机关必须根据客观的经济社会形式，灵活地、合目的性地进行行政活动。① 这就决定了我们必须关注的是如何使电力行业规制机关有能力完成规制目标，并促使其履行职责。随着学者们对行政任务不断扩张问题与“风险社会”问题的持续关注，对规制中如何提高规制效率与如何应对风险等命题已经有了若干重要的研究成果，但是深入到具体行业领域内，这种研究成果依然十分欠缺。

## 第四节 本章小结

本章主要阐述了电力行业规制的制度现实与存在的不足。目前我国电力改革中最热门的话题就是如何引入竞争，但是过分强化引入竞争，就极容易遮蔽电力行业规制中除了效率之外的其他价值。此外，电力行业规制中要注重竞争目标与其他目标的协调，避免陷入分头治理“既要经济，又要环境、还要效率”的规制困境中。在深入认识电力行业规制特征的基础上，本章提出了电力行业规制规则的“优法良治”标准，为在规则层面完善行业规制提供参照。

要实现对电力行业的合理规制并非易事，我国在制度形式和学理研究两方面都存在不足。具体到电力行业规制目标上体现为，没能将各类价值进行整合与排序；没能将电力行业涉及的各类主体类型化，并在明确各类主体之间关系的基础上，确立能够体现这种关系的权利与义务；没能全面的研究电力行业中危害公共利益的行为及其特征；也没能通过促进多元主体的参与，丰富各界对更迭规制方式的共识。这些因素的模糊和缺失，给电力行业规制的合理进行造成了障碍，同时这也是本书接下来所要一一讨论与研究的问题。

---

① 李建良：《行政法基本十讲》，元照出版公司，2011，第 7 页。

# 第三章　电力行业规制目标的定位

如果缺乏对规制依据和目标的清晰表述，规制者无论出于什么原因，看上去都未能充分追求其角色所基于的那些目标，这种局面是难以挽救的。[①]

——迈克·费恩塔克《规制中的公共利益》

电力行业规制以解决电力行业中的现实问题为出发点，以实现规制目标为导向，规制目标的明确为整个行业发展指明了发展方向，决定了相关制度的构建方式，也为行政机关的规制手段限定了范围。在目前简洁的电力相关立法下，电力行业存在着广袤的改革空间，可以容纳历次电力体制改革，这也是电力法可以使用二十余年才修订的原因[②]。随着行业发展和规制经验的不断积累，电力行业规制的目标已经逐渐清晰起来，这有利于电力体制改革的融贯，避免在改革中顾此失彼。本章主要论述目前电力行业规制各类规范性文件中体现的价值目标以及缺失，并在讨论规制目标完善路径的基础上重新阐释电力行业规制的原则。首先，应当明确的一点是，市场不是目标而是工具，计划与市场都是实现行业规制目标的手段，基于宪法、法律以及公民权利目标的实现才是行业规制目标的来源与根本。其次，在既有的法律框架内，在不违反强行性规定的情况下，应当尽可能促成市场的形成，因为市场既是高效配置资源的场所，也是展示人们偏好的场所，只有在了解人们的真实偏好后，规制机关才有可能促使良好的共识的达成，不断打破路径依赖。

① 迈克·费恩塔克：《规制中的公共利益》，戴昕译，中国人民大学出版社，2014，第 209 页。

② 《中华人民共和国电力法》于 1995 年通过后于 2015 年和 2018 年进行了两次修正。

# 第一节　现有电力行业规制目标错位的实证分析

## 一、对电力用户利益的轻视

本部分主要围绕《中华人民共和国电力法》《电力供应与使用条例》《电力监管条例》《电力设施保护条例》等法律、法规及规章展开论述。[①] 稳定性与滞后性是法律固有的属性，而稳定性与及时性在一定程度上是冲突的，想要保持法律的稳定，必然会在一定程度上牺牲时效，反之亦然。我国《电力法》于 1996 年开始实施，为电力行业的正式运行确立了法律层面的规范。由于整个电力行业在国家经济运行中处于重要地位，对电力行业进行规制所要达成的目标是随着电力行业发展状况、宏观经济运行状况、环境条件、能源开发程度、所面临最紧迫社会问题等多方面社会外部环境变化而变化的，所以《电力法》本身虽然以维护公共利益为目标，但是公共利益的内涵却并非一成不变。

目前，从我国电力相关的各级立法中，可以明确看出电力相关法律对投资者、经营者和使用者的保护。例如，《中华人民共和国电力法》第 1 条[②]、《电力监管条例》第 2 条[③]、《电力设施保护条例》第 1 条[④]的规定。这主要是由电力法的立法背景所决定的，电力不足的年代立法者自然希望通过保护电力投资者和经营者以激励更多的资本进入电力生产领域，满足不断增加的电力需求。由计划经济体制下的产权保护和分配制度，不能适用于民间资本进入电力建设、生产、供应和使用等

① 鉴于电力行业的规制依据多以“通知”“决定”“批复”“意见”等规范性文件的形式出现，其通常以确立某种观念和宏观计划或以对具体问题做出指示为目标，不具备完整的构成要件和法律后果，功能体现为对法律、行政法规和部门规章的具体适用、下位法的立法要求和对行政机关内部约束上。因此，本书论述时对法律文本的分析着重考察狭义的法律、行政法规和部门规章等，这些文件反映了电力行业制度环境的真实样貌。

② 我国电力法第 1 条明确规定“我国电力行业发展的目标为“保障和促进电力事业的发展，维护电力投资者、经营者和使用者的合法权益，保障电力安全运行”。

③ 《电力监管条例》第 2 条规定“电力监管的任务是维护电力市场秩序，依法保护电力投资者、经营者、使用者的合法权益和社会公共利益，保障电力系统安全稳定运行，促进电力事业健康发展”。

④ 《电力设施保护条例》第 1 条规定“电力设施保护是为保障电力生产和建设的顺利进行，维护公共安全”。

各个环节的经济活动之后所产生的新型产权关系、利益关系和交换关系。那时产生的电力法以维护投资者和经营者的合法权益并保障投资者能获得收益为原则，就显得十分合理。因此，《电力法》明确指出“电力事业投资，实行谁投资，谁受益”的原则。另外，笔者查阅《电力法》颁布前后的文献发现，电力法第1条规定的电力安全运行很大程度上反映了当时对“窃电违法”的呼吁，有文献记载当时很多人“认为电能如同河里的水，随便舀一瓢没什么大惊小怪；1995年1至11月唐山供电公司1.4亿千瓦时电量被偷，直接经济损失达5200万元。”从这些文献中不难发现，20世纪90年代初期全社会并未将电力作为一种具有私人物品属性的商品，有文章倡导“用电交钱应成为社会主义商品经济最起码的常识，电能和其他有形的商品一样，不得偷窃。窃电违法，全体社会成员应该形成这样一个舆论氛围，以及用电自觉交费的行为准则，只有如此，才能保证电力这个经济大动脉顺畅运行”①。所以，《电力法》的原则在当时看来是为电力运行提供基本的经济制度，用于应对和解决电力供给不足和窃电行为猖獗等问题。

直到1997年，我国才基本满足电力的供需平衡②，但在2002年之后又出现连续几年发电量供不应求的情况。考虑到主要矛盾是发电量不足，并且我国各地区发展差异较大，因此虽然《电力法》中规定要保障使用者合法权益，但并没有相应条款针对电力使用者权益进行界定和保障。为了及时破解发电量不足的难题，大量小规模的电厂得以生存，这些电厂往往单位产出的耗能更高，污染更大。此外，当时的电力投资政策也阻碍了水电的发展，缺乏全面考虑，并未完全考虑电力行业对环境的影响，更不用说考虑碳排放问题。立法中虽然出现了“普遍服务义务”这个词，但并没有明确的制度能够体现出对用户权益的保障，也未说明对用户权益应该保护到何种程度，仅对发电企业的保护，对经营者、投资者的保护在现实中通过各类制度和法律得到了落实③，足见电力相关法律文本上虽然体现出对各类主体的保护，然而重点仍是保护经营者和投资者的利益。

时至今日，电力市场普遍过剩成为电力行业的新问题，仅煤电产能就过剩了近

---

① 姜宗朴：《电业职工盼望〈电力法〉》，《华北电力》1996年第4期。

② Jin Fan, Dingtao Zhao, Yanrui Wu and Jiuchang Wei, "Carbon pricing and electricity market reforms in china," *Clean Technologies and Environmental Policy* 16, no. 5 (Nov. 2014): 921-933.

③ 我国电价政策中出现过的的“还本付息电价”政策、“一厂一价、一机一价”政策，“经营期电价”政策等，都多少存在保护投资者与经营者的目的。

2亿千瓦。[①] 在产能过剩的背景下，中央财经领导小组第十二次会议提出了“供给侧结构性改革”，其根本目的是提高社会生产力水平，从供给、生产端入手提高全要素生产率。具体到电力行业来说，供给侧结构性改革要达到的效果既包括满足全社会对清洁能源的需求，又要能够提高相关资源的配置效率。改革目标背后所凸显的是通过提高效率和优化电力行业结构来满足社会对电力行业发展的需求，也就是说电力行业的改革要以满足用户的需求为导向，而这一点目前在电力行业相关立法中未能被充分重视。

## 二、强调保护环境及防治其他公害但缺少实现机制

### （一）未明确规定对有害物质治理的要求

自改革开放以来，我国政府十分重视环境保护，电力行业是与环境保护密切相关的领域，因此在《电力法》颁布时就对环境保护有所规定。[②]《电力法》对环境保护有相当的前瞻性，从其内容上来看，对建设之初的环境评估、配套设施建设及电力企业运行中的排污都有所规定，但是现实中伴随着经济高速增长，环境质量不断下降，说明环境保护规则并不能得到很好的落实。首先，因为我国以地区生产总值（地区 GDP）为地方政府官员主要绩效考核的标准，这促使官员容易牺牲具有较强正外部性的环境利益；[③]其次，环境质量难以被公众客观评判[④]，同时存在地区环境

① 目前，已核准和已发路条火电项目装机已超过“十三五”新增电力需求，产能过剩规模2亿千瓦。

② 《中华人民共和国电力法》第5条明确规定“电力建设、生产、供应和使用应当依法保护环境，采取新技术，减少有害物质排放，防治污染和其他公害，国家鼓励和支持利用可再生能源和清洁能源发电”；第10条规定“电力发展规划，应当体现合理利用能源、电源与电网配套发展、提高经济效益和有利于环境保护的原则”；第15条规定“输变电工程、调度通信自动化工程等电网配套工程和环境保护工程，应当与发电工程项目同时设计、同时建设、同时验收、同时投入使用”。

③ 孙伟增、罗党论：《环保考核、地方官员晋升与环境治理：基于2004—2009年中国86个重点城市的经验证据》，《清华大学学报（哲学社会科学版）》2014年第4期。

④ 不管是采用单一污染物排放指标还是多种污染物排放指标，其内容还不尽完善，虽然这些指标能从不同角度分别反映了水、大气和土壤等环境污染的变化轨迹，但是人类生活的环境是上述因素构成的有机整体，如果水环境得到改善、大气环境却恶化，或者反映大气质量的若干个指标得以改善，其他指标却面临恶化的风险，在这些情形下人们就无法判断整个环境质量的变化趋势与轨迹。参见李政大、袁晓玲、杨万平：《环境质量评价研究现状、困惑和展望》，《资源科学》2014年第1期。

差异和危害物潜伏性强、易扩散等问题，难以科学衡量环境保护状况，这是地方官员能够免于承担环境污染责任的又一原因；最后，由于公众在日常生活中对环境污染的感受与多种污染物有关，并不一定会直接联系到电力行业的排污，而要求发电企业改善相关治理手段。

电力行业规制虽然不以治理有害物质为直接目标，但是这些治理任务构成了行业规制的约束条件，电力行业规制必须遵守这些硬性约束。如果有害物治理成本未能体现在企业的经营成本中，那么产能效率低下、污染严重的发电企业仍能得以生存，绿色、健康、可持续的发电方式难以获得足够激励，最终影响整个行业的发展模式。因此，只有实现了对有害物质的有效治理，对电力企业的规制才不会因外部性问题而引发环境污染，继而才能形成健康的电力产业。

### (二)对温室气体防治机制仍需要与电力行业规制相协调

气候变化所导致极端天气和各类危害，已逐渐被科学所证实，这使各国政府不得不联合起来减少引发气候变化的温室气体的排放，以减缓温室效应。目前，我国煤与天然气发电量所占的比重很高，煤以及天然气发电所释放出的二氧化碳当量①占释放总量的近半数。② 因此，提高能源利用效率与开发清洁能源被认为是解决温室气体排放量过高的重要手段。但是事实上在清洁能源中，水电污染③不断为人们所重视，而风能、太阳能、潮汐能又缺乏稳定性，如果将化石能源发电作为清洁能源发电间歇期的补充，将会导致整体发电效率的下降，也可能会排放更多的温室气体。④ 如果不考虑成本，我们当然可以使用更多的可再生能源，但是电力行业

---

① 二氧化碳是最常见的温室气体，但是仍有其他氮氧化合物和或甲烷也有很强的阻碍热能扩散的作用，且程度不同，为了统一衡量不同气体的温室效应结果，用二氧化碳当量(carbon dioxide equivalence)作为参照指数。

② See David B. Spence, "Regulation, Climate Change, and the Electric Grid," *San Diego J. Climate & Energy L* 3, (2011 - 2012): 267 - 298.

③ 我国早已开始了建水电站对河流生态环境造成影响的论证与反思。环保部相关部门负责人在2010年的一次水污染控制战略与政策创新研讨会上，还曾发出过"水电在某种程度上可能比火电造成的污染更严重"的论断。或许，水电与火电，谁造成的污染更严重问题的答案可以继续讨论，但是，建水电站能够对地方生态环境造成不同程度破坏，已经成为共识。参见济北南:《"停建小水电"让绿色发展理念落地生根》，http://news.bjx.com.cn/html/20160315/716272.shtm，访问日期:2019年3月16日。

④ See David B. Spence, "Regulation, Climate Change, and the Electric Grid," *San Diego J. Climate & Energy L* 3, (2011 - 2012): 267 - 298.

发展同样需要重视行业整体效率。大部分情况下，风能和太阳能的传递成本高于其他资源发电，但即便这样，美国政府依然确立了再生能源义务①，并通过税收激励及碳规制等措施降低可再生能源的成本，鼓励相关的技术创新。② 要解决碳排放问题，必须不断在实践中总结经验，完善和发展规制措施，最终通过技术的创新来提高可再生能源的效率。

我国在电力行业改革中所面临的环境保护问题，因自然禀赋的不同而区别于欧美国家，在天然气等清洁能源相对不足的情况下，充分发挥清洁煤炭利用技术，是解决环境污染和减排问题的重要途径。可以说，目前环境保护的内涵已由生产环节扩展到推广清洁能源的使用，并且已经由党的十八届五中全会确立为“创新、协调、绿色、开放、共享”的发展理念，注重发电环节对环境的综合性影响。虽然在现实中各国都对清洁能源予以补贴、税收优惠、低息贷款等激励措施，但是清洁能源发电上网难的问题依然突出，清洁能源内部竞争机制也有待进一步完善。此外，政府补贴机制不合理，电能生产稳定性不高，配套电网有待建设，这些现实因素使得清洁能源的发展仍有巨大潜力。在低碳发展目标下，政策上仍缺乏对输配及用电环节的有效补偿与激励，缺乏鼓励电网企业收购清洁能源上网电力的激励政策，缺乏鼓励用户购买绿色电力的激励政策，没有形成包括发电、并网、用电在内的完整的激励政策体系。③ 只有解决了这些问题，并有效提高清洁能源的发电效率，才能解决温室气体的排放问题。在电力行业的不断发展中，对温室气体的防治构成了行业结构发展的重要约束，减排的硬性要求与清洁能源的推广会影响整个电力行业的竞争环境，也会增加规制所需考虑的因素。

## 三、未明确普遍服务具体要求与保障电力市场有效竞争

### （一）模糊的普遍服务义务

目前，电力行业市场化的改革重点突出了电的商品属性，而电本身并非一般商品，其在生产、生活中处于基础地位，因此在对电力消费者进行保护的同时必须注

---

① 要求电力事业中一定比例来源于清洁能源发电。

② See Evans A, Strezov V and Evans T J, “Assessment of sustainability indicators for renewable energy technologies,” *Renewable & Sustainable Energy Reviews* 13, no. 5 (Jun. 2009): 1082 - 1088.

③ 赵海滨:《政策工具视角下我国清洁能源发展政策分析》,《浙江社会科学》2016 年第 2 期。

意到电力消费对社会再分配、地区发展和外部性等方面的影响。公共事业中普遍服务义务的确立就是为了保证一种基于公民身份，而非经济状况的行业发展义务，即一些对个人发展重要的公共服务不能因为个人财产、地理、时间等客观状态不同受到区别对待。1995 年的《电力法》第 8 条规定："国家帮助和扶持少数民族地区、边远地区和贫困地区发展电力事业"，2002 年发布的《电力体制改革方案》（国发 2002 5 号）中将电力监管委员会的职责拓展至"监督社会普遍服务政策的实施"；2005 年发布的《电力业务许可证管理规定》（电监会 9 号令）规定，申请供电类业务许可证的必须提供履行电力的社会普遍服务义务的承诺书；2005 年，《电力企业信息报送规定》（电监会 13 号令）明确相关企业应当报送"提供电力社会普遍服务义务的状况"；2009 年《供电监管办法》（电监会 27 号令）明确"依法保障任何人能够按照国家规定的价格获得最基本的供电服务"。

虽然在各类规范性文件上反复提及"电力行业的社会普遍服务义务"，但都未曾明确到底什么是电力社会普遍服务义务，应对哪些电力供给主体进行怎样的约束。电力相关法律中明确规定保护"使用者的合法权益"，此表述中"使用者"虽包含了"消费者"，但其明显比"消费者"的含义更为广泛。电力的普遍服务义务主要针对的是处于弱势地位的消费者，保护内容超出了《消费者权益保护法》（以下简称为"消法"）的规定，因为保护方式主要是确定电力经营者义务的合理化。因此，保护电力"使用者"不能直接套用消法的规定，仍需要法律规范进一步明确。一般而言，收益与成本的承受者应当一致，而电力经营者的收益源于对共有自然资源的使用，所以对消费者进行一定程度的保障是公用事业企业的社会责任。

电力行业消费者相对于其他领域的消费者而言，其在信息、市场势力等方面具有明显的劣势，如果在电力行业规制中无视对消费者的保护，不符合宪法保护公民基本权利的理念。要进行市场化改革，放开配售端的竞争，那么就有必要对电力服务做出明确规定，以防止电力的供给不足和因价格歧视行为影响公共目标的实现。目前，各类文件都将市场化改革作为主要方向，在一定程度上忽视了对普遍服务义务的实现。

2015 年 12 月 24 日，国家能源局宣布随着青海省最后 3.89 万无电人口通电，我国全面解决无电人口用电问题。这说明我国电力行业在普遍服务义务的履行中已实现了可获得性，距离电力的可承受和非歧视等要求还具有很大距离，而这些也是立法和实践中亟待解决的问题。

## (二)“开放竞争”未达到“有效竞争”

1997年之后出现了几年短暂的电力供给大于电力需求，此后自2002年起我国经济进入上升通道，钢铁、水泥等高耗能产业的快速扩张导致电力供应又趋于紧张，进一步使煤炭的需求大幅上升。煤炭价格持续上涨，使得电力企业成本压力骤然增大。此时，电力的供给不足依然是行业发展的主要问题，并且电价的持续上涨使得单纯强调增加发电量的策略，无法解决价格畸高的问题，因为电力行业的发展趋势是引入和完善竞争制度，意图通过提高效率来降低电价，而并非诉诸基本的分配制度。所以，为了解决供给不足的问题，市场化改革构成2002年之后电力规制的主要命题。2002年4月11日，国务院公布《电力体制改革方案》，目的是解决长期投资不足的问题，在拆分垂直垄断电力企业、开放发电与售电侧后，尽量可能引入竞争。

从《中共中央国务院关于进一步深化电力体制改革的若干意见》(中发[2015]9号)中，我们可以看出电力体制改革沿袭以电力行业市场化为主的思路，同时以政府管理模式改革为辅。为了解决发电不足的电力体制改革，潜在的逻辑是通过市场的开放激励民间资本的进入，从而缓解用电的供不应求。2002年电改启动时，我国电力总装机容量为3.57亿千瓦，2014年达到13.6亿千瓦，净增12亿千瓦。从2002年至今确立的“厂网分开、主辅分离、输配分开和竞价上网”电改路径，仅仅做到了厂网基本分开和主辅分离。大多数学者认为，后续的配套改革政策没有跟上导致了电改的停滞不前，但笔者认为这是因为2002年确立的电改任务中，并未明确要建立有效竞争的发电市场所导致的。①

开放电力市场的目的是通过市场运行和政府监管，达到供给与需求以更高效率相匹配的状态。因此，市场化改革中仅强调电力行业投资者和经营者的合法权益与电力行业的安全运行已经不再是我国电力行业所面临的迫切问题。有效保障使用者的权益，反而能够体现对电力行业提供服务质量和行业本身发展的新要求。但不论是提高行业效率还是满足消费者都需要有效竞争的市场来实现，开放的电

① 2004年山东民营公司济南琦泉热电与隔壁的齐鲁制药厂平阴分厂的双方电力“直供”被当地电力公司以违反《电力法》为由，先截网，后向工商局、电监会等部门上诉。虽然直供电对热电公司而言，一年下来将增收400万元左右；制药厂则一年下来在用电方面的开支将节省700万元左右。参见王祥薇：《电力企业滥用市场支配地位行为的法律规制》，《安徽警官职业学院学报》2007年第4期。

力市场并不能保障各类资本企业处于同等竞争地位，依然不能有效发挥市场配置资源的作用。可以说我国目前虽然正在积极推行电力行业市场化改革，但却由于电力行业本身的安全与稳定需要使得改革只能逐步推行，也阻碍了有效竞争市场的形成。

1.法律层面未确定电力行业竞争基本理念

1995年颁布的《中华人民共和国电力法》中未出现“市场”一词，《电力监管条例》中虽然多次使用“市场”，但没有出现过“竞争”。可以看出“市场”一词仅仅被理解为允许民间资本可以进入电力市场的层面，而保护民营电厂进入后的竞争地位并不是改革要解决的迫切问题。因此，《电力法》的规定跟建设有效竞争的电力市场仍有矛盾，“电价与电费”部分规定的政府核准制和定价制与“厂网分开、竞价上网”的改革目标不一致；本应在电力产业的售电侧引入竞争，但是现行《电力法》规定的供电营业区专营制度则成为法律上的障碍。[①] 另外，《电力法》中缺乏电力市场运作的竞争规则和市场监管机制，无法保障建立公平竞争、规范有序的电力市场。

在市场制度极不完善的情况下，2005年实施的《电力监管条例》赋予电监会具有“监管电力市场运行，规范电力市场秩序，维护公平竞争；监管输电、供电和非竞争性发电业务”的职权，也就根本无从谈起。输配电模式滞后和售电侧封闭是阻碍我国电力行业发展的主要原因，而《反垄断法》对电力行业的一概豁免，阻碍了有效竞争理念确立于电力行业规制中。直到2015年9号文中明确“加快构建有效竞争的市场结构和市场体系”，才确认了“有效竞争”的行业发展理念。

2.规制机构竞争地位不中立

目前，在我国电力行业规制中价格规制是主要手段，电力企业的利润水平在很大程度上取决于规制结果。[②] 而电力行业规制机关并不是独立机构，附属于国家能源局，并且在职能上与发改委存在交叉，因此无法保证规制机构的独立性，并建立完善的规制治理结构。原电力工业部规划计划司司长王信茂认为：“电力规划的滞后与国家发改委、能源局的内部职能分工有很大关系。国家能源局内部司局并立，分工不明确、各自为战、缺少协调。相反，电力市场改革是一项系统性工程，要在各方达成共识的基础上有序、有效、稳妥地推进，同时还要在抓紧能源电力结构

① 王祥薇：《电力企业滥用市场支配地位行为的法律规制》，《安徽警官职业学院学报》2007年第4期。

② 廖红伟：《国有电力垄断行业的价格规制改革与制度创新》，《江汉论坛》2013年第5期。

调整、保证安全可靠供电的条件下进行。这就需要主管机关周密部署、试点先行、总结试点经验、扩大试点、修改完善相关法律法规，进而全面推广。”①

基于电力行业的特殊性，发改委、能源局、反垄断委员会等多个部门的规制机构很难做到根据电力产品的特殊性和我国国情，选择适当的规制方案和价格模型，使电价真正以成本为基础。电力行业结构的复杂性，也导致难以在顾全各类价值的同时激励电力企业不断提高效率，以及在维持行业有效竞争同时保障电力消费者与投资者的利益。更重要的是，能源局主管电力、煤炭及新能源，各部门都握有项目审批权、补贴审批权，因此避免部门利益互相干扰，做好竞争中立，并不容易。尽管2015年的9号文中，提出“科学监管”的要求，但对于电力行业规制机关自身的独立性建设，并没有引起足够重视。

## 第二节　我国电力改革目标的历史分析

对集体物品来说，政府本质上是一个安排者或者提供者，是一种社会工具，用以决定什么应该通过集体去做，为谁而做，做到什么程度或什么水平，怎样付费等问题。② 对集体物品的提供需要以合理的规则为前提，而规则之治与法的确定性是不可或缺的要素，其意义在于，虽然“你的行为必然会受到约束，但至少你知道那些约束都是什么”。③ 以公共选择理论的视角来看我国电力行业规制目标的演进过程，虽然事实上也是“一致同意”的结果，但是这样的“一致同意”中公民与学者影响规制决策的声音较弱，而且也缺乏改变现状的能力。这种状态之所以能够维持下去，一方面是因为电力改革确实在一定程度上满足了各类利益群体的用电需求，另一方面说明规制目标仅仅停留在现实中最为紧迫的需求层面，没有经过理论的荡涤，对更多的价值有所照顾。

---

① 例如，风电和太阳能发电规划主要由新能源司制定，而电网规划在电力司。风电和光伏的发展目标提高了，但电网建设滞后。主管部门精力主要放在了具体项目核准上，而不是整体规划的管理上。所以，出现这些重大问题，与缺少统一规划的机制有关，即主要还是政府部门的转型不到位。参见王信茂：《电力规划需要主管部门先转型》，http://www.china－nengyuan.com/news/79345.html，访问日期：2019年7月5日。

② E·S·萨瓦斯：《民营化与公司部门的伙伴关系》，周志忍等译，中国人民大学出版社，2002，第68页。

③ 詹姆斯·哈克尼，《非凡的时光：重返美国法学的巅峰》，榆风译，北京大学出版社，2016，第262页。

## 一、以增加发电量为目的的规制目标

20世纪90年代中期之前，我国电力行业存在的目标是要满足经济增长所需要的用电，由此政府作为电力的提供者和规制者，所进行的改革首先是寻求发电量的增加，手段则是激励本国与外国的资本参与电厂的建设与运营，并且保障投资者和经营者的合法权益。1985年国务院颁发了《关于鼓励集资办电和实行多种电价的暂行规定》，提出了"政企分开，省为实体，联合电网，统一调度，集资办电"的方针，实行了"还本付息"的电价政策。1993年所颁布的《全民所有制电力企业转换经营机制实施办法试行》与《电力行业股份制企业试点暂行规定》，目标都是放宽电力企业的进入门槛和投资机制，激励各类资本进入。[①]

在这一阶段，价格管制体系之下的私人资本的进入并不会影响国有电力企业的利益，随着国内用电需求得以满足，经济整体发展与增长也带给政府税收收入的增加。结果是电力行业完全由国家运营的结构逐渐开始被市场结构所替代，多样化的投资主体已然成为现实。以增加发电量为目标而开放发电市场，并未能使电力行业作为整体在效率层面实现质的飞跃，对行业规制的目标也并不是大幅度提高行业效率。

20世纪90年代的最后几年电力供需虽然基本平衡，但也只是弱平衡，1997年我国人均用电量仅相当于高收入国家的8.67%。2003年之后，伴随着我国进入经济快速增长期，对电的需求迅猛增加，部分城市出现拉闸限电的情况，增加发电量的任务越发迫切。这一阶段电力经营企业所受到的主要是价格约束和宽松的准入规制，其他标准化规制或强制信息披露规制措施既无必要，也缺乏依据。

## 二、以提高发电效率为目的的规制目标

从表面上看，2002年的电改目标是要在电力行业中引入竞争。但是实际上，此后一段时间仅仅只是做到了发电市场一定程度的分开和业务剥离。国家电力公司被拆分为2家电网公司、5家发电集团、4家辅业公司，原国电公司相关的资产划归相应的新成立公司。

---

① 许洁:《转轨期中国电力产业规制研究》，博士学位论文，同济大学经济与管理学院，2007，第55页。

一般而言，如果不能保障独立电力公司获得一定的利润，其在与拥有电网和调度权的国有电力公司竞争时，很难生存下去；而且电力市场的地方保护主义十分严重，独立电力公司想要维持变得十分困难。幸运的是，由于 2002 年之后缺电形势严峻，独立电力公司获得了一定的市场份额，暂未受到竞争劣势地位的影响，仍能收益。从 2004 年前三个月的情况来看，国家电网公司供电的地区中合计拉限电达到 28.5 万条/次，损失电量约 93 亿千瓦/小时。[①] 所以，在市场已经开放、电力公司已被拆分的情况下仍存在供电不足，行业效率低下的问题就成为改革的下一个目标。在电力市场孱弱、电网建设滞后、全国一片缺电的情况下，四川及其他个别地区存在有电送不出、有电用不上的情况，而在枯水期却无法通过水火互补来解决"电荒"。此时，市场交易的不顺畅，被认为是解决全行业的效率低下问题的关键，电力行业规制沿着保障独立电力企业生存和解决电荒问题的路径展开，进而不得不维持电力市场以一定程度的竞争性，因为通过一定程度的竞争才能促使得电力整体效率得以提升。强调提升行业效率的规制目标，也是为了避免某些电力经营企业获得过高收入，因此相关企业开始更多地承载信息披露义务，规制机关也开始承担更多的行业发展与规划任务。

## 三、泛化的规制目标

党的十八大报告提出"推动能源生产和消费革命，控制能源消费总量，加强节能降耗，支持节能低碳产业和新能源、可再生能源发展"。2020 年 9 月 22 日在第 75 届联合国大会一般性辩论中，习近平总书记宣布"中国将提高国家自主贡献力度，采取更加有力的政策和措施，二氧化碳排放力争于 2030 年前达到峰值，努力争取 2060 年前实现碳中和"。对节能与减排的重视，体现了我国对形成绿色发展方式十分重视。2015 年中国单位 GDP 的能耗比世界平均值高出近一倍，2013 年中国 GDP 是全球总量的 12.3％，却消耗了全球 21.5％的能源。[②] 对于电力行业，我

① 国家电网公司：《中国电力市场分析与研究》，中国电力出版社，2004，第 29 页。

② 2015 年我国每年人均二氧化碳排放量已达 6 吨，逼近欧洲、日本的水平，且呈现持续增长态势，在一些发达地区则大于 10 吨，已经触及欧洲、日本等发达国家处在发展峰值时的排放量。参见杜祥琬：《低碳电力拥有未来》，中国电力企业联合会，http://www.cec.org.cn/xinwenpingxi/2015-04-27/137005.html，访问日期：2019 年 5 月 17 日。

国逐步开始科学地对低耗能企业予以补贴，对高耗能企业予以阶梯型惩罚电价[①]，增加的收入所得并不会给予电网企业，而会用于补贴新能源，这对作为耗能大户的电力企业影响重大。

在电力体系内部开始对煤炭、天然气、水电等不同排放发电以区别的电力上网价格，低碳能源予以优先上网，且给予优惠；保证可再生能源无限上网，鼓励“绿电”上网；制定分布式发电标准，公布接入技术细则，保证第三方无歧视接入。2014年，全年改造淘汰落后小火电330万千瓦；京津冀及周边地区淘汰落后小火电机组超过25万千瓦。在低碳方面，于2014年12月颁布的《碳排放权交易管理暂行办法》开始促进碳排放市场的规范化运行，激励电力企业减排。

在增加发电量为目标的电价定价模式下，销售电价比较固定，但是随着电力行业市场化改革的深入，在开放售电侧竞争后，如何保证电力被公民公平地、普遍地获得，成为电力行业立法中不可缺失的部分。电力行业改革目标由单一化的提高总量开始，发展至提升行业效率，再发展到在高效、低碳、环保、节能等约束下，必须注重普遍服务义务实现与其他各类目标相协调。此时，电力行业的规制目标过于泛化，如果不对规制目标进行限制或通过解释对各类目标进行价值排序，那么过多的目标等于没有目标，因为这样无法在行业规制中给予规制机关以明确的指示。

## 四、公共选择视角对规制目标的解读

电力行业规制改革一直是由规制机关主导的，而依据公共选择理论的基本假设，规制机关同样是理性的“经济人”，其在规制行为中会考虑对自身利益的维护。电力改革开始时，电力规制机关作为政策唯一的制定者和执行者，基于对其专业知识和维护公共利益能力的信任，由其单独做出各类决策。在开放电力市场阶段，规制机关面临着电荒问题，而满足电力需求成为电力行业规制机关的合法性基础，其通过增加电力设施建设、引入各类资本以增加电力供给，并以此实现规制机关所应尽的基本职能。在一系列改革之后，缺电得到缓解，但电力行业发展的瓶颈是基于电力市场不完备和电网设施滞后而引发的资源分配不合理问题，和由此导致的“一边缺电，一边窝电”现象。在一体化的垂直垄断结构下，由于缺乏竞争而缺少对有

---

① 为化解产能过剩、治理大气污染，2013年12月13日，国家发改委、工信部联合出台《关于电解铝企业用电实行阶梯电价政策的通知》，决定自2014年1月起，对电解铝企业用电实行阶梯电价政策。电解铝行业成为首当其冲的产能过剩行业。

效运行的激励，企业没有降低成本的动力，成本涨多少电价也涨多少，引导市场的价格信号失真，不能正确的引导资金投向，致使新建了一些不具备市场竞争优势的电厂，使发电和电网的效益扭曲，电力投资资源被不合理利用。[①] 因此，规制机关必须对新的问题做以回应，而“市场化改革”作为世界主流的电力改革经验，是我国改革所不可回避的。这时电力行业规制的目标表面上看起来是如何进行市场改造，而实际是如何通过一定程度的市场化解决资源配置效率低的问题，同时又不损害电力垄断企业的既得利益。

一段时间里市场开放之所以不彻底，竞争性市场并未形成，主要是因为电网企业与发电企业之间存在大量关联关系。所以，要解决行业效率问题，首先就是要提高市场的竞争程度，保障独立发电企业不被歧视。而当规制进入这一阶段时，经历了政企分开的改革后，电力规制机关在对电力企业规制时会深受部门利益影响，有学者用“超级电力公社”来形容电网企业的强势地位，国家电网通过这个渠道控制了电厂和用户这两端。从这个角度上说，国家电网的利润高低，很大程度上取决于垄断地位，其可以利用垄断地位压低发电企业的上网电价，同时提高对市场用户的销售电价。国家电网的盈利模式和生存之道，也正是中国二十多年来电力体制改革遇到的最大障碍。[②] 此阶段规制机关与“超级电力公社”之间关系并不完全是监督与被监督关系，电力规制机关的一个重要职能是要保障电网企业的存活、盈利，而一旦给了电网企业这样的空间，其就会不断攫取利益。

上述发展证明对规制机关的概括授权，所得出的结果并不令人满意，人们不能够再接受这样的规制模式。概括授权下的管制经济效率低下，授权下的垄断经营和部分开放也都存在各种问题。为了满足各类经营主体的获益需求，进一步市场化改革看似不可避免。但是，只强调市场化改革而忽视规制机关的地位不独立或职责的不中立问题，市场仍难以充分发挥作用，所以市场化改革同样伴随着规制机关的改革，即强化规制机关的独立性和专业性，电力监管委员会的产生也属必然。

随着我国国力的整体提升，经济发展不能再以牺牲环境为代价，同时也必然要承担更多的国际责任，低碳、环保、安全生产等因素开始被人们所重视。电力规制机关为了维持其在科层制中的基本地位，必须要对这些问题作以回应，电力经营企业也为了实现国家层面的低碳、环保、安全生产目标而受到越来越多的限制。而这

---

① 唐昭霞：《中国电力市场结构规制改革研究》，西南财经大学出版社，2011，第 113 页。

② 苏小张：《国网之网：新电改迷局》，和讯新闻，http://news.hexun.com/2014-09-12/168425842.html，访问日期：2019 年 6 月 2 日。

些目标可以在电力法中找到依据，所以很容易被当成电力行业规制的目标，因此电力行业规制目标变得泛化。

对于电力行业尽可能地放松规制是不可行的，因为完全的市场化仍有其弊端，过度市场化会导致市场失灵、忽略非经济价值等问题。所以，对电力行业的规制要在体现所涉及群体合意的基础上，通过明确法律要求和电力行业特点，在协调各类主体的利益诉求后形成行业规制规则。因此，要明确规制目标必须在宪法层面获得规制目标的价值指引，并在具体规则层面形成对多元利益的合理安排。

## 第三节　电力行业规制目标的功能分析

法是一种工具，而不是目的本身。[①] 包括电力行业规制在内的任何政府行为都应该符合法律工具对其自身的限定，最具“适应性”的目标阐释方式或者目标确定程序可以使得我们尽可能地避开法律中的“语词之争”，实现人们真实的规范性期望。在广袤的法律空间里，明确的目标也有利于指引人们选取最恰当的工具。选择的基础是对既有法律框架所维护各项价值排序的确定，并通过追溯价值序列来协调各类工具可能存在的冲突。目的的归结不仅是一个建构的过程，而且是一个理性论证的过程。[②]

### 一、满足用户基本需求

发电需要依靠能源，有学者认为能源主要是作为一种公共服务的基础，其次才是作为一种商品。[③] 作为能源的一种，同时也是其他能源的副产品，电力的公共属性决定不论是通过行政管理还是市场计划来分配都应满足公民的基本需求，进而强调政府的服务义务和公民获取服务的权利。这样一来，公民基本需求的内涵，理应反映出我国经济发展的成果与管理水平，同时也应考虑各地区差异。

自然资源具有公共属性，但是人们对自然资源利用的态度和心理期盼不同。

---

① 米歇尔·施托莱斯：《干预性国家的形成与德国行政法的发展》，王银宏译，《行政法学研究》2015 年第 5 期。

② 刘翀：《论目的主义的制定法解释方法：以美国法律过程学派的目的主义版本为中心的分析》，《法律科学》2013 年第 2 期。

③ 马俊驹、龚向前：《论能源法的变革》，《中国法学》2007 年第 3 期。

自然资源可以被用于基本生存，也可以被用于扩大再生产，而用于生存与扩大生产给人们的感受并不相同，这也是为什么人们普遍认同需要补贴穷人，而要对商业行为收取足够的费用。因此，在满足用户的基本用电需求时，应当考虑到对基本需求的认知问题。比如，享受电力服务的需求，可被理解为使用者的权利，满足这样的需求对于单个使用者来说应当是不计成本的。虽然人们都想要尽可能低廉的电价，但过低的电价会放大人们的需求造成用电的浪费问题，因此电力行业规制要率先处理如何满足基本需求的问题。

生活质量问题的政治化[①]使得电力行业规制中必须考虑除了生态可持续发展、消费者权益保护和经济效率等因素之外的社会福利与公平因素。因为只有考虑到社会福利和公平因素，一种规制手段或政策才能获得公众的支持，并且在效率与公平之间的权衡行为也会增加规制决定的可信度。[②] 所以，在利益平衡中，首先要正视公民的基本需求，并将其纳入利益维护的范围。

## 二、超越平衡多元主体利益

规制的目标通常既包括防止产业发展中的市场失灵，又包含维护基本社会权利、环境保护和人身健康安全等因素。[③] 但是这些目标在一些时候并不是非此即彼的，经济因素的衡量背后总是掺杂着经济之外的价值判断。按照斯图尔特的说法，民主政体中的规制性努力牵涉一系列价值，以及适用于规制性努力的行政法，不仅包含“对权利的保护”和“对生产的促进”，而且包括了“非商品价值”。[④] 如果不顾及民主与宪政语境，仅将公民视为消费者，电力的发展有可能进入这样一种悖论，那就是在发展清洁能源的基础上进行市场化改革，但这并不一定能够增进全社会的整体利益，反而会牺牲低收入群体的福利。

目前，从规制的需求来看，民众的多数意见要求在保障电价不涨的同时，又要

---

① 保守主义者的经济分析被用于决定某一政策结果是否比市场结果更令人满意。参见马克·艾伦·艾斯纳：《规制政治的转轨(第二版)》，尹灿译，中国人民大学出版社，2015，第 23 页。

② See John Fallon, Michael S Blake and Daniel Kelley, “Regulatory Objectives and Pricing Principles”( paper presented at Australian Competition and Consumer Commission for the Utility Regulators Forum, Issue 50 March 2014).

③ See Tony Prosser, *The Regulatory Enterprise: Government, Regulation and Legitimacy* (New York: Oxford University Press, 2010), pp. 1 - 3.

④ 迈克·费恩塔克：《规制中的公共利益》，戴昕译，中国人民大学出版社，2014，第 199 页。

减排、环保,用天然气代替煤电,甚至为了自然生态环境也应尽可能停建水电。民意要求通过市场化提升行业效率,但又不允许把成本波动传导给消费侧,还要求通过发展技术保障供电稳定性。虽然很难做到“既要低价,又要环保,也要高效,还要清洁,更要公平”,但是电力行业规制必须在所有益处中确定哪些是重要,以及应当如何协调。正如史济春教授所言,“经济法的目标除了要使经济效率最大化之外,更是在追求宏观经济成果、长远经济利益以及社会福利、人文和自然环境、人的自由和自身价值等诸多因素的优化和发展。”①经济利益的实现与增进,存在两个基本的前提条件:一是人与自然之间利害矛盾的合理解决,二是人与人之间利害冲突的正确调试。② 可以从多个角度来看待电力行业涉及利益的类型化,对一种利益的调整往往会牵一发而动全身。长期以来,我国电力行业规制事实上是通过政府这一维护公共利益的主体对不同主体来进行保护的,这一阶段电力企业与用户之间的利益都受到来自政府的调控。随着发电和售电端的开放,能够在市场化的同时,依然做到维护好非经济利益,并协调好各群体的经济利益,至关重要。

实际上,电力行业规制涉及诸多相互矛盾利益的衡量,并且涉及面十分广泛。其一,从电力行业经济规制和社会规制角度来看,存在着宏观经济发展与环境保护之间的利益权衡,即我们需要在环境和经济增长中进行平衡;其二,从代际利益的分配来看,存在当代人用电利益与后代人用电利益权衡;其三,从电力不同阶段的企业之间的利益分配来看,需要对各类企业的盈利进行平衡;③其四,从调节不同收入用户之间的收入分配角度来看,存在着补贴用户和防止搭便车现象的平衡;其五,由于补贴用户的成本很大程度上是来源于股东回报的降低,所以需要在用户成本和电力企业股东收益之间进行权衡;其六,从电力行业发展与其他相关产业的发展角度,电力行业需要与汽车制造业、交通运输业等多种行业之间寻求平衡;④其

① 史际春、邓峰:《经济法总论》,法律出版社,2008,第 217 页。

② 刘敬鲁:《经济哲学》,中国人民大学出版社,2008,第 85 页。

③ 电力工业中的角色众多,包括发电商、批发商、交易中心、系统运行者、辅助服务供应者、电网公司、零售商、配电商、电力用户等,而我国现阶段市场成员主要包括发电商以及集交易中心、系统运行者、电网拥有者和配电商于一身的电网公司。参见国家电力监管委员会市场监管部:《电力市场标准化设计和评价体系》,中国电力出版社,2010,第 35 页。

④ 在我国,工商业电价大量补贴了居民电价,但是工商业用电电价的提高会增加企业的生产成本,从而导致两种可能后果:一是削弱企业利润,降低企业市场竞争力,不利于其他行业的整体发展,二是企业为保利润而提高产品价格,居民消费者购买的是“加价”后的产品,不利于民生的改善。参见佚名:《居民电价为何严重交叉补贴?》,http://power. in－en. com/html/power－2247079. shtml,访问日期:2019 年 8 月 1 日。

七,基于对气候变化的考虑,需要对火电的高效与风电、水电等能源的清洁性上进行平衡;其八,需要在清洁能源之间的权衡,清洁能源中风能和太阳能的利用中对环境产生的危害较小,而水电的建设中可能会影响到某地区的生态环境。总之,电力行业规制会面临各种利益的平衡,良好的平衡可以使得多元利益主体达到共荣的状态,同时也能维护电力行业规制机关的权威。

利益平衡存在的难题突显了电力行业规制的复杂性。确立宪法上所明确的价值,能够避免规制机关或者政府在决策时仅以市场为考虑范围,避免偏重考虑更加迫近的问题,最终在公民身份基础上更好地实践宪法所确立的目标。超越客观标准和效率等单一主张的政策分析,才是通向全面认识电力行业发展的正确道路,并且这种超越的基础应当是对效率的扬弃,而非简单的摒弃。在经济民主语境下,如何协调那些不能体现为经济指标的价值,如何不断突破分析技术存在的局限,如何通过广泛的参与形成大多数人认同的规制规则,是电力行业规制中需要不断解决的问题。

## 三、促进电力相关技术进步

电力行业从垄断性经营结构向竞争性市场结构转变,一方面是为了提高电力相关资源和产品配置的效率,另一方面也是为了促进电力相关技术的进步。技术进步一直引领着电力行业的发展,奥斯特电流磁效应的证实和法拉第电磁感应定律的发现促成了电动机和发电机的发明,自此电力行业进入新纪元;变压器的诞生和交流制的被认可,以经济、可靠的办法解决了电力运输损耗,为扩大发电厂规模和电网延伸距离铺平道路;补偿理论和同步补偿机的问世摆脱了感应电压降低和受端电压剧烈降低的困境,从而使传输功率更高、距离更远;[①]燃气蒸汽联合循环技术降低了发电机的最优规模。[②]

风力发电的效率之所以不够高,是因为要花费很多化石资源用于维护风力发电的稳定,继而制造大量的规制成本。如果风力预测的技术提高,无疑能够在很大程度上降低风力发电的能源成本和管理成本。智能电表和智能电网的发展使得电力运营中可以依据实时数据来实施电网管理,实现发电与用电的互动,在未来也能满足大量新能源集中或分布式接入的需要,并确保系统的安全性及可靠性。信息

① 胡世玲、王鹏:《浅析科技进步与电力发展》,《工程技术:引文版》2016 年第 9 期。

② 罗斯维尔、戈梅兹:《电力经济学:管制与放松管制》,叶泽译,中国电力出版社,2007,第 3 页。

技术和通信系统使得电力市场运行所需要的大量信息交换成为可能。[①] 另外，电能本身并不能满足人们的需要，我们需要的是电能所带动的各类电器给人们带来的效用，如果科技能使得我们获得同样的服务而花费更少的电能，这也将会直接影响电力资源的稀缺性。与电力相关的新材料技术、新工艺、新方法等都在不断地提高电力行业效率，降低由发电、输电到配电环节中的各类损耗，有利于促成供给和需求侧的匹配。

2015 年末，国家提出供给侧结构改革，要使电力产品能够更好地满足消费者的需求。供给侧改革首先就应当注重通过技术的革新来使行业效率提升，为用户提供更丰富的选择。这也说明，在促使电力相关技术进步中虽然维持必要的竞争存在是重要的，但也应注重对技术研发予以足够的激励。

## 第四节　电力行业规制的二元目标

在市场化改革的浪潮下，效率为先的思维方式极容易主导行业规制，即便是为了环境和安全所倡导的减排与使用绿色能源，也必须通过经济手段来实现。为了避免电力行业的发展仅为投资者与经营者服务，或者为所谓的行业利益服务，有必要在确立电力行业规制基本原则的同时，明确电力行业规制目标的价值位阶。首先，电力行业要满足人们基于公民身份的普遍服务需求；其次，在公平普遍服务需求实现的基础上应当维护整个行业的健康发展，促进能源利用效率的提升和相关技术的进步。英国 2000 年颁布的《公共事业法》第 9 条[②]就明确要求，“规制者在任何可能和适当的情况下通过有效竞争保护消费者利益。消费者利益应当被解释为包括供应的价格和条件、持续性和可得性、质量，以及在有关情况下，所提供的种类范围。在界定消费者利益时，消费者的长期和中期利益以及其即刻或短期利益应当被予以适当权重。”要充分实现电力消费者或用户的利益，离不开行业本身的健康发展。

---

① 信息技术和通信系统使得包含多个中间商和多种交易的日前和实时电力市场成为可能。而且，基于新的信息技术和通信系统支持的结构重组和放松管制下的电力计量、费用结算及其支付、质量控制、负合管理等正在形成。另外，信息技术和信息系统支持下的零售竞争和用户选择鼓励有新业务关系的电力服务商进入电力市场，提供有吸引力的价格、高质量整体服务和其他内容。

② See Utilities Act，2000（UK）.

## 一、公平普遍服务

发电所用自然资源的公共性和电力产品本身的基础性地位，决定了电力产品上负载着公平普遍服务义务。人们通常认为普遍服务义务源于财富分配调整的必要，同时是政府政治意图的实现方式，但"标准观察者"路径更有利于我们实现基于公民身份的普遍利益，而不是从经济最大化的视角来看待公平普遍服务义务。因为，单从经济效率上讲，即便有学者论证通过普遍服务政策，可以使得厂商增长率与社会增长率保持一致，[①]但是也有大量的学者认为普遍服务会使价格扭曲，导致社会福利极大损失。所以公平普遍服务义务应当更多基于人们公民身份的考量来确定，同时应随着经济和社会发展而改变。

公平普遍服务义务会同时影响电力规制机关和被规制企业。对于电力规制机关，有保障或改善公民基本生活条件的义务；对于被规制企业，有履行以电力服务公平普遍服务为内容法律规范的义务。经济合作与发展组织(OECD)将公平普遍服务分为可及性、可负担性、非歧视性，[②]前两方面主要体现了普遍服务要求，后一方面体现了公平服务要求。已经有学者倡导通过确立公用事业权利的方式来确定公用事业的规制目标。[③] 虽然这种以"权利"保护利益的方式仍有可商榷之处，但这也说明了公用事业规制中对公民个人利益保护的滞后与迫切性。

### (一)公平普遍服务的要求

普遍服务义务的正当化理据在于"使所有群体不论其在收入分配体系中所处的位置都能够获得公共服务"或"允许最广泛的各类社会群体参与享有特定社会中

---

① See Choi S K, Kim D J and Kim H C, "Network Spillovers as an Alternative Efficiency Argument for Universal Service Policy," *Telematics & Informatics* 15, no. 4 ( Nov. 1998 ): 265 - 273.

② See OECD, "Rethinking universal service for a next generation network environment," OECD Digital Economy Papers No. 113 (2006): OECD publishing, accessed April 18, 2006, doi: 10.1787/231528858833.

③ 在当前民营化改革的浪潮下，我国公用事业规制的目标定位，应当从以"融资"为中心的"效率"取向转向以"普遍服务"为中心的"权利"取向；并且从准入许可、特许契约、质量与安全监管、消费者参与、强制与补贴等规制工具和公法装置的引入与完善角度，来完善公用事业监管体制的改革方案。参见骆梅英:《以"效率"到"权利"：民营化后公用事业规制的目标与框架》,《国家行政学院学报》2013 年第 4 期。

提供的服务”。[①] 普遍服务意味着每位电力使用者都应该能够接入电力网络，并能够正常用电。目前，学者们在论及公用事业的公平普遍服务义务时总是喜欢用“亲贫”[②]来形容规制特点，强调提升贫困者的效用。而9号文中仅只明确了“加强老少边穷地区电力供应保障，确保无电人口用电全覆盖”，这种表述方式强调了电力的可及性，而忽略了可负担性要求。9号文的表述方式将公共利益的实现视为市场这只“看不见的手”作用的自然结果，而并没有考虑到对公民权利的实质保护。虽然经济学家对于管制公用事业抱有特别的兴趣，但是他们的关注点一直都是以保护消费者和促进竞争为导向的。应当注意到的是这当中公民身份考量的缺位——这种考量明显应当超过消费者的利益。[③] 这也是为什么《电力法》采用“使用者”而没有用“消费者”这一用语，“使用者”更能体现出公用事业企业与规制机关的公平服务义务是基于使用者的“权利”需求而非消费者的“利益”。

如果公共利益与公民身份之间的联系能够作为公用事业规制的一个中心目标得以建立和强调，那么公共利益就能够得到更清晰的界定和更好的定位。只有经由这条道路，才可能实现对日益边缘化的集体或共同体价值之保护的进一步增强，并由此兑现自由民主政体的最高承诺。[④] 因此，电力行业的规制不能只看到行业经济的发展，更应当重视电力对人们生活水平的促进，不能将公民对自然资源的权利矮化为狭隘的基于消费者立场的需求。消费者的目标主要甚至全部都关注在自我利益上，而公民的目标则会包含更广泛的一系列考量因素，[⑤]比如，代际利益、环境保护等。因此，标准观察者的思考方式，有利于我们确立这种共同价值的内涵，将对普遍服务义务的理解由每个人能够接入的服务，扩展至任何人在任何地点都能以承担得起的价格享受电力服务，并且将电费标准和供电质量作为政府对所有公民的义务纳入普遍服务要求。

很多人担心，随着电力行业市场化改革的深入，销售电价会持续上涨，从而会降低普通居民的福利水平。这种担心的背后正是体现出我们迫切需要对电力的公

---

① 迈克·费恩塔克：《规制中的公共利益》，戴昕译，中国人民大学出版社，2014，第89页。

② 广义来说，就是采取有利于穷人的规制措施来保护贫困消费者的利益，不管他们身处何地（城市或农村），也不管是谁在为他们提供服务。简单地说就是采取有利于穷人的规制措施，包括对富人和穷人实行差异化的服务策略，进行政府补贴等。参见许峰：《中国公用事业改革中的亲贫规制研究》，上海人民出版社，2008，第23页。

③ 迈克·费恩塔克：《规制中的公共利益》，戴昕译，中国人民大学出版社2014年版，第58页。

④ 迈克·费恩塔克：《规制中的公共利益》，戴昕译，中国人民大学出版社2014年版，第72页。

⑤ 迈克·费恩塔克：《规制中的公共利益》，戴昕译，中国人民大学出版社2014年版，第94页。

平普遍服务进行深入研究。我们的问题不是电价会涨还是会跌，而是电价应该如何变动，才能既使市场发挥资源的优化配置作用，又能保障居民用电的公平性。

## （二）公平普遍服务的实现方式

电力行业的发展要为国家的宏观经济助力，更重要的是电力作为各类能源的副产品，应当体现在满足公民个人生活需要上。有学者认为，公平服务原则要求不论使用者处于什么位置、连接成本是多少，都应该给所有使用者提供同样的价格，运营商不能对不同类型用户和不同地理位置实行价格歧视。[①] 而这只是形式上的公平，没能体现出公用事业对差异巨大的公民个人的实体保护。目前，采用最多的方式有两种，一是通过政府财政补贴来帮助那些在支付意愿与支付能力上处于弱势地位的群体，包括采用现金补贴、税收补贴、发放优惠券等方式；二是建立基金，并由独立的非营利公司进行分配。比如，湖南省物价局 2002 年曾经发文明确，凡城镇五保户和持有民政部门颁发的《城镇居民最低生活保障金领取证》的低保户均可享受以下价格优惠：每月免交 4 吨水费、4 立方米管道煤气费、6 千瓦时生活照明费。

承担公平普遍服务义务的主体一般为电力规制机关与电力企业，但在理想状况下，公平普遍服务首先要做到电力的可及性，而后是可负担性。用“义务”而非“权利”来定义基于公民身份的价值，是因为义务的履行方式可以多样化，而权利内涵通常需要更明确，并具备稳定性。换言之，无论什么时候，对电力的公平普遍服务义务都应当作为约束电力企业的刚性因素，但义务的履行方式可以具有一定的柔性，尤其是在可负担性的实现方面。这意味着公平普遍服务义务并不是刚性的，应当赋予电力企业根据现实情况和履行成本能够采取多样化的履行方式。出于电力企业运营的盈利需求，可以由修建电力设施和电力服务的直接供给，转为包括给予补贴、帮助搬迁、建设微电网等其他形式的履行方式，尽可能避免义务履行中的低效率行为。为了避免对可负担性标准的制定和执行中出现不合理现象，应当在程序上以听证、协商等制度来保证电力规制机关真正了解公民的需求，同时也需要根据各地区经济水平、能源状况、用电习惯、地理特征等因素确定补贴标准。

最后，还需要确定优先用电权的适用范围。电力既然为公共物品，其在供给能够满足需求的情况下，当然需要为任何需要用电的使用者提供服务，而当供给无法

---

① 陈建华：《中国电力：普遍服务供给规制研究》，中国经济出版社，2013，第 2 页。

满足需求的时候，普遍服务义务就体现在优先满足公民个人和公共用电上。所以，有必要确定在缺电情况下的优先供电和用电规则。

## 二、电力产业的健康发展

### （一）电力产业与其他产业的均衡发展

电力行业作为对国民经济有重要基础作用的产业，其健康状况直接影响全国经济形势。然而，在对电力行业进行规制时，通常依然延续着“事件中心”的模式。当发展中遇到电荒时就想尽各种办法解决电荒问题，而不顾投资回报率。以五大发电集团为代表的发电企业，把精力主要放在规模扩张上，甚至不惜为此跑马圈地、违规建厂，导致前些年我国电力装机速度空前绝后。在这种扩张模式下，多数投资主体倾向于高负债运营，而不太重视投资回报率，导致经济效益相对低下。[①] 比如，在着力发展清洁能源发电时，只注重大力发展风电水电等清洁能源的发电设备，却不顾可利用程度。发展风电是能源发展的趋势，但由于国内相关标准不规范、行业门槛低，近些年来中国风电发展过快，近乎“大跃进”式的发展，导致弃风限电现象成为行业性的一大顽疾。[②]

这种以单一的目标为导向的行业发展模式，使行业规制措施缺乏连续性，也造成电力行业对资源的大量浪费。不适当地补贴和激励造成大量周边产业的虚假繁荣，也导致大量企业仅能靠政策和靠补贴生存。电力产业不能健康发展，既阻碍了上下游产业的生存和发展，也使电力行业内部各部分无法协调，效率低下。要做到的行业的健康发展，应当着重强化电力市场的体系设计，提升规制机关的规制能力。

**1. 加强电力市场的体系设计**

电力行业规制必须谋求电力产业与相关产业关系的协调发展，这样才能确保

---

① 以五大发电集团资产负债率为例，它们在成立之初平均为 60%多，到 2008 年以后全部超过国家国资委规定的 85%的央企负债高限，下属企业中甚至有负债率高达 210%的，由于装机过多、生产能力严重过剩，不少电厂建成投产后一直处于闲置状态。参见卢国良：《电力体制改革的目标是实现电力行业可持续健康发展》，http://www.ceh.com.cn/UCM/wwwroot/development/ny/dl/2014/12/810291.shtml，访问日期：2019 年 5 月 23 日。

② 每年因风电并网难所导致的弃风限电给国家能源利用带来巨大浪费，每年造成经济损失超过百亿元。

电力行业的安全运行、经济运行、可持续发展。产业之间的协调发展首先要构建既能促进电力发展，又要控制好市场风险，符合实际、能够解决主要发展矛盾的市场体系。在我国能源资源需求与分布等差异较大的情况下，应当从地区不平衡出发，分阶段构建全国性电力市场和地方电力市场，同时通过充分预估和激励电力供需，来促进电力行业的合理和有效投资。目前，国家发改委、国家能源局会发布《电力发展“五年”规划》，其中涉及了电力行业的方方面面，包括节能减排目标、综合调节能力目标、电网发展目标、电源结构目标、生产供应能力目标等。但是，该规划缺少了对电力企业经营行为影响的说明，而仅仅是在行业总量上的展望与说明。这导致对电力市场的设计和规划并不一定能够激励电力企业的参与，进而导致计划和规划落空，政府变得“大包大揽”。未来的电力发展，对电力市场的设计应从对行业总量的约束方面，转变为对电力企业经营行为和决策约束方面，让电力经营企业能够确实在环保成本、减排成本、安全生产成本等成本中进行权衡，并做出合理决策，从而促成电力行业规制与碳规制、安全规制、环境规制的合理对接。

**2.完善电力行业规制的制度体系与规制机构责任**

电力行业规制机构的引导对电力产业的发展起着至关重要的作用。目前，我国电力行业规制效果差的部分原因就在于，规制机关缺乏促进电力行业健康发展的制度空间。电力法有着深刻的计划经济烙印，滞后于一系列市场化改革，不但不能助推改革，反而在某些条款上阻碍了市场开放，比如第 25 条规定“一个供电营业区内只设立一个供电营业机构”，构成了售电侧开放的阻碍。直到 2018 年 12 月 29 日第十三届全国人民代表大会常务委员会第七次会议决定对《中华人民共和国电力法》作出修改，也未取消这一限制。因此，电力行业规制必须重视法律法规的保障作用，在法律制度上破除规制阻碍，通过健全完善法律来为行业改革保驾护航。

相比于发达国家电力改革的透明和高效，我国电力改革进度迟缓，改革成果被蚕食。在自上而下的改革模式下，改革理念本身并没有问题，但规制机关缺乏将改革理念落到实处的能力，这一方面说明了在问题复杂化情况下规制机关要做出决策确实具有相当的难度，另一方面也说明在经济管理层面缺乏以经济民主为导向的决策程序，会导致利益的固化。依然用典型的公共选择理论举例说明，电力行业规制就像人们在生病之后谋求医治，人们会同意选取医术最好的医生，并让医生对症下药。而电力行业的规制中，既没有选择最好的“医生”，也就是没能设立最好的规制机关，同样也没有通过制度让“医生”有空间标本兼治，仅仅让医生“头痛医头，脚痛医脚”。电力行业规制机关的责任不明确，缺少规制效果衡量指标，也就无法与其他行业的规制良性互动。要使电力行业规制获得良好的综合性效果，需要环境规制、节能减排、清洁能源推广等多种其他类型规制的良好融合，规制机关做出规定行为之前必须明确其他相关行业经营主体可能会受到影响。如果由规制机关的不合理规制引发了电力企业或使用者受损，规制机关的决策人员应当被问责。这无疑会增加电力行业规制的复杂性，但是据此才能使得电力行业在一条健康的道路上发展。结合后文对规制行为“成本-收益”审查的建议，类似于美国的管理与预算办公室的设置可以承担起对规制规则效率的审查功能。此外，电力行业规制规则实施前应当受到环境部门、反垄断委员会等不同垂直机构的内部审查，来确保电力行业规制规则与其他规制规则保持融贯。

## （二）实现产业收费与产业发展的协调

电力产品具有一定的私人物品属性，这决定了电力不能完全由政府买单。如果由政府提供而定价过低的话，会造成使用中边际收益小于边际成本的问题，导致大量的效率损失，定价过高则会影响人们的基本生产和生活。因此，电力产品需要合理收费，适当的投资回报才能鼓励行业发展，同时合理收费既影响到电力产业的效率，又影响到用户的福利。在电力行业规制中必须要做到产业收费的合理化，并提高产业效率。

### 1.合理收费

我国销售电价中广泛存在着城市补贴农村、工商业补贴居民农业、发达市县补贴欠发达市县等电价交叉补贴现象，这导致市场价格被扭曲，影响市场机制对价格的决定作用。同时，交叉补贴是电力普遍服务得以实现的重要手段，没有交叉补贴行业红利就会被单一类别市场主体获得，而损害弱势群体利益。所以，合理收费既要继续保证公平普遍服务义务的履行，又要通过市场化使价格反映成本。

目前，商业企业普遍反映电价偏高。从电价结构上看，2016 年我国农业、居民、大工业和一般工商业的平均电价分别为每千瓦时 0.46 元、0.56 元、0.66 元和 0.81 元，商业企业用电在各类电价中是最高的。解决商业用电价格过高的问题，对促进第三产业发展有积极意义。近年来，通过实行工商同价政策，商业电价水平已有较大幅度下降。比如，2015 年实现工商同价的贵州，商业电价平均水平从过去的每千瓦时 0.95 元下降到 0.72 元，下降了 0.23 元。① 同年 4 月，国务院总理李

① 朱剑红：《电价改革向“硬骨头”中的“硬骨头”开刀》，《人民日报》2016 年 08 月 16 日，第 1 版。

克强主持召开国务院常务会议，决定在全国范围实行商业用电与工业用电同价，开启了商业电价下调的步伐。2018年政府工作报告提出，将一般工商业电价降低10%，2019年提出在2018年的基础上再降10%。2020年国家发改委印发《关于做好2020年降成本重点工作的通知》，其中指出降低一般工商业电价，“降低除高耗能行业用户外的现执行一般工商业、大工业电价的电力用户到户电价5%至年底”。2018—2020年的电价三连降之后，2020年9月30日，国家明确了新一轮32个省级电网输配电价核定标准，在新政策下26个地区中已有12个将大工业、一般工商业合并为“工商业及其他用电”，并作单一制、两部制区分，降电价仍是主旋律。促进产业的合理收费就是要在收费总量覆盖企业运营成本与适当收益的情况下，设置能够为各类行业所认可的交叉补贴。因为，在严重的负外部性没有得到矫正的情况下，交叉补贴和推行大用户直供等政策不可避免，所以要使其合理化必须经过多方面讨论或听证，即电价变化的听证中需要着重说明交叉补贴，获取公民与企业的最大认可。

**2.提高产业效率与加强技术开发**

在合理收费的前提下，提高产业效率是行业健康发展、增强国际竞争力、承担更多社会责任的基础。在提高产业效率方面，应注意市场化与竞争仍是提高效率最主要的工具，虽然提高效率并非是规制的直接目标，但想让电力行业发挥更多的功能，行业内部的有序竞争与高效的产出都是基础条件。这部分相关内容在前面章节有所涉及，并且主要通过对规制规则和规制行为的竞争性评估来完成，[①]此外不再赘述。

发电技术、输电技术以及计算机与通信技术的发展为发电和售电环节的竞争奠定了物质层面的基础。[②] 高压和柔性输电技术的发展为长距离、低损耗电力传输提供了支持，从而可以实现更大范围的资源优化配置；通信和计算机技术的发展

---

① 张占江教授认为可以依据产业组织经济学的“市场结构—市场行为—市场绩效”范式(Structure—Conduct—Performance，简称SCP范式)范式为依据来设置竞争性评估，并基于此解释《反垄断法》第9条。首先，基于这一范式所包含的影响竞争的因素，归纳出法律竞争影响核对清单，利用清单识别反竞争的法律。其次，借助这一范式，判断法律对竞争限制的合理性。最后，针对不合理限制提出改进方案，促进法律向着有利竞争的方向制定、修改。我国建构这一制度的关键是，对《反垄断法》第9条进行合理解释作为竞争评估的法律依据，并建立“以反垄断委员会为主、法律制定机构为辅”的评估机制。参见张占江：《中国法律竞争评估制度的建构》，《法学》2015年第4期。

② 杨娟：《电力价格监管：模式选择与结构设计》，中国市场出版社，2012，第2页。

为电力远程调度、控制和结算提供了技术支持等。所以,电力行业效率提高也依赖于相关技术的发展和应用。在电力行业规制中应考虑对技术发展的鼓励与对新技术研发的提前部署,加强税收返还、政府奖励或资助科研等方式,促进相关的成果产出。

## 第五节 本章小结

美国著名学者萨瓦斯提出,政府改革治理模式事实上是要把政策制定(掌舵)和服务提供(划桨)分开,而电力行业规制目标的明确,其重要作用就在于为舵手指明前进的方向。本章提出电力行业规制的两个目标都不是要强化电力行业改革的某一项具体任务,而是要明确电力行业规制中最重要的价值目标,即履行公平普遍服务义务和促进电力行业健康发展。只有基于这两点约束,规制机关才可能在规制行为中保证不会在诸多影响因素中偏颇地制定规则与和实施规制行为。

人们的价值观是由一组似是而非的概念界定而成的。[①] 在"中国特色"或者"中国文化"背景下,不论用什么词汇来表述我国目前对电力行业规制的中心,都离不开以"人民"为中心的整体主义视角,这应当是审视任何涉及公共利益问题的出发点。因此,以人民利益为导向的普遍服务义务应当成为电力行业规制的一个刚性约束。

宏观经济发展与个人权利平衡构成了影响规制目标的主要张力。在具有普遍性的权利话语内部,地区经济差异和资源禀赋差异如何服务于权利的实现,最大可能地与效率需求相匹配,是规制目标能够公平、有效落地的核心任务。电力行业本身的健康发展是电力行业有能力负担其他非经济价值的前提,同时是实现法律所确立权利和赋予利益的基础,所以这又构成了电力行业规制的一个硬约束。

① 罗伯特·海涅曼:《政策分析师的世界》,李玲玲译,北京大学出版社,2011,第59页。

# 第四章 电力行业规制关系的重塑

权利、权力与利益、财产的关系表明，社会权利后面的社会经济内容是法律承认和保护的全部利益和归属已定之全部财产，而这也正好是以权利、权力统一体为法律内容的法律关系所包含的全部社会经济内容。[①]

——童之伟《法律关系的内容重估和概念重整》

电力行业规制作为政府行使权力的一个重要方面，与其他国家公权力一样应当既注重防止权力被滥用，又注重使权力的行使最有效地达成规制目标。在传统公法的控权理念下，强调行政行为外观合法的模式，难以做到通过权力的外观形式来把控权力的合理性。在高技术化和复杂关系下，要做出合理的决策和制度安排，不能仅通过严格“依法”行政就可以达成，更需要切合行业发展需求和对公民权益进行合理安排。目前，“科层制”仍是当前电力行业规制体制的最大现实，而韦伯认为我们并不能通过看似合理的科层制本身带来理性化的治理结果，霍克海默和阿多诺在《启蒙辩证法》一书中更是向我们揭示，即便我们认为通过“理性”可以使得治理合理化，但这样的合理化其仅仅是工具理性意义上的合理而已，复杂的治理反而促成了权力的集中状态。在这种背景下，要解决电力行业规制中由科层制和工具理性引发的问题，应倡导在规制中引入合作式的民主制，这是一些学者给出的解决方案。但是，当下的研究大多体现了地方治理中的公民参与，似乎自觉地将全国性的行业规制排除在公民参与之外。因此在“自上而下”的电力行业规制模式下，规制机关和规制行为难以在科层制中受到公共利益导向的动态约束，也无法带来

① 从各种法律关系的具体构成看，其内容非权利即权力，或两者兼而有之，而权利和权利又都必定处在一定的法律关系中，所以，法律关系作为一个整体，其内容也就是权利权力统一体，童志伟教授赋予它的法学名称是社会整体权利，简称社会权利。参见童之伟：《法律关系的内容重估和概念重整》，《中国法学》1999 年第 6 期。

持续合理的治理结果。如何在电力行业规制中理清其规制机关与其他主体的关系，并在此基础上通过责任制度、合理化规制程序等限制损害公共利益的行为，还原电力行业本身的多元关系，将“公共利益”安放在实处是本章的主要任务。

## 第一节　现有电力行业规制关系的缺陷

### 一、以行政机关和行政行为为中心构建

《中华人民共和国电力法》第6条[①]规定了电力行业的主管机关，此处“监督管理”的表述方式突显了主管机关的协调功能和监督功能，隐含着广阔的权力授予。《国务院关于部委管理的国家局设置的通知》(国发〔2018〕7号)明确了国家能源局主管电力行业的职能，其负责“监管电力市场运行，规范电力市场秩序，监督检查有关电价，拟订各项电力辅助服务价格，研究提出电力普遍服务政策的建议并监督实施，负责电力行政执法。监管油气管网设施的公平开放”[②]。

由于电力行业本身的自然垄断、资源密集等特性，在一定区域范围内进行重复建设被认为是低效率和无必要的[③]，而为了保障公民的利益不被掠夺性定价影响，政府往往对价格进行严格监管。因此，在电力行业规制中，通常由规制机关授予电发、输电、配电、售点企业以垄断经营地位，而这些经营者所承担的职责就是提供电力服务。在公共利益的总体目标下，为了使得行业发展能够满足电力行业规制目标，放松管制被普遍认为比完全计划模式更能达成目标。因此，在很多国家国有的电力系统被分割成不同公司，然后在规制框架内以促进竞争为目标实施电力产业

---

① 《中华人民共和国电力法》第6条规定“国务院电力管理部门负责全国电力事业的监督管理。国务院有关部门在各自的职责范围内负责电力事业的监督管理。县级以上地方人民政府经济综合主管部门是本行政区域内的电力管理部门，负责电力事业的监督管理。县级以上地方人民政府有关部门在各自的职责范围内负责电力事业的监督管理。”

② 国家能源局官网网页中国家能源局简介第一部分主要职责中的第(七)项，http://www.nea.gov.cn/gjnyj/index.htm，访问日期：2019年12月9日。

③ 针对这个观点，也有反对声音认为为重复建设而导致的效率损失而担忧是多余的，在实践中企业之间会通过收购或共享的方式来避免重复建设。

的私有化。[①] 为了避免电力企业过度竞争引发电力过剩和资源浪费，我国电力运营企业在由计划向市场转变中也自然会参照西方国家的“固定利润率”规制模式而受到约束，即在覆盖经营者的运营成本的基础之上，允许其获取一定程度的利润。

这样一来，电力行业规制机关的目标究竟是保护企业利益还是规制机构自身利益，抑或是使用者利益？答案是三者兼有。以行政为中心构建的各类规制机构，其维护公共利益的能力与规制机构在政府中的地位有关，也与所处理的问题是眼前的危机还是长远利益，规制机关同他部门之间的协调成本等因素相关。公共选择理论下，规制机关也是“经济人”，既要维护自身利益，也会出于“养寇自重”或被收买而维护被规制企业的利益，最后为了获得规制的合法性还要照顾到电力用户的利益。

基于电力相关法律本身的模糊性，电力行业容易成为脱缰的野马而不容易“驯服”，为了尽快建立起相应的规范体系，规制机关往往独揽规制权力；同时，专业主义缓冲、保护并掩饰了相关领域研究者的政治诉求，使之与政治不发生瓜葛，政治压力也被极大地排除在的电力行业规制活动之外。有学者认为，研究者可以发展各色终极的方法论，毕生徜徉于这些观点之中，而无须将其与催生这些方法论的政治议题相联系起来。[②] 因此，民众、社会团体、独立电力企业在电力行业规制中往往仅是规制活动的被动接受者，电力行业发展程度完全由电力规制机关的规制能力和规制意愿所决定。我国自 2002 年开启电力改革后，仅取得部分成功，该计划中的破除电网垄断和开放售电侧内容基本没有进展，究其原因与这种以行政机关为中心构建的行业规制理念有关。

## 二、轻视了电力经营企业与用户的参与

《价格法》第 23 条就公用事业价格的确定，明确了一定程度的社会参与要求，同时《电力监管条例》规定了单位或个人的举报权。《电力监管信息公开办法》第 7 条也规定“电力监管机构在制定规章、规则或者其他规范性文件等的过程中，涉及公民、法人或者其他组织的重大利益，或者有重大社会影响的，应当将草案向社会

① 罗斯维尔·戈梅兹：《电力经济学：管制与放松管制》，叶泽译，中国电力出版社，2007，第 8 页。

② 詹姆斯·哈克尼，《非凡的时光：重返美国法学的巅峰》，榆风译，北京大学出版社，2016，第 107 页。

公开，充分听取意见”。但这些规范也仅仅停留在了“听取”层面，而不需规制机关做出回复或启动研究程序。换言之，对于公民、法人或者其他组织来说，其也仅仅是可以提出建议[①]，但是至于建议会被如何处理则未做要求。从这一角度来看，电力经营企业与用户参与行业规制的权利十分欠缺。

一定的社会关系的缔结，总是以一定的利益为基础的。[②] 电力行业规制中，规制机关在维护公共利益时需要对各种利益做出平衡，即规制机关在依法规制时不但要确保行为在法律框架之内，更重要的是应通过正确的、民主的过程得出。莱夹拉（Leflar）和罗戈（Rogol）就认为公共事业规制之所以没能很好地保证使用者的利益，是因为没有专门代表居民的专家参与制度。人们对规制机关的不满，往往因为他们对规制过程难以理解。[③] 要想改变这种局面，拥有专业知识、能够代表公众利益的专家和支持其参与规制活动的经费支持，是改变规制机构偏向被规制企业的关键。电力经营企业和用户能够参与到电力行业规制规则制定过程中有两方面重要作用：其一，这种参与能够使得规制体制本身更符合以民主为导向的政治公平观；其二，规制规则本身的质量会因为这种参与而提高，因为规制机关会对规制对各类主体利益的影响做出更全面的考量。[④]

这种以公众或专家参与来提高公共服务质量的做法在我国电力行业规制并不存在。在电力相关的法律规范中，只有《电力设施保护条例》第 3 条规定，“电力设施的保护，实行电力管理部门、公安部门、电力企业和人民群众相结合的原则。”虽然，目前电力法强化了对电力投资者和经营者合法利益的保护，但是在制度上依然没能激活这些主体作为市场一分子的活跃性。在电力一体化经营的情况下，整个行业的运营是类似公司的内部化过程，此时管理的精细化和高效率是维护所有人利益的有效手段。然而，随着电力行业本身市场化改革的推进，电力经营企业主体地位得以确立，不应再仅仅被当成是管理的对象，而应是市场规则的制定者和维护者。同样，在梳理法律上电力用户的地位时，可以发现在电力法领域，电力用户在

---

① 《电力监管信息公开办法》第 8 条规定“公民、法人或者其他组织可以向电力监管机构提出公开电力监管信息的建议”。

② 王保树：《市场经济与经济民主》，《中国法学》1994 年第 2 期。

③ See Leflar R B and Rogol M, “Consumer Participation in the Regulation of Public Utilities: Model Act,” *Harvard Journal on Legislation* 13, no. 2 ( 1975 - 1976 ): 235 - 297.

④ See Mark J. Bennett and Joel I. Colón－Ríos, “Learning From the Past, Adapting for the Future,” in *Regulatory Reform in New Zealand*, ed. Susy Frankel (Wellington: LexisNexis, 2011), pp. 19 - 70. Available at SSRN: http://ssrn.com/abstract=2663181.

行业规制决策方面既没有实体权利，也没有程序权利，仅仅作为宏观经济增长红利的分有者。要改变这种情况，应当重视经营企业和用户可能对电力行业规制的潜在价值。9号文中提出“坚持科学监管”的电力体制改革原则①，对监管的科学化指明了方向，但并未体现出通过多元主体对规制机关的制度性约束。

自从规制理论中“俘虏理论”出现以来，学者们越来越重视在政府规制中通过引入更为民主的规制程序来解决规制俘虏问题。② 而在我国，出于担心分省份价格管理的模式可能会带来更多的行政壁垒与协调难度，以电力为代表的全国性公共服务在全国范围内通常由中央政府进行统一管理，这也导致整个电力行业难以有效引入民主参与制度。首先，各地区差异导致电力行业规制除了要考虑特定地区情况以外，还要兼顾全国一盘棋，个体需求一定程度上要服从整体发展，因此个人参与的价值不大；其次，从动机上看，具备专业知识的人不一定会关心本地区电力价格的合理程度与电力行业发展状况，同样对自身电费支出极为敏感的人通常也很难具备相关理论来判断价格是否合理；最后，电价信息在真实程度和获取便捷程度方面存在的问题，也限制了民主控制的效果。

在多重因素的影响下，电力经营者和用户很大程度上被排除在了行业管理之外。这种情况导致现实中的电力行业规制变得极具“工具主义”倾向，只能顾及行业发展中的“突出”问题，或以宏观发电量为目标、或以增加清洁能源发电为直接目标，而不会综合考虑规制影响。这种取向的规制活动更倾向于张扬规制者的个性，导致规制目标的确定成为规制者的主观偏好或某些结果主义的因素③，即专业化的规制机关掌握了“立法理论”和话语权。由专业人士在机构和更广泛政策圈子所创造的“进入政策讨论的壁垒”，限制了缺乏必要资源的团体的进入和影响，观念的力量因而影响了利益集团的影响力和其参与政策制定过程的能力。④ 这一系列原因导致目前在我国电力行业规制中不够重视电力经营企业和用户的参与，也导致

---

① 《关于进一步深化电力体制改革的若干意见》(中发〔2015〕9号)中规定，“坚持科学监管，更好发挥政府作用，政府管理重点放在加强发展战略、规划、政策、标准等的制定实施，加强市场监管。完善电力监管机构、措施和手段，改进政府监管方法，提高对技术、安全、交易、运行等的科学监管水平。”

② 斯图尔特：《美国行政法重构》，沈岿译，商务印书馆，2011。

③ 刘翀：《论目的主义的制定法解释方法：以美国法律过程学派的目的主义版本为中心的分析》，《法律科学》2013年第2期。

④ 马克·艾伦·艾斯纳：《规制政治的转轨(第二版)》，尹灿译，中国人民大学出版社，2015，第23页。

规制结果缺少对这些主体利益的保护。

## 第二节　电力行业规制应调整的关系及实现方式

### 一、明确电力规制中各类主体之间关系的意义

#### (一)多元利益主体格局下利益冲突的原因

市场经济导致分工的不断细化,进而促进社会各部分的功能分化和利益集团分化,从而导致社会结构和思想状况显现出越来越显著的多元性。[①] 涂尔干在其经典著作《社会分工论》中提到劳动分工起到了比其经济作用更为重要的作用:既能产生社会团结,但也会导致社会关系的紧张状态。由于工人不具备任何谋求其他地位的手段,所以只能接受这种控制和压迫,积聚到一定程度就会爆发出来,破坏团结。这与电力行业规制中的问题十分类似,只是紧张的状态不是来自劳资冲突,而是行业之间的冲突。基于电力行业对自然资源的垄断、对电网设施的垄断和对经营权的垄断,其他利益相关者缺乏制衡这种垄断的手段,也只能受到垄断的压迫。所以,即便是在体现自由意志的契约中也包含了压制手段,体现了社会价值之外的力量。

由于社会变化和利益变化过于迅速,各种利益在不断发生冲突,没有时间达成平衡状态,这就导致了"失范"。[②] 在民营化的趋势下,电力行业原有的计划性法律体系无法再良好地维护规制目标,使电力行业处于"失范"状态,缺乏法律对其规范。根本上解决"失范"问题,必须要在"有机社会"中充分考虑各个行业之间的互相影响,用整体性思维来协调各类利益。整体的缺乏统一性,不是因为各部分没有充分地感觉到彼此之间的相互性,而是因为它们没有被有效地组织起来。[③] 解决电力行业中现有问题的有效路径是充分重视电力行业内部,理清规制机关与被规制企业、规制机关与利益相关者、被规制者与利益相关者之间的实然与应然关系,

---

① 季卫东:《通往法制的道路:社会的多元化与权威体系》,法律出版社,2014,第 2 页。

② 埃米尔·涂尔干:《社会分工论》,渠东译,生活·读书·新知三联出版社,2013,第 303 - 332 页。

③ 埃米尔·涂尔干:《社会分工论》,渠东译,生活·读书·新知三联出版社,2013,第 303 - 332 页。

将各类利益主体有效组织起来。

经济学家认为,自由是人的本质属性,给予人自由便可以自发出好的结果。而涂尔干则认为,自由本身是规定的结果,人生而不平等,正是那些不平等的因素臣服于社会力量,才使得人们得以自由发展。依据这一思路,组织电力行业相关各类利益主体,目的就是通过有组织的社会力量来消除电力行业与其他行业的不平等关系。

### (二)明确各类主体应然关系的作用

在公共选择视野下,之所以要重视各类主体之间的关系,是因为明确各类主体之间的应然关系是做出有效规制的基础。在此基础上,才能通过既有的"立法理论"使处于扭曲状态的各类关系恢复为应有状态。

公共选择视角注重在立法和执行过程中寻求尽可能的一致同意,而要使这种"同意"不沦为"群氓"的合意,能够真正增加社会正义,就需要促进各类主体从交易价格背后看到其与交易对象的关系,这样才有利于其审视交易本身的正当性。因此,真正了解自身在社会关系中所处的地位,才能使人们基于此了解立法对自身的切实影响,继而从整体上把握单个契约背后所蕴含的集体意识。所以,明确各类主体之间的关系,并通过合意来促进规制行为获得正当性,其基本假设和前提是规制机关不再完全掌握规制所需要的信息和最佳方案。

电力行业规制涉及的利益主体类型极多,除了典型的规制机关和被规制企业之外,将用户、消费者、相关企业等作为利益相关者有利于简化理论,涵盖丰富的现实。值得注意的是,这种应然关系并非是固定不变的。比如,近年来英国电力改革中又出现了一体化的趋势,这主要是为了对抗其他国家电力企业对其本国企业市场份额的侵蚀,增强本国电力企业与其他国家企业的竞争能力,某种角度上来说也是为了本国利益,因此,应当以动态地视角来看待各主体间利益的变迁。有学者通过研究告诫规制机关,在制定规制政策时应当重视文化背景因素,并说明在规制中不但要促成共识,还应发掘共识背后的文化因素,这有利于规制效果的达成。①

## 二、电力规制机关与被规制者的关系及实现方式

电力行业规制的实施和改革都是由政府这一市场的管理者来进行权衡和决策

① See David T and Keith B,"Electricity Market Reform : So what's new?," *Policy & Politics* 44, no.4 (Oct. 2016): 645 - 661.

的。但是，如何使政府能够更好地胜任这一角色，离不开一定的制度约束，以使行政管理的科层制能够良好地为公共利益服务。在电力行业方面，很多文献表明规制机关的活动增加了行业成本，但这并不能证明政府规制是多余的，而恰恰说明了政府规制能力的不足，即“不是不该管，而是没管好”。要改变这一现状应从以下两方面入手。

### (一)电力规制机关——由“管理者”到多重角色

在电力行业的市场化改革中，必须将电力企业的地位提升到主体层面，而不是将其视为管理的对象，即规制机关与被规制者之间由单纯的管理关系应当转变为服务关系。电力行业本身的发展和创新，一方面依赖于市场对现有资源的配置，另一方面来自技术创新对资源利用效率的提升。其中，政府作为公共利益的维护者应当在形塑市场规则和监督市场主体方面发挥主要功能，而想要能够胜任这一职责，政府依赖于市场主体持有的信息和技术。此外，发电市场的竞争与传统竞争有着较大区别，[①]发电市场既要能保持平稳电价，又要能供应充足的电能，还要能使企业获得利润，这需要政府有良好的规制政策。因此，过度开放的电力市场并不能使我们的目标得到最有效的实现。[②] 只有电力行业规制机关能够合理规制，才能促使多变的电力需求与不同效率的发电能源相匹配。[③]

为实现良好规制要解决的一个重要问题是，如何在电力行业规制中避免规制机关与被规制者的相互勾结，因为被“俘获”的规制机关会系统性地使用其权力来增加后者的收入。此外，为了避免由于规制机关的技术知识滞后与立场偏颇导致不合理规制，规制机关的角色应逐渐由管理者转变为“公共利益”的维护者。电力行业规制机关不能再仅仅依赖“命令-控制”手段，而是需要提供信息、构建合理程序、维护良好的竞争环境、有效平衡各类相关利益等，这些任务使得电力行业规制机关成为协调政府利益和用户利益，并促成合理决策的服务机构。目前，电力行业

---

① 在美国的《赫普本法》颁布之后，州级商务委员会成为一个非常有效的监管者，人们可以将稳定和递减的价格归功于支持商委会的选民团体，运输从业者从定价措施中极大受益，并有力地支持该委员会，而商委会则通过限制价格增长的方式来培育这种支持力量。参见艾斯纳：《规制政治的转轨(第二版)》，尹灿译，中国人民大学出版社，2015，第 75 - 76 页。

② 美国于 2000 和 2020 年所出现的很多电力供应事故表明，缺乏和合理的电力规划与电力规制会导致全行业的低效与不稳定。

③ See Richard Mattoon, “The Electricity System at The Crossroads,” *Society* 40, no. 1 (Jan. 2002): 64 - 79.

规制机关的“权力-责任”发生着变革，体现在以下几点。

1.由电力规制机关调解部分纠纷

电监会曾出台的《电力争议调节暂行办法》明确了电力争议的主体，电力争议的内涵，电力调解和裁决的性质等①，目的在于让电力规制机构承担及时、有效解决电力争议的重任。该规定产生的原因在于相较于司法机关，电力监管机关具备明显的专业知识优势，更能厘清相关争议的焦点。如此一来，电力规制机关就有了准司法权，除了大大拓展了电力规制机关的权力范围外，还使其协调利益的角色落到实处。

2.促进供需双方交易

南方电监局通过搭建厂网联席会议，充分发挥其沟通协调作用，针对厂网间电费结算中存在的问题，指导广东省电力企业按照新的《厂网间电费结算管理办法》新签年度购售电合同，明确了电费结算周期和进度，规范了厂网间电费结算行为。针对西部水火电矛盾突出，富余水电消纳困难问题，南方电监局还出台了《南方区域跨省(区)历史交易方案(试行)》，进一步规范了临时交易机制。②

3.发布规制报告

电力行业规制机关通过对重要数据的收集和分析，可以形成电力行业规制报告，对电力行业各个环节进行全面、翔实、合理的数据披露。③ 规制机关有能力和条件组织专家对行业进行深入分析，评估行业发展状况，从而为各电力企业和规制部门从整体上把握行业发展并进行改进提供支持。

4.提供政策咨询服务

电力行业规制机关应当负责向电力经营企业与公众提供咨询服务，这一方面能促进电力规制机关信息披露义务的履行，另一方面有利于促使规制行为达成预期效果。在美国《信息自由法》要求下，信息政策办公室对外公开了一个专门的电

---

① 《电力争议纠纷调解规定》第3条明确，电力监管机构调解电力争议纠纷，遵循下列原则：(一)在当事人自愿、平等基础上进行调解；(二)不违背法律、行政法规和国家政策，公平合理；(三)尊重当事人的权利，不得因调解而阻止当事人依法通过仲裁、司法等途径维护自己的权利。

② 国家电力监管委员会南方监管局：《南方电力监管时间、探索与思考》，中国电力出版社，2012，第31页。

③ 自2009年开始，电力规制机关每年按照统一形式发布“年度全国电力交易与市场秩序情况监管报告”。

话号码，由专人值守，解答公众有关信息公开事项的咨询。[1] 这一做法可以为我国电力行业规制所借鉴，在国家能源局 2013 年 10 月 25 日暂时停止运行“中国电力信息公开网”的情况下，有必要对电力规制政策作以整合，并提供咨询服务。

## （二）被规制者信息披露义务的强化与义务类型的多样化

电力行业在“中间管住、两头放开”的市场化过程中，将发电、输电、配电、售电的分开有助于消除交叉补贴。然而，除了要维护电力行业存在一定的竞争之外，还需要确保电力的普遍服务、做好环境保护、保障供电稳定以及维持行业的健康发展。这些目标的达成需要规制机关能准确地了解被规制企业的信息。由于企业对自身的信息总是多于规制机关，因此为了达成多重目标，被规制电力企业要比一般市场主体披露更多信息，这样才能让发电、输电、配电、售电各个环节的企业承担适当的义务。

强制信息披露将成为电力企业义务的重要表现形式，首先，若不了解被规制领域的现状，而一味提出先进规制政策可能会给电力经营企业造成不必要的负担，导致政策根本不切合实际。其次，电力行业规制机关必须披露足够的信息，才能刺激利益群体参与规制。规制活动既可能会导致对在位经营企业利益的剥夺，也可能会赋予在位企业更多利益。因此，电力行业规制机关对行业整体的信息进行强制性披露，能使电力企业出于自利的目的参与规制。最后，在任何规制领域，规制选择的结构化会使得规制手段固化，一旦遇到新的问题，已有的结构化解决方案将束手无策。因此，电力行业规制机关需要做的就是不断通过吸纳行业相关的各类信息，进行综合分析来优化和改善其规制架构。

规制目标的多样化会导致被规制者义务的多样化。在上一节中提到电力行业规制从某种程度来看，规制机关和被规制企业是一种合作关系，合作中需要权威，而且这种权威也会具有强制性的特征，为电力企业与用户增加新的义务。虽然合作的权威与来自集权的权威有着本质的不同。合作的权威是外在于人的某种客观存在或者客观力量引起的，也就是说，“合作的权威是某种客观力量得到人的内化的结果，是客观力量在人这里得到积极回应，是人出于与他人协调行动而自愿奉行的权威，表现为人的自觉，因而也能够证明人的自由”[2]。事实上电力经营企业为了满足节能减排、稳定供电、应对灾害已经承担了很多义务。比如，在调研、约谈和

---

① 后向东：《美国联邦信息公开制度研究》，中国法制出版社，2014，第 370 页。

② 张康之：《合作的社会及其治理》，上海人民出版社，2014，第 2 页。

访问中积极配合规制机关的信息收集活动，进行安全生产自我检查，配合各类试点政策并提供意见反馈等。不难发现，电力经营企业义务类型多样化的原因在于电力经营企业有义务防止损害公共利益行为的发生，而损害公共利益的行为的判断标准有从事前明确转向结果主义的趋势[①]，电力经营企业也就要承担更为全面的注意义务。

## 三、电力规制机关与利益相关者的关系及实现方式

### （一）规制机关应追求利益相关者的效用最大化

对电力行业的规制需要公权力的介入，但不论是"控权论"下的防止公权力专横，还是"管理论"下强调对公共利益的维护，背后都是以规制机关之外利益相关者的福利为价值导向的。这些利益相关者既包括电力经营企业，又包括电力用户或消费者，还包括其他与电力行业存在利益关系的个人或团体，如环境保护组织、对电力排污敏感人群、因电力设施建设受影响人群等。理查德·斯图尔特教授通过对 1975 年之前美国行政法变迁的研究，揭示了行政过程实际上没有一目了然的公共利益，通过利益代表模式对行政立法和执行的渗透，可以提供确定公共利益的一种方式。[②]

公共利益本身具备模糊性，使得行政机关的作用由依法行政转变为完成不特定的、具有创造性的任务。这种转变使民主的行政过程既能增加行政的合理性，也能降低行政活动被利益集团控制的可能性。电力行业规制的发展也体现了"法律本身主导—政治改革主导—合理性主导"的改进路径。更大的权力被赋予了电力规制机关，这导致规制机关被俘虏所引发危害增大的同时，也强化了规制机关负起民主责任和形成多数同意规则的约束必要。规制机关被赋予了更大的自主权，从广义上说，他们的职能和作用似乎比以往任何时候都更加政治化。[③] 规制的政治

---

① 随着风险（包括技术性风险与制度性风险）的日常化，风险如何分配，本质上涉及的是注意义务如何分配的问题，违背注意义务构成归责的前提。由于注意义务的分配是由注意规范来决定的，规范于是成为归责判断中的施力点。基于此，行为与结果之间就不再是单纯的客观关联性的事实认定，而涉及规范意义上归责的评价，也即，结果在规范上是否可视为行为人行为的作品。参见劳东燕：《风险社会与变动中的刑法理论》，《中外法学》2014 年第 1 期。

② See Richard B. Stewart, "The Reformation of American Administrative Law," Harvard Law Review 88, no. 8 (Jun. 1975): 1667 - 1813.

③ 克里斯托夫·鲍利特：《重要的公共管理者》，孙迎春译，北京大学出版社，2011，第 88 页。

化使规制机关需考虑的群体及其诉求也愈发广泛，为了继续体现其行为正义性，规制机关将难以抉择，因为很明显，对个体公正可能对于社会就是不公正的，反之亦然。① 为了尽可能弥合这种冲突，个人公正的限度不应仅由规制机关来判定，而应是基于规则来自"一致同意"，并且在规则的执行中寻求对规则解释的最大多数认可，通过规则实现的公正才是社会公正。

20 世纪转折中的美国发生过类似的转变，在一份 1913 年的报告中可以看出，美国在电力行业发展之初，为了避免竞争所带来的重复建设而引发的效率损失，由大型电力企业牵头呼吁政府对电力行业的进出和费率进行规制，规制的假设前提就是规制机关可以超越"大城市的政治机器"，可以"科学地"确定"适当且合理"的价格，也是因为抱有这种想法开启了美国电力行业规制机关和被规制企业的一段"蜜月期"。② 而随后出现的费率难以降低的问题也让人们认清了，以规制机关作为电力行业规制中心构造相关制度的做法实际上是一把"双刃剑"，能维护却也可能损害公共利益。

鲁道夫(Rudolph)和雷德利(Ridley)通过对美国电力行业规制历史的回顾得出过类似的结论，当政府官员作为私人利益的代表时，他们需要做出最精妙的决策，同时他们会被腐败所诱惑，他们授予特许经营权并以此掌握着电力行业的生命线。③ 而包括政府在内的各类规制机关，永远都只能是电力行业的"外人"而非"自己人"。规制机关在信息方面的天然劣势地位会导致这样一种情况可能发生，那就是被规制企业总是试图逃避规制，而规制机关则会针对规制中的问题不断积累规制经验并完善规制规则，而这却导致规制越来越复杂。

为了避免规制的过度复杂化，以电力市场中电力用户的信息知晓度，电力企业对用户不满的修正能力，规制体系对用户合理需求的保护程度，被认为是判断电力市场是否有效和规制体系发达程度的指标。④ 这种以利益相关者为导向的评价标

---

① 肯尼思·沃伦：《政治体制中的行政法》，王丛虎等译，中国人民大学出版社，2005，第 543 页。

② See Bradley R., "Origins of Political Electricity: Market Failure or Political Opportunism," The Energy Law Journal 17, no. 1 (Jan. 1996): 59 - 102.

③ See Bradley R., "Origins of Political Electricity: Market Failure or Political Opportunism," The Energy Law Journal 17, no. 1 (Jan. 1996): 59 - 102.

④ See Consumer Unity & Trust Society (CUTS), "Consumer Participation and Protection in Electricity Regulation a Study of Five States in India," working paper, 2014, http://www.cuts-ccier.org/CPSER/pdf/Consumer_Participation_and_Protection_in_Electricity_Regulation-A_Study_of_Five_States_in_India.pdf.

准，一方面重视电力用户的主观的感受，另一方面确立了良好规制体系标准的横向比较模式。这种利益导向除了注重对电力用户利益的保证，也强调对竞争市场的创造和维护，追求电力行业有效竞争与公平配置资源的并重。

很多学者的研究表明，规制机关能够在信息通知上与消费者进行良好的互动，使得人们更有效率的进行电力消费。德巴赫(Dernbach)认为人们通常会拒绝在电力消费中节约能源或金钱的机会，因为能源利用的效率对他们来说并不是生活中的突出问题。人们通常会缺乏关于能源使用的信息，或者不懂如何节约用电以降低支出，亦或许最重要的是人们根本不了解其他人用了多少电。① 因此，基于信息不对称和缺乏选择空间，电力领域的消费者或电力用户很难通过其在市场上的选择行为维护自身的利益，这就决定了电力行业规制机关必须承担起维护电力用户与消费者利益的重任。德巴赫还认为基于这种情况，政府和私人标准设定组织能够通过让消费者更加理解全国性和地方性的能源利用效率目标，并向他们提供他们自己与其他消费者的用电信息，激活人们提高用电效率的意识。② 这就是说电力行业的公共利益除了体现在用电价格上，更体现在电力用户或消费者对电力行业效率的主观评价上，即电力规制机关有责任满足用户或消费者对其规制效果的主观要求。

随着发、用电市场的开放，“计划”主导转为了“市场”主导，完善政府的公益性调节服务功能就显得尤为重要。③ 从在“计划”中提升发电总供给，到在“市场”中维护各类利益相关者的利益，将会考验电力规制机关的规制能力。由于利益相关者的范围十分广泛，规制行为不再能依靠稳定的增加被规制行业的收益而获得规制的正当性。通过公共选择理论处理不确定性和衡量规制成本，便成为一个解决问题的重要思路。为了促使规制机关以利益相关群体的利益为价值导向，需要明确限定规制主体和规制任务。除了应当在电力规制机关外部设置独立的类似于美国管理与预算办公室的机构，对规制规则与规制行为进行经济性审查之外，还应设置“公告与评论”程序，在制订规制规则时获得利益相关群体的认可，避免利益保护的狭隘化。

① See John C. Dernbach, “Overcoming the Behavioral Impetus for Greater US. Energy Consumption,” *Social Science Electronic Publishing* 20, no. 15 (Nov. 2007): 15－40.

② See John C. Dernbach, “Overcoming the Behavioral Impetus for Greater US. Energy Consumption,” *Social Science Electronic Publishing* 20, no. 15 (Nov. 2007): 15－40.

③ 国家发展改革委体改司:《电力体制改革解读》，人民出版社，2015，第 67 页。

## (二)利益相关者的有效参与能够约束规制权力

目前,在包括电力行业规制在内的很多领域内,依然延续着行政管理与政治之间的界分,因为如果行政管理与政治分开,则行政管理会更科学,更专业、有效。[①]然而,这种界分在一定程度上造成了电力改革停滞不前,电力行业规制效果不佳的局面,究其原因,其一,电力规制机关自由裁量的权力变得十分广泛,缺乏利益相关群体的参与,对宪政民主的原则构成了挑战;其二,电力行业规制事实上是无法避免政治的影响,无法避免对公民主观需求的回应,因此全面的、科学的回应要好于片面的回应。

对公共管理权力的限制是政府出现以来就一直持续的话题,不论是关注对行政机关享有裁量权的约束[②],还是强调对权力以有效的司法控制,抑或是通过行政程序来促使权力行使的合理化,都体现出法学家在研究中对公权力滥用可能的重视。而随着社会步入了后工业社会(也有称为后现代社会),行政机关不再有技术层面的优势和完全承担责任的能力,由此对约束公共权力的研究更多地集中到了如何通过权力行使协调各类利益的层面。因此,当下必须明确哪些利益必须被代表,或者在规制决策选择中如何调和各个利益集团在地位上的实质差异。[③]

随着全社会整体受教育水平的提高,公民不再把政府视为公共利益的化身。他们懂得社会工程可能带来非恶意的不良后果,意识到国家界定公共产品的能力有限。[④] 为了避免精英阶层控制主要的社会和政府机构,并通过推进公司利润的社会稳定优先来影响这些机构为其自身利益服务,[⑤]利益相关者的支持应成为规制规则具备正当性的前提。这一方面能限制公权力,另一方面能够使得规制机关得到更为明确的群体支持,因为这些群体能够从规制活动中获益。而如果公众或利益群体缺乏对规制活动的关切,就会分散潜在支持者的集中度。也就是说,利益

---

① 肯尼思·沃伦:《政治体制中的行政法》,王丛虎等译,中国人民大学出版社,2005,第182页。

② See Dicey A V., *An Introduction to the Study of the Law of the Constitution* (London: Macmillan, 1885), pp. 187 - 196.

③ See Christopher F. Edley, *Administration :Rethinking Judicial Control of Bureaucracy* ( New Heaven : Yale University Press , 1990 ), p. 10 and p. 150.

④ E·S·萨瓦斯:《民营化与公司部门的伙伴关系》,周志忍等译,中国人民大学出版社,2002,第37-38页。

⑤ 马克·艾伦·艾斯纳:《规制政治的转轨(第二版)》,尹灿译,中国人民大学出版社,2015,第137页。

相关者如果有权利参与到规制规则的制定过程中，这种参与可以起到促使规制机关履行职责和接受监督的作用，也赋予了规制机关行使权力的合法性。

伯恩斯滕(Bernsten)的经典研究中揭示了一个具有独立地位的规制机构，在成功创设之后会步入使命的终结阶段，在这一阶段规制机构主要的目标就会成为维持其自身的存在和满足被规制者的需求[①]，这一过程像极了成语“养寇自重”所描绘的场景。此外，行政人员不愿意制定那些他们感到以后可能会束缚他们自己的法规，特别是当他们对预测法规的精确后果的能力缺乏自信的时候。但是对制定法规的这种延迟，使模糊的制定法标准在很长时间内变得让人难以理解。[②] 而对于这种情况，美国著名行政法学家戴维斯强调，“公开是专断的天然敌人，是与不正义作斗争的天然同盟”，他认为应通过公开的方式来消除行政机关及其职员所知晓的政策与外界所能获取的政策之间的藩篱。[③] 所以，利益相关群体的参与，不但能限制公权力、赋予公权力合法性，还能促进规范性文件制定的明晰化。

美国在公用事业中保护消费者利益采取了两层架构，第一层由隶属于公用事业委员会的消费者事务司实施，这个部门主要处理消费者投诉，帮助消费者更好地理解他们的账单，解决消费者与公用事业公司的纠纷[④]；第二层通过规制过程中的代表制来促进消费者的集体利益，比如国家消费者保护团体。另外，美国《联邦行政程序法》中第 533 节[⑤]规定了非正式的规章制定程序，其中明确了公众可以通过提交书面评论而参与制定规章。

为了使电力规制机关的规制行为能够以利益相关者的利益为导向，印度在电力监管方面做出了较为有成效的改变，可供我国参考。印度于 1948 年颁布《电力

---

① See Marver H. Bernstein, *Regulating Business by Independent Commission* (Princeton: Princeton University Press. 1955), pp. 87—92.

② 肯尼思·沃伦:《政治体制中的行政法》，王丛虎等译，中国人民大学出版社，2005，第 393 页。

③ See K. C. Davis, *Discretionary Justice* (Westport: Greenwood Press, 1969), pp. 98—102.

④ 保证消费者有与公用事业企业进行协商的知识和技巧。See Sevel F., “The Evolution of the Consumer Affairs Department in the State of Regulation: An Examination of the Four Utility Sectors,” *NRRI*, July, 2001.

⑤ 美国《联邦行政程序法》第 553 节明确了，行政机关应对有利害关系的人提供机会参加制定规章的程序，通过提供书面资料、书面意见、允许口头的非口头的提出论证等方式。在考虑了提出的有关意见以后，行政机关应在其所采取的规章中，简单说明其所制定的规章的根据和目的。当行政机关没有将科学的证据登在联邦登记，法院就可以予以批驳，认定由于行政机关没有向社会公众提供科学数据，从而导致公众没有充分的机会参与规章的制定。参见杰克·伯曼:《美国行政规章制定程序》，《行政法学研究》1996 年第 2 期。

(供应)法案》成立了印度国家电力协商委员会。这个委员会中的8～15位成员应当来自发电企业、中央及地方政府、电力行业协会、商业、农业和运输业者，其中并不包含消费者，即便这一机构没有实质性权力来影响规制机关，但从理念上更重视利益相关群体的地位。20世纪90年代中后期，受世界银行发展报告和贷款政策改变的影响，[①]印度在电力行业规制中越来越重视对用户的保护。该国在2003年颁布的电力法中保留了电力咨询委员，要求电力规制机关必须听取来自不同使用者群体的意见，并与他们进行协商。此外，印度还在国家层面设立了用户申诉论坛和督察专员。

## 四、被规制者与利益相关者的关系及作用

### (一)利益竞争下的"正和博弈"关系

电力行业规制可能涉及复杂的利益冲突，而在这些冲突中协调好被规制者和利益相关者的利益竞争是规制活动具备正当性的基础，即规制机关要能够保障各类利益相关者在利益竞争中不处于被掠夺地位。在电价规制中这种关系体现得尤为明显，定价高则电力企业盈利高，用户或消费者需要支付的用电成本就高，利益就会受损。也正因为如此，电力经营企业的高收益与其职工的高福利才会引起社会的不满。

作为环境敏感行业，电力生产和运营过程中对环境会产生重要的影响，包括排放有毒有害气体、排放温室气体、影响生态多样性等。允许产生多少损害、如何分配这些损害，事实上就需要在电力行业利益和其他方面进行权衡。因此，环境利益、生态利益、气候利益是和电价是相互竞争的，不能仅看到电力行业对国民经济发展的基础作用，还应从整体主义视角出发，正视被规制者和电力用户之间存在的更为广泛的利益竞争关系。

电力企业的安全稳定生产带给全社会的利益与电力企业的利润也是相互竞争的。电力的充足、稳定供应就意味着电力企业要在稳定供电上进行更多投入，提供充分的"可调电能"。此外，电力企业职工的职业健康保障也与电力企业的利益存在竞争，发电环节的工作环境存在的噪声、尘煤、二氧化硫等污染，高压输电环节也

① See World Bank, *World Development Report* 2004: *Making Services Work for Poor People* (New York: The World Bank & Oxford University Press, 2003).

存在高温、高压的劳动环境，严格的职工保障制度、监督管理体系、完善的岗前培训等等投入能实现对职工的健康保障，但也会给电力企业带来额外的成本。

要在竞争的利益中进行权衡和分配，规制机关不得不在经济层面上进行比较，而经济衡量会受到我们观念和理论的影响。要以一种可行的方式从事法律经济学研究，必须把分配结果纳入思考，这会摧毁你对自己正在适用一种价值中立标准的幻觉。① 既然对竞争利益的分配是不可避免的，那么必须在秉持宪法共识的基础上，通过追求各个群体对规制规则的一致同意，进而获得最具合理的行业发展路径。从公共选择理论的视角来看，人们在现实的利益分配中一定会遇到有人对分配方式不满意的情况，但这并不意味着无法进行改进，通过厘清规则的理由能帮助人们修正规制规则，促使人们尽可能达成"一致同意"。这对规制机关提出了一个尤为关键的要求，那就是制度的建构中使规制规则获得尽可能的认可，并构建寻求一致同意的程序。

与其他行业相比，电力行业的利润率受到了严格的管控，这说明在竞争的利益中经营者既受限制也受保护，基本利润受到了保护，只有超过可接受部分的利润被严格限制。19 世纪初的美国在应对和解决因建设铁路的特许权所引发的垄断问题时，同样出现了是否要保护特许企业垄断利益的争论，默顿法官认为"虽然在短期内排他性权利优势会促进对公众有利的企业的发展，这些排他权利的一般趋势是，阻碍公共改良的进程，妨碍公平和平等的竞争，而这种竞争政策一直受到我们州的鼓励"，因此排他性特权的授予被认为是经济增长的一个障碍。② 不难看出，法律规范的逻辑也是在各类利益中寻求平衡，如果垄断经营有利于经济发展，则通过特许来保护垄断，当垄断阻碍了经济发展时则开始对其进行限制。

这种对竞争利益的平衡会持续出现在规制机关对电力行业的规制中，因为随着市场改革，即便既有的问题得以解决，各方面利益趋于暂时的平衡，但随着社会发展中新问题和新需求的不断出现，新的利益冲突会随之产生。比如，随着电力供

---

① 詹姆斯·哈克尼：《非凡的时光：重返美国法学的巅峰》，榆风译，北京大学出版社，2016，第 107 页。

② 莫顿·霍维茨：《美国法的变迁 1780—1860》，谢鸿飞译，中国政法大学出版社，2005，第 203－209 页。

给结构和技术的不断变化,很多房屋的房主都可能会变成电力的生产者,[①]那么房主即作为发电单位又作为用户,两重身份的融合又会带来新的利益权衡问题。

亚里士多德曾经指出,“平民政体倾向于绝对的平等”[②],公共选择理论也常常会被误解为以追求绝对平等为目标。追求最大多数的同意当然会促进平等,但是更重要的是力求通过选择、交易促进效率,达到境况的共同改善,实现“正和博弈”,而并非单纯的平均分配资源。因此,电力规制中理想的决策形成过程并非类似于平民政体的决策。要使“正和博弈”的效果最大化,在电力规制中各类相关的主体需要更加理解彼此之间的利益影响,理解利益竞争背后的价值影响。换言之,电力行业能够体现出企业与用户之间的“合作共荣”,即电力服务的最佳状态并非依靠电力企业单方就可以达到。由于电力行业的特殊属性,保持电力供应和需求的平衡,维持需求的稳定性以及需求与供给的高度匹配,效率最高、损耗最低,而这一过程需要二者进行合作。比如,为了使用清洁能源,我们既然不能维持稳定的清洁能源发电量,那么在需求侧,调整人们的需求量以降低备用发电所耗费的能源与由此产生的碳排放量就是必要的。总之,低廉的用电价格和高质量的用电服务,既取决于电力企业满足需求的能力,也取决于其引导需求的能力。

### (二)被规制者应服务于利益相关者

公用事业在国计民生中的重要性不言而喻。供水决定了居民的基本生存和健康,通讯、供电、公共交通、天然气等早已成现代人维持基本生活水准的必需品。这些服务的重要性还体现在公共物品不但与人们的生活水平密切相关,同时低廉的服务价格也决定了人们在其他方面的可支配收入,实际情况是我国居民近四分之一的收入被用在支付水、电、通讯、交通等公共服务支出。[③] 由于满足人们在公共服务方面的需求构成了现代政府的合法性基础,因此国家会承担起提供公共服务的义务。然而,随着政府直接经营模式被证明是低效,这种义务转交由私人主体来承担,政府负责监督和管理。即现代行政中,许多任务已经无法单纯由行政机关自

① See Fontaine Sebastian, “The electricity market reinvention by regional renewal,” (paper presented at EIKV—Schriftenreihe zum Wissens—und Wertemanagement, European Institute for Knowledge & Value Management (EIKV), Luxembourg, volume 2, number 2, October, 2016).

② 亚里士多德:《政治学》,吴寿彭译,商务印书馆,1965,第232页。

③ 骆梅英:《从“效率”到“权利”:民营化后公用事业规制的目标与框架》,《国家行政学院学报》2013年第4期。

身完成，许多专业性的技术事项，行政机关未必具有相当的专业知识、能力、经验以及财力支持。因此，从效率与成本的角度来看，将某些行政业务交由私人主体执行，可以提高效率，促进公共服务的多样化与高质量化供给。而我们所关注的重点也变成了政府与公用事业企业之间的关系协调问题，对被服务对象可能在享受公共服务中所遇到的经济负担问题有所忽视。

事实上，民营化并不能改变公用事业垄断运营效率最高的状态。因此，有学者认为，由于电缆线、燃气管道、供电网、供水管道仍然只有一套，公用服务消费者很难像在一个真正竞争性的市场中那样“用脚投票”。① 现实的发展也不出意料，各国公用事业民营化过程中都面临着价格上涨带来的挑战，也不得不让人开始警惕市场化对公用事业规制带来的不利，使人们对民营化十分失望。尤其是在其他公共属性较低的领域，供给与需求成为调节商品价格的决定因素，教育、医疗在“市场化”与“产业化”后，价格飞涨接踵而至。已经有学者担心这种情况会在公共事业领域扩大，而怀疑民营化本身是否是正确的办法。② 其实，这种问题的出现是因为将公共事业改革的“市场化”误读为单纯的产权转移。市场化改革虽然包含民营资本进入公用事业领域，但这只是市场化的基础，改革的目的并非让其在进入后最终占据支配地位，而是通过严格约束资本让其为公众服务。电力企业作为被规制者之所以要受到相比于一般企业或个人更多、更严格的限制，就是因此电力企业所从事的业务不仅与经济和社会发展有密切联系，更紧密关系着公民个人福利水平。

经济规制与社会规制是电力行业规制的一体两面，经济规制的正当性离不开电力经营企业所承受的社会规制。克雷格（Paul Craig）曾引用 1810 年 Allnutt v. Inglis 案的判词“法律赋予某人能够从垄断权中获利的话，那么他同时必须承担一个与收益相对等的合理的义务”③。前文提到行业规制与福利国家理念的确立有很大关系，也就是说“福利国家”不希望放任社会的人们毫无保护地处在不能满足自身需求的风险之中，否则就不是“福利社会性质的社会”。④ 因为电力规制机关对公用事业企业的规制应当尽量满足各类主体的基本需求，以体现“福利的社会”

① 骆梅英：《论公用事业基本服务权》，《华东政法大学学报》2014 年第 1 期。

② 这种想法在新闻报道中并不少见，具有代表性的观点可以参见卢周来：《国企民营化无助于社会公平》，《国企》2013 年第 11 期。

③ 骆梅英：《论公用事业基本服务权》，《华东政法大学学报》2014 年第 1 期。

④ 汉斯·察赫：《福利社会的欧洲设计：察赫社会法文集》，刘冬梅、杨一帆译，北京大学出版社，2014，第 19 页。

的要求。

骆梅英主张应通过确认公共事业基本服务权的办法，来解决民营化背景下从事公用事业的企业利用其垄断地位侵犯普通民众利益的问题。这种思路要求保证公民在享受公用事业服务供应不被恣意中断，同时必须保障最低程度的供应，并在企业不能保障之时由国家提供兜底保障。该建议从保障公民个人享受基本公用事业服务的角度限制企业盈利，固然能够起到对公民的保障，但是仍然显得过于宽松。因为，电力行业的规制不仅要保障公民用电形式上的权利，还应当做到通过电力行业的健康发展与充分竞争来使电力服务的质量不断提升。

目前，在我国的电力行业规制中，被规制者须服务于利益相关者这一点并不明显。电力规制相关法律的经济法定位要求被规制者通过营造良好的社会环境与经济秩序，间接地服务于利益相关者。但是，僵化的价格规制体系，使电力消费者或用户完全被排除在规制之外，不论是涨价还是降价公众都只能听之任之。之所以需要借助规制机关的强制力保障各类利益主体参与到电力行业规制，主要是为了保护难以有效组织起来的利益主体，包括利益分散的群体以及代际利益，使电力行业真正承担起基础服务功能。

## 第三节　本章小结

目前，在立法阶段就能够确立电力行业中的公共利益是极为困难的，所以各国都赋予电力行业规制机关以制定具体规制规则的准立法权与初步解决纠纷的准司法权，以此解决“立法阶段胜利却在行政过程受到破坏”[①]的问题。这种模式能够在一定程度上避免司法部门专业程度不足所导致的规制僵化。这样在规制机关拥有广阔权力空间的情况下，解决电力行业中存在的问题有两种取向，其一是遵从专业的规制机关引导的“代理模式”，听任并服从于其决策；其二是在规制中尽可能寻求各类主体诉求表达的“参与模式”，不论规制机关在制定、修改、还是执行其规制规则时，都应当通过程序寻求最大多数同意。前者显然更注重决策的效率，但风险是局部利益容易与总体利益相分离，因为规制机关存在专断的可能；后者虽然效率偏低，但是能够保证规制的正义性。这两种取向并无优劣之分，只是在处理问题上取向不同。针对电力行业规制现状，由于“代理模式”下规制机关无法再独立做出

① 这一过程的详细论述参见马克·艾伦·艾斯纳：《规制政治的转轨（第二版）》，尹灿译，中国人民大学出版社，2015，第 139 页。

合理的规制决策，因此后一种模式更优。当然这两种倾向并非完全矛盾，如果规制机关能够通过说服所有群体认可其规制地位和权威，则这两种倾向的结果也会趋于一致，虽然在基本路径上依然存在差异。

“参与模式”作为一种规制理念，其规范性价值体现在对规制关系的约束层面，强调使人们知晓规制中各类主体在规制中的地位和参与规制的方式。首先，为了有效解决规制中的问题，规制机关的权力范围应当得到扩充，相应的被规制主体应受到更广泛的约束；其次，要有程序性规定保障各类利益主体能被代表，确保规制机关以利益相关群体为价值导向；再次，要明确电力经营企业和用户之间的服务关系与利益竞争关系；最后，要使电力行业规制规则有效实施，不能忽视对消费者和社会组织的建设，如果这些主体因参与能力不足而被排除在规制过程之外，所有理论上的应然关系都将无法实现。

# 第五章 电力行业规制对象的确定

> 对于文明群体中的任何人，所以能够施用一种权力以反其意志而不失为正当，唯一的目的只是要防止对他人的危害。……任何人的行为，只有涉及他人的那部分须对社会负责。[①]
>
> ——约翰·密尔《论自由》

在一定的制度结构下，各类主体通过具体行为对公共利益造成损害，因此对这些行为的识别是规制危害行为的基础，也是完善制度结构的前提。本章首先讨论在既有的法律体系下电力经营企业与电力规制机关有哪些危害公共利益的行为仍被忽视；其次，针对电力生产、传输、配送与消费不同阶段的特性，分阶段细化电力经营企业的危害性行为，并给出规制的完善建议；最后，结合制度实然与理论应然的间隙，讨论如何改善对规制机关危害行为的规制。

## 第一节 现有电力行业规制对象的范围过窄

### 一、对经营者危害行为的轻视

通常对自然垄断行业的规制有两种方式，分别是结构主义和行为主义。[②] 各国的反垄断规制都会在这两种方式中间寻求平衡，随着经济学对垄断造成社会福

① 约翰·密尔：《论自由》，许宝骙译，商务印书馆，1959，第 10－11 页。

② 结构主义侧重以企业规模和市场份额等外部指标来认定对垄断的构成，并会辅以肢解或拆分企业等方式对其进行规制。而行为主义则强调只有企业滥用垄断地位才构成违法，通常以责令其停止违法行为和损害赔偿为行为主义的主要规制手段。参见张占江：《自然垄断行业的反垄断法适用：以电力行业为例》，《法学研究》2006 年第 6 期。

利损害研究的深入和细化，造成损害的垄断行为类型得以被更精准地识别，电力行业规制也本应更偏重于行为主义。由于我国的电力行业规制的目标并非以反垄断为主，而且在市场化改革后的相当长一段时间内，以满足社会经济发展对电力的需求为宗旨，这就决定我国电力行业规制一直更加关注于调整行业结构，并没有留给电力经营企业多少行为选择的空间，继而忽视了对电力经营企业具体行为的深入研究。在第三章中，通过回顾电力行业规制目标可以看出，历次的电力改革事实上都是在结构上的变革，从破除政府独家办电到"政企分开"，再到"厂网分开、竞价上网"的改革策略，无一例外都强调了对产权结构和市场结构的完善。虽然引入竞争和"中间管住，两头放开"的结构变化看起来是没有问题的，但其背后以刺激发电量为主要目标，强调对宏观和总量数据的激励，忽视了不同阶段电力经营企业之间、经营企业与用户之间的具体关系，也忽略电力经营企业在追求利润最大化时所带来的问题。这样的改革使得电力行业中存在很多危害公共利益的行为，并且这些行为所引发的行业问题仍然没能得到有效的解决。

**1. 反竞争行为问题**

既有的规制体系对电力行业经营者损害公共利益的关注并不充分，这导致我国在电力行业规制中更多倚靠的是进行整体性调整的抽象行政行为，而不是对具体违法行为的处罚。在传统的固定回报率(允许成本加合理收益)模式下，企业拥有信息上的优势，这种模式给经营者的反竞争行为留下了空间，继而导致消费者福利的损失和行业整体效率的低下。从其他国家的经验来看，成本加成定价法下，电力企业会有过度投资的动机，也会产生上下游利益输送等问题。[①] 处于垄断地位的电力企业对上下游的利益输送无疑会排挤不具有关联关系的企业，使得原本就缺乏竞争的电力行业变得更加封闭。

**2. 经营决策无效率问题**

在竞争不充分的情况下，除了交叉补贴和利益输送，电力企业的很多选择都在经济上是没有效率的。在行业内强化竞争的效果并不明显，这主要是由于电能本身具有同质性，上网电价与销售电价如果不够灵活，就难以真正发挥优化资源配置的作用。固定收益模式使得电力企业仍然可以从事大量的低效率行为。国家电监会的一份研究报告曾指出，煤炭从生产地运到消费地电厂，运输和收费等中间环节的相关费用占到煤价的 30%～60%，运力不足，比较大的电煤与市场煤之间的差

① 郑新业：《加强监管能力建设、推进输配电价改革》，《价格理论与实践》2016 年第 2 期。

价，以及不合理的煤炭运输成本导致更高的电力成本。虽然直接通过高压电网对电能进行传输比运输煤炭更加有效率，但是电力行业的规制方式使得电力企业仍能够运输煤炭进行发电，并获取收益。有学者通过考察电力产业的绩效，发现电力行业改革没有带来合理的价格水平，电力部门收入普遍偏高；未形成合理的价格结构；没有带来静态效率的改进。[①] 现行的行业结构使得电力经营企业的很多经营行为都是缺乏效率的。

3. **不按规定披露信息行为的问题**

在目前略显僵化的价格模式下，某些经营主体极容易通过隐瞒信息或寻租等方式，使规制机关无法获得电力企业的真实成本，或直接“俘获”规制机关为期牟利。斯蒂格里茨认为，“信息保密培育了滋养特殊利益集团的肥沃土壤；增加了管理租金，加大了交易成本；使民主过程中的公众参与大打折扣；使媒体舆论无法形成对政府滥用职权的监督制衡机制。”[②]政府官员怕承担责任，转而寻求自我保护，就更不敢公开信息。虽然于 2006 年国家电力监管委员会通过了《电力企业信息披露规定》，但是这项规定的执行状况并不令人满意，在实践中不能按照规定进行信息披露的例子屡见不鲜。[③] 2017 年 12 月，国家发改委发布了《全国碳排放权交易市场建设方案（发电行业）》的通知，标志着全国碳市场的建设拉开序幕，但我国电力行业上市公司对于碳信息内容披露仍不充分、不全面，带有一定程度的随意性。[④]

① 黄小云：《中国电力产业规制演变与目标绩效评价》，《兰州学刊》2012 年第 3 期。

② 斯蒂格利茨：《自由、知情权和公共话语：透明化在公共生活中的作用》，《环球法律评论》2002 年第 3 期。

③ 例如，2014 年国家电网公司将输电网络拓扑图作为“商密二级”进行管理，部分电力调度交易机构以此为由，未严格执行《电力企业信息披露规定》关于向调度范围内的发电企业披露输电网结构图的有关规定。国家电网所辖电力调度交易机构未按照《电力调度机构信息报送与披露办法》（办输电〔2011〕65 号）规定披露电网阻塞、日后发电量、日前计划等信息。西北网调未向西北能源监管局定期报送月度、年度电力调度信息，未及时上报发电厂并网运行管理考核和辅助服务补偿结果及明细，而且上报统计结果中多次出现错误。陕西省电力公司未报送监管信息统计平台系统运行月报及年报。佚名：《能源局监管报告发布：电网信息公开违法风险陡增》，http://news.bjx.com.cn/html/20160617/743125.shtml，访问日期：2019 年 8 月 7 日。

④ 刘梅娟、金佳颖、喻海霞等：《电力行业碳交易试点上市公司碳信息披露研究》，《财会通讯》2021 年第 3 期。

## 二、对规制机关危害行为的忽视

规制机关的损害行为通常不会体现为对特定主体造成直接的经济损失，也包括在规则制定中对本应维护公共利益或者对某些群体利益的疏忽与偏袒。因此，由于规制机关规制能力缺失所导致预期利益的损失，也应算入规制机关所造成的损害。我国电力行业规制受计划经济思维惯性和传统行政法思维的影响，规制强调公权力的主导性，基本的假设是电力规制机关拥有或者有能力拥有规制所需的完全信息，同时规制机关的规制目标完全符合公共利益。传统行政法形成于自由主义理念下的控权思想，行政法主要约束损害个人利益的具体行政行为。19 世纪末以前的社会状况和人们的利益结构，以及主流的自由主义观念，外加社会摆脱封建专制桎梏的需要，使人们普遍认为：不论是社会的进步，还是个人的生存与发展及福利的提高，主要取决于个人能自由以自身能力谋取利益，因而，个人利益成为法保护的重心，这时的法是“个人本位”的。此时，保护个人利益最有效的方式就是保护其权利，正是在此意义上法是“权利本位法”。[①]

随着经济的发展，“市场失灵”理论的提出给了政府干预市场的契机，进而国家职能的不断扩张使得政府的功能延伸到维护人们正常的社会生活，以及实现国家的目的。特别是在福利国家或社会国家中，国家的任务更是庞杂而繁重，行政往往必须积极介入社会、经济、文化、教育、交通等各种关系人民生活的领域，成为一双处处看得见的手，如此方能满足人民与社会的需要。[②] 法律的任务也由个人权利的守卫者变成了促进者。当政府处理的经济事务的重要性、理论范式、价值目标有了新的变化之后，就催生出经济法。电力法的经济法的定位，说明电力法要维护经济性公共利益，防治公害行为。我国电力行业规制的效果仍不够令人满意，这与电力行业规制机关存在缺少合理的规制架构、规制能力不足、规制理念落后、缺少规制绩效标准等方面问题有很大关系。

**1. 合理制度框架的缺失影响了电力行业规制**

电力体制的改革与市场化缺少法律提供的依据和保障，只能从《电力体制改革方案》和能源规划出发，以致电力体制改革容易游离于法律规范之外。由于既没有法律层面的预先设计和安排，也没有以法律制度来固定改革的成果，因而《电力体

---

① 刘水林、吴锐：《论规制行政的范式革命》，《法律科学》2016 年第 3 期。

② 翁岳生：《行政法（上册）》，翰芦图书出版有限公司，2000，第 13 页。

制改革方案》和能源规划所确立的规制体制改革、市场化改革、电价改革等目标都未能完全实现，也出现了一些对改革方向的质疑——是否要建立电力市场。[①] 另外，由于缺少合理的规制框架，规制工具的选取变得十分困难，而使行政审批成为主要规制工具。比如，大用户直购电本是一项市场化探索，但其被纳入行政审批就导致企业自主交易权变成了政府给予的恩惠。自 2013 年 5 月 15 日国务院办公厅公布《国务院关于取消和下放一批行政审批项目等事项的决定》，决定取消“电力用户向发电企业直接购电试点”行政审批以来，各地大用户直购电试点才开始出呈现爆发式增长的态势。从侧面反映出电力行业规制缺乏合理制度框架的支撑，无法内生地进行规制创新。

电力行业规制领域并未就规制目标、规制手段、规制关系、规制对象作以系统性的探讨，也没形成整体性共识。这就使电力行业规制经常被等同于电力市场改革，其目的也被泛化为行业所涉及的各方面利益。规制手段与一般行政管理手段别无两样，规制关系也仅仅体现为管理者与被管理者的关系，规制对象局限于经营企业明显违法的行为。如果层面法律层面确立规制框架，那么电力行业规制无法发挥良好效果，电力改革也难以持续有效地进行下去，甚至很多改革成果会被蚕食。

**2. 电力行业规制机关规制能力不足影响行业规制**

我国电力规制系统一直存在规制机关权力有限、监管过程透明度低、多元网络治理体系欠缺等诸多问题，[②]并长期轻视了对电力行业规制机关的建设，缺少电力规制机关组织法。电力监管委员会成立于 2003 年 3 月，但于在 2013 年国务院机构改革方案中被撤销，被重组入能源局，由国家发展改革委员会管理。这样一个独立的电力监管机构在成立 10 年后被重整，暗示着电力行业规制以市场化为圭臬的时代已经过去。电监会的成立之初依托于《电力体制改革方案》，但其“价格监管”和“市场准入监管”两大市场监管权力始终归控于国家发改委，这使得电监会在权力行使上处于有名无实的状态。竞价上网的电力市场还没能摆脱小范围试点和理论研究的拘泥，使得电监会成立后根本“无市可监”。更值得一提的是，在先于电监会存在，并且近 20 年未修订的电力法中并没有赋予电监会相应的法律地位，在法

---

① 吴杰、伯倩：《国家电力体制改革迷途》，中国产业经济信息网，http://www.cinic.org.cn/site951/nypd/2012-07-10/574322.shtml，访问日期：2018 年 4 月 23 日。

② 黄良进、何立军等：《网络治理视角下的中国电力监管改革》，《经济决策分析》2010 年第 2 期。

律上仍属于非“法”存在状态。[①]《电力体制改革方案》虽然明确要完善电力体制改革的法律配套措施，即要适时制定和修改有关电力和电价方面的法律、法规和其他相关的行政法规，尽快制定电力市场运营规则、电力市场监管办法以及发电排放环保折价标准。但是，配套法律法规的制定或修改迟迟未能启动，侧面说明规制机关的规制能力不足。

3. **电力行业规制理念的落后影响了行业规制的效果**

现代社会赋予了规制机关更为灵活的决策权，同样也要求规制机关承担更为全面的责任。为了能够做出最有效率的决策或者最大程度地维护公共利益，规制机关除了要保证不损害公共利益，更要有能力不断改进其规制手段。本书在第一、二章中讨论了经济发展会导致利益群体之间关系的复杂化，即便是较为专业的规制机关也不容易进行分辨清楚。比如，出于公平考量，规制机关认可工商电价对居民和农业电价的交叉补贴，但这种补贴效率较低，不仅增加了工商企业的电费负担，还造成对中高收入家庭的补贴，扭曲了“过网费”信号，影响电力市场公平竞争。[②] 因此，在电力行业规制中，应当在规制者与被规制者的二元关系中加入利益相关者，树立规制的三元关系理念。既有的电力行业规制理念仍将“规制”局限在“管理”层面，仅依靠规制机关自身回应现实问题，维护宪法确立的价值。

4. **缺乏对电力行业规制效果的评估制度**

由于电力行业是国民经济基础产业，是其他行业与服务的重要能源供应者，同时也是资源消耗和环境污染的重要来源，其发展水平和发展路径对经济的总体发展具有重大影响。电力行业如果成功实施规制改革能获得巨大收益，但改革措施若设计或执行不当，亦可导致相当大的潜在成本。[③] 所以，对各类改革方案的科学评估是进行制度选择和改进的前提，一旦缺少了有效的规制效果评估制度，制度选择只能变成某种规制观念的具体化。我国电力行业中的垄断企业很大一部分属于国有企业，其所有权和经营权都属于国家，获得的利益以利润或税收的方式上缴国家，但在这一过程中缺乏应有的绩效评估与考核，也就无从确立合理的定价方式、电价结构和电价水平。

---

① 于华鹏：《业内称电监会存在属非法状态成立 9 年多有名无实》，http://finance.sina.com.cn/roll/20120521/082512107622.shtml，访问日期：2018 年 4 月 23 日。

② 杨娟、刘树杰：《我国输配电价格改革研究》，《经济纵横》2017 年第 9 期。

③ 魏科科：《中国电力行业规制改革研究》，博士学位论文，华中科技大学经济学院，2010，第 3 页。

## 第二节　对经营者行为的规制

### 一、经营者损害公共利益行为的方式

一般而言，电力行业经营企业损害公共利益的原因是其拥有垄断地位。并且，拥有垄断地位的企业可以通过补贴其上游或下游业务的方式，进一步排除上下游业务的竞争者，以扩大垄断经营范围，掠夺更多的消费者剩余。本节基于电力行业各个环节的特点不同，分别讨论发电、输配电与售电环节各类经营企业可能对公共利益造成损害的模式，并提出规制建议。

#### （一）发电企业滥用市场支配地位行为和逃避社会责任行为

电力行业早已不再是垂直一体化的模式，发电、输电、配电与售电的分离使我们可以根据不同环节的特殊性来进行制度设计。在发电环节主要存在的问题是如何避免拥有支配地位的企业通过自己的可调动容量来影响售电价格。这一维度的改革可视作最具有经济意义的部分，毕竟绝大部分的成本是由发电领域产生的，最主要的成本和价格的潜在变量也存在于这一领域。[①] 通常在完全竞争市场，每个经营者都只能是价格的接受者，其只能通过产品的创新来使自身产品区别于市场其他产品来获得垄断势力，或保证生产出相同品质的产品而投入更少成本而增加自身的收益率。在发电市场内，电能本身是完全同质的，由于发电企业的数量不多，电力市场区域性强和边际成本递减等因素造成了电力生产的规模经济和区域间的高交易成本，这使得发电市场实际上不可能是完全竞争市场。规模经济是因为电力需求的波动性导致大规模的发电企业在占有市场份额的情况下，拥有足够多的发电机组，在供电低峰时更容易通过停掉一部分可调容的机组后，用其他机组发电并提高的价格完全可以弥补限制容量造成的损失。[②] 在交易成本中，由于输电阻塞和输电损耗的存在，电力网络的传输能力有其极限值，并且传输距离越远损

---

① See Severin Borenstein and James Bushnell, "The US Electricity Industry After 20 Years of Restructuring," *Annual Review of Economic* 7, no. 1 (Aug. 2015): 437 - 463.

② 张占江:《电力行业的反垄断法规制研究》,《华北电力大学学报(社会科学版)》2006 年第 4 期。

耗越大，导致发电具有一定的区域性特征，从而使发电厂商有操纵市场的可能。发电市场寡头垄断的现实使得规制机关有必要对发电企业进行严格规制。

线路传输能力事实上构成了限制小型发电企业盈利的瓶颈，因为争取上网不仅是在一定上网电价下提高发电效率就可以解决的，更需要考虑如何上网的问题。电力行业的理想状态被很多学者概括为“上游竞争，下游垄断”，但是上游竞争往往会因为发电环节高经营风险的存在而使得进入门槛过高，进而导致发电领域缺乏竞争。新建电厂首先要保证 600 MW 甚至 1 GW 的发电容量，国际可再生能源机构发布的《2014 年可再生能源发电成本报告》指出，“在世界许多地区利用现有的各项技术，已使可再生能源发电成本达到或低于化石燃料发电的水平①，但新能源仍然由于其在周期性和稳定性等方面的缺陷，没能成为发电市场的稳定且有力的竞争者。”这样的进入门槛使发电环节寡头垄断的格局短时间内不会有大的变化。在产能过剩的背景下，成熟的竞价上网制度还未形成，拥有垄断优势的发电企业极容易在既有的电价政策下，通过关联企业和交叉补贴等方式提高行业发电成本。独立的发电厂商相较于与电网企业有关联的发电厂商处于弱势地位，使其有动力与电网企业发生关联，而增加运行成本。

此外，上网电价的僵化，使价格传导机制无法顺利发挥作用，随着煤炭价格的不断上涨，发电企业的盈利空间被不断压缩。发电企业利益的实现依赖于合理的电价形成机制，如果发电企业的利益长期被扭曲，企业往往为了保护自身利益而忽略社会责任，这将会对电力安全造成危害。② 当煤炭价格上涨至一定程度，发电企业生产利润不断下降，在用电高峰期拉闸限电来降低成本，避免出现亏损就成为发电企业最合理的选择，因为拉闸限电所引发的社会问题会还给政府带来上涨电价的压力。

所以，受制于上网价格的过度稳定与发电企业本身的自然垄断，发电企业损害公共利益的行为主要表现为滥用其垄断地位，最典型的是具有市场支配力的发电企业通过控制自己的可调容量来影响价格，排挤其他企业。此外，对规制机关要求的披露信息义务，发电企业往往履行的不令人满意而影响电力行业规制的效果，其披露的信息存在内容不全、形式不规范、缺乏相关性、选择性披露等问题。

---

① 戴炜轶、张军：《IRENA：可再生能源发电已极具竞争力》，《中国科学报》2015 年 3 月 3 日，第 6 版。

② 夏珑、史胜安：《善治理念下的中国电力管理体制改革研究》，河北大学出版社，2012，第 260 页。

## (二)输配电环节企业的滥用独占地位和缺乏规划行为

输电环节所依赖的电网聚合了调度管理、电力输送、市场交易、技术准入的主导权,垄断着电力规划投资、价格成本的基本信息,形成类似于人民公社的"超级电力公社"业态。[①] 我国电力行业的"厂网分开"导致了电网企业通过现有行业结构可以对上游独立发电企业实施严重的接入歧视。[②] 在拆分发电与输配电后,电网运营由于物理上的不可分,垄断经营效率最高,所以依然延续垄断经营模式。这种情况下,垄断经营企业就会提高经营业务中竞争对手的接入价格,而其本身可以通过垄断业务的收益来弥补高接入价格所带来的利润损失。[③]

输配电网的自然垄断属性决定了输配一体化,输配电网作为电力运行系统的有机组成部分,是电力系统正常运行的关键性和基础性环节。如果这些主体滥用独占地位,不对电网服务进行公平开放,就是使得上游发电企业的竞争制度设计难以实现。[④] 输配电环节的垄断势力与其盈利能力可见一斑,这也反映出输配环节容易出现以下问题。

1. 滥用独占地位会限制市场竞争

输配电企业的一体化,使其可以通过对交易电量、价格及实时调度过程中的某些倾斜来获取不正当利益;或者在交易费用上做文章,如不及时结算发电企业的电费、将用户所欠其费用转嫁给发电企业等;或者拒绝互联互通。[⑤] 输配电企业有着多种阻碍上下游竞争的能力。

2. 缺乏合理规划问题

除了通过交叉补贴来排除上游的竞争外,输电网络的合理规划和及时更新对电力行业健康发展起着重要作用。在解释 2003 年发生于美国加州的大停电的原因时,企业专家 Robert Kuttner 在《纽约时报》的一篇社论中写道,"放松管制之后,

---

① 武建东:《深化中国电力体制改革绿皮书》,光明日报出版社,2013,第 2 页。

② 白让让、王小芳:《规制权力配置、下游垄断与中国电力产业的接入歧视:理论分析与初步的实证检验》,《经济学(季刊)》2009 年第 1 期。

③ 即便可以通过业务拆分禁止关联企业存在于发、输、配、售电的多个领域,但是电网在物理结构上的一体化决定电网运营企业会有极强的市场势力,也决定了输配电要引入竞争是十分困难的。

④ 唐敏:《我国输配电网公平开放的法律路径选择》,《西南民族大学学报(人文社会科学版)》2013 年第 3 期。

⑤ 张占江:《自然垄断行业的反垄断法适用:以电力行业为例》,《法学研究》2006 年第 6 期。

当地的公用事业公司不再有经济上的激励来投资输电线路，以防止其滞后”。[①] 2021 年 2 月 15 日开始，北极暴风雪南下横扫美国德州，德州电网不堪负荷，发生近年来最严重的大规模停电，约 400 万户人家无电可用。美国 70%的输电线路和变压器运行年限超过 25 年，60%的断路器运行年限超过 30 年，陈旧的电网设施是保障供电可靠性的巨大挑战 此次极寒天气导致得克萨斯州约一半的风力涡轮机容量被“冻结”。近二十年来，电网公司为了获得最大利益，都未能对电网进行足够地升级改造。风电运营商为了获得最大利益，不考虑小概率的极寒事件而配置防冻装置，结果也导致风机被“冻结”。[②] 这说明输电环节应解决输电线路的合理规划，并及时进行升级改造，这是充分发挥上游发电企业竞争市场优势的物理基础。

通常我们认为交易可以增进双方的效用以达到帕累托改进，而我国电力市场的交易量偏低反映了输配电环节没能为电力交易做好基础服务。我国通过电力市场交易的份额从 2012 年开始才超过了 10%，全国电力需求出现负增长的情况下，交易电量一定程度能够反映出电力资源的配置状况，具体数据见表 5－1。而美国的竞争性售电商的用户规模看，截至 2013 年底有超过 1600 万家庭通过竞争性售电商购买电力；其中独立售电公司的用户数占市场总用户数的 4.3%，竞争性售电市场份额占全国售电市场份额的 17.8%。[③] 至 2016 年，美国七大领域电力市场的服务人口规模达 2.1 亿人、约占美国人口的 65.81%、管理输电线路的规模266，432 英里、约占美国输电线路的 74.01%，发电装机总容量 6.6 亿千瓦、约占美国电力装机的 55.88%。[④] 我国电力交易量的增加有赖于电网设置在物理结构上的支持，而缺乏促进交易的行业规制理念也使物理设施建设显得有些滞后。

① 魏伯乐、奥兰·扬、马塞厄斯芬格：《私有化的局限》，王小卫等译，上海三联书店、上海人民出版社，2006，第 108 页。

② 佚名：《从中美电荒的比较中，看新能源的发展形势》，港口网，http://www.chinaports.com/portlspnews/7111，访问日期：2021 年 5 月 2 日。

③ 钟欣：《售电公司发展模式知多少？——美国售电公司发展模式经验借鉴》，前瞻网，http://www.qianzhan.com/analyst/detail/220/150831— 1582090b.html，访问日期：2019 年 8 月 1 日。

④ 白玫、何爱民：《美国电力市场监管体系与监控机制》，《价格理论与实践》2017 年第 4 期。

表 5-1 2011—2020 年电力市场交易量与发电量

| 年份 | 电力市场交易量(单位:十亿千瓦时) | 总发电量(单位:十亿千瓦时) |
| --- | --- | --- |
| 2011 | 399.9 | 4713.0 |
| 2012 | 515.9 | 4987.6 |
| 2013 | 601.9 | 5431.6 |
| 2014 | 678.9 | 5649.6 |
| 2015 | 722.1 | 5618.4 |
| 2016 | 1125.8 | 6142.5 |
| 2017 | 1632.4 | 6452.9 |
| 2018 | 2065.4 | 6994.0 |
| 2019 | 2834.4 | 7503.4 |
| 2020 | 3166.3 | 7779.1 |

注:数据来源为北极星售电网

### (三)售电合同选择与附加服务的缺失

电力用户与发电企业之间的供需关系被既有的电价制度所隔离,经济学上合理配置资源的价格机制难以有效运营,这也导致“煤电矛盾”“周期性电力短缺”等一系列问题。除了资源配置之外,电力用户议价权的缺失,使电力用户的节能减排、响应供给变化等动机难以实现,也导致用户侧电能利用效率偏低。要建成“公平、开放、有序、竞争、完整”的电力市场体系,一个重要的环节就是要还原电力的商品属性,而电力的商品属性正是体现在销售端的价格调节机制上。由于电力生产商所供应的电都符合同一规范,难以有任何区分,所以可以进行创新的地方只能集中于重新安排价格层面,如价格计划、支付方案或补充商品的配套选择等。[①] 缺少售电侧改革的电力行业,很难通过价值机制来直接维护用户的利益,这也就使其缺少了将上游改革红利释放给普通民众的途径。2015 年电力行业改革的 9 号文,明确指出中国电力行业市场交易机制缺失、价格关系没有理顺等关键问题,在继续稳步推进改革的任务中明确要进行售电侧改革。[②] 因为,相比较于发电侧已经存在

① See Severin Borenstein and James Bushnell, "The US Electricity Industry After 20 Years of Restructuring," Annual Review of Economic 7, no. 1 (Aug. 2015): 437 - 463.

② 2015 年 3 月下旬,中共中央、国务院发布的《关于进一步深化电力体制改革的若干意见》(中发〔2015〕9 号)。

的多个发电集团为代表的竞争格局，售电侧几乎处于完全没有竞争的状态。

售电侧市场化改革的目的是增加售电合同中供给双方的选择空间，并通过市场灵活的议价机制使售电商能够为愿意响应其供给变化的用户提供电价优惠，同时用户也可以调整自身需求降低用电成本。售电侧的资源优化配置还会吸引并整合更多用户的参与，提升响应资源发电的配置效率，使刚性用户的电价与响应资源用户的电价在同一市场下竞争，让价格真实反映出成本，从而形成长效的激励机制，优化售电侧供给与需求的匹配。

从目前的制度来看，垄断的售电侧对公共利益造成损失源于僵化的售电价格。而僵化的售电价格是由于售电侧定价规则不合理而引发的，价格确定的过程中没留出售电企业和用户进行合意的空间。此外，由于售电合同缺乏塑造性，很多与售电相配套的服务也未能有效实现。发达国家的售电市场已有很多成熟经验，值得我国借鉴。比如，在明确客户需求和自身服务目标的基础上，东京电力公司提出“为客户提供一步到位服务”的要求，服务内容包括：①为客户提供各种电价方案和电气设备方案的优化组合；②向客户提供电力、燃气、燃油最佳能源组合方案；③提供全方位的节能协助服务，帮助客户改进设备，实现节能目标；④兼顾包括通讯在内的建筑物设备设计、施工、维护等全方位设计服务。[①] 由于缺乏售电侧的竞争，在我国类似的服务没能产生经济激励，也就无法发挥出减少不合理电力消耗、提高用户终端用电效率、减少电网高峰时段电力需求、保护环境等功能。

## 二、完善对经营者行为的规制

### （一）完善电力市场的规则

9 号文指明完善市场化交易机制，应从规范市场主体准入标准、引导市场主体开展多方直接交易、鼓励建立长期稳定的交易机制、建立辅助服务分担共享新机制，以及完善跨省跨区电力交易机制等几方面入手。[②] 良好的电力市场设计是充分发挥资本和企业优势的前提，同时也能防止电力经营企业损害公共利益。由于电力价格受到政府规制，若受规制的电力价格无法根据市场供求状况而进而调整，

① 栾昊、刘进：《竞争太激烈！未来售电公司拿什么来比拼？》，《能源杂志》2015 年第 11 期。

② 中共中央、国务院《关于进一步深化电力体制改革的若干意见》（中发[2015]9 号）第 4 条至第 8 条。

那么产业链的总利润也将与市场供需状况无关。[①] 然而，由于电力物理系统的网络特性，普通市场的规则难以适用于电力行业，本书之所以使用“电力行业规制”而非“电力市场规制”的表述，就在于当下的电力行业中通过交易市场实现配置资源的程度仍然非常低。因此，想要提高资源配置效率，充分发挥电力对国民经济的促进作用，仍需要进一步完善具有特殊性的电力市场。

由于不存在完备的电力市场，电源建设中存在“拍着胸脯签约，敞开口子花钱，逼着政府加价的现象”[②]。地方政府会考虑发电企业因税收、就业、上市公司指标等方面为地方带来的有利影响，而有动力照顾发电企业，而阻碍电力市场的正常运行。在地方政府的保护下，如果电力经营企业能获取稳定的收益，就不会有动力提高经营效率，降低生产成本。从前述电力经营企业损害公共利益行为的特点来看，很多损害行为的发生也是由于电力市场规则不合理所导致的。缺少完善的市场规则，电力企业的潜在竞争者被消除，信息不对称造成其他主体无法分辨电力经营企业的优劣，使得危害公共利益的行为层出不穷。依据公共选择理论，要完善电力市场，应在市场化改革过程引入多元参与主体，通过允许各类主体参与市场交易规则的完善过程，以此提高资源的配置的效率和公平性。

在设计电力市场规则时，要明确“好的电力市场”应当具有哪些特征和条件，而这些特征和条件与我国电力行业技术发展状况、资源禀赋状况、经济发展所面临的问题、环境保护与碳排放目标等因素都密切相关。此外，其他国家电力行业的发展经验也仅能为我们提供参考。虽然不能说在完善电力市场规则的道路上，对什么是好的电力市场我们是完全“无知”的，但事实上任何个人或企业都有其认识的局限性。面对争议，想要破解现实问题离不开多元主体的参与，也只有通过各类主体的认可来限定什么才是“好的电力市场”。要真正建立高效的电力市场，9 号文明确了以下几方面要求，转变政府职能、简政放权，取消、下放电力项目审批权限；加强和完善行业协会自律、协调、监督、服务的功能，充分发挥其在政府、用户和企业之间的桥梁纽带作用；加强市场主体诚信建设，规范市场秩序，提升规划的覆盖面、权威性和科学性，增强规划的透明度和公众参与度，各种电源建设和电网布局要严格规划有序组织实施。从市场规则形成的角度来看，这些要求的落实不仅要寻求

① 于立宏、郁义鸿：《需求波动下的煤电纵向一关系安排与政府规制》，《管理世界》2006 年第 4 期。

② 朱成章：《电源应先布点再招标“跑马圈地”不可取》，新浪新闻，http://news.sina.com.cn/c/2003-05-22/16471087062.html，访问日期：2019 年 12 月 1 日。

各类主体对市场规则的“一致同意”，还必须以政府行为激活市场主体的活力。

## （二）合理计划和激励电力设施超前发展

计划是根据企业内外部的实际情况，权衡客观需要的主观可能，通过科学的预测，提出在未来一段时期组织所要达到的目标及实现目标的办法。[①] 电力行业受技术条件变化、市场需求变化、能源环境变化而影响到行业自身发展的最优路径，如果不能提前预估这些变化，并对其做出有效应对，那么可能受“重复发明之轮”的成本浪费，或者因设施建设过于落后而造成资源浪费。同时，合理的电力发展规划，也能指导电力企业合理地利用资源，指引企业的经营和发展，以实现提高经济效益和生产效率的目的。尤其是在电网的建设和投入上，电网的安全、稳定和高效运行成为限制整个电力行业的瓶颈，也构成了经营企业拥有垄断权力的物理屏障，因此，电网技术的进步和设施的完善是从根本上弱化电力经营企业危害公共利益行为的基础。

由于企业是天然逐利的，那些企业受益不显著而可以为用户带来利益的改进和规划项目，电力企业建设的动力可能不足。这时就需要电力规制机关通过设立合理的激励措施，以补贴或者公私合作等形式来推动合理规划的落地。

## （三）进行有效的信息披露

在规制活动中，电力规制机关能掌握的关于被规制企业的信息总是少于企业本身。一般来讲，被规制企业比规制机关在技术、成本和需求等方面的信息掌握上更有优势。电力规制机关无法完全了解企业信息，也就无法判断究竟应该定较低的价格还是较高的价格，也很难督促企业在既定利益下进行合理的技术投资。换言之，让私人企业提供公共服务的难点是如何使企业以一个合理的价格提供服务。美国在对公用事业的规制成就较为突出，能够为一般的消费者以低廉的价格提供高质量的电力服务。这种成就并非是因为电力价格能够随着能源价格及时变化，而是源于其他两方面因素，一是完全开放的信息，二是公众充分参与制定价格和服

① 陈云辉、胡朝华：《计划管理：电网企业管理实务》，中国电力出版社，2015，第1页。

务标准。[①]

从公共选择理论的视角来看，只有了解电力行业各环节的真实信息，各类企业才能选择最有利于自己的行为，并促进公共利益的实现。信息公开被认为是一种成本低、收益高的规制工具，相比于其他方法而言有着明显的替代或者补充作用。作为一项简单的助推手段，信息披露能够实现三大不同目标：第一，信息披露帮助企业看到自己做事的进展，哪些做了，哪些还没做，有助于提升企业的绩效水平；第二，信息公开为电力企业提供了随时可以查阅和应用的信息，可帮助其做出更合理的经营决策；第三，信息公开能够提升政府的决策能力，确保官员更全面地了解各地分散的信息。[②] 也就是说，电力企业可以通过信息公开清楚地了解自己是否需要对某些行为做出改进。同时，有效的信息披露也给了电力规制机关进行合理规制的依据，帮助规制机关快速应对电力行业的新变化。

## （四）实施电力行业标准化建设

标准化是经济和社会发展的必然产物，是增强企业自主创新能力的重要途径和规范企业内部管控的必要手段，也是企业参与国际市场竞争的必然过程。现代标准化起源于工业革命与生产力的大发展，在贸易扩大、跨国公司发展、地区经济一体化的背景下，标准化发展具有减少贸易壁垒、促进全球经济贸易的交流、促进信息技术的发展等功能。就电力行业而言，标准化建设能够从多方面限定电力企业的行为选择，降低电力企业损害公共利益的可能。

《电力行业标准化管理办法》（1999 年国家经贸委令第 10 号）中已经明确了要制定电力行业的技术性标准，电力服务的标准未被纳入规定，而电力服务的标准化是用户或消费者选择的重要依据。在信息不对称的情况下，市场容易出现“劣币驱除良币”的情况，从而减少消费者可选择空间。而确定电力服务标准可以提高市场准入门槛和提高整体服务质量。为解决带电作业收费无章可循的混乱状态，行业协会可以发挥一定的作用，例如广东省电力行业协会牵头组织专家制定了《广东省电力行业 10 kV 配电线路带电作业收费标准》，推动将其上升为具有一定强制性的

---

① See Consumer Unity & Trust Society (CUTS), "Consumer Participation and Protection in Electricity Regulation a Study of Five States in India," working paper, 2014, http://www.cuts-ccier.org/CPSER/pdf/Consumer_Participation_and_Protection_in_Electricity_Regulation-A_Study_of_Five_States_in_India.pdf.

② 卡斯·桑斯坦：《简化：政府的未来》，陈丽芳译，中信出版社，2015，第 85－87 页。

广东省地方标准；为了统一电力工程选题、设计和验收行为，还制定并发布了《广东省10 kV及以下业扩工程设备技术规范》《广东省10 kV及以下业扩工程设备选型规范》和《广东省10 kV及以下业扩工程竣工检验规范》共三项“用户工程规范”。[①]

电网公司标准管理体系的建设是在内部提高电力企业经营效率的重要手段之一。国家电网公司已经开始设立标准管理体系（SG9000）建设的总体目标，其以电网企业业务辨识为基础，以国际标准管理体系为框架，融合质量、环境、职业健康安全、信息安全等国际先进管理理论与方法，初步构建一体化的公司标准化运作平台。[②]电力技术标准的实施有利于企业降低生产成本，合理分配研发经费。因为，技术标准往往决定整个行业的技术路线，后来进入者通常只能去匹配和接受既有的技术标准。对企业来说，完善的技术标准建设符合其在高技术产业中获得竞争优势地位的需求，同时也能降低电力行业交易成本。

## 第三节　对规制机关行为的规制

### 一、防止权力滥用与促使权力行使合理化的并重

我国电力行业规制所依据的《电力法》是“行政管理”理念下产生的法律，突出了规制机关的权力和责任，但没能体现出对规制合理化的保障，也没能体现出行政理念的更新。目前，我国行政理念的转变体现为从管理者与被管理者的冲突对抗到积极合作，主要表现在以下三点：第一，行政目标的实现方式，从单纯运用权力行政到权力与非权力行政混合运用。即从运用具有强制力的行政权力，到除这一方式之外，还运用补贴、义务的免除、税收优惠、奖励等经济上的激励诱导，以及建议、劝告、引导等手段柔性地将相对人的行为指引到公共政策目标轨道上。第二，行政职能的履行主体从行政机关扩展到其他社会公共组织。行业组织、社区组织、公共事业单位等也成为公共行政的主体，承担起部分公共事务的管理职能。第三，行政运行机制，从单向的行政意志贯彻到多元参与的合作治理。[③] 规制理念的不

① 胡辉华：《行业协会职能定位的依据源自何处？：以广东省电力行业协会的成长为例》，《暨南学报（哲学社会科学版）》2018年第12期。

② 王正刚、赵建宝：《电网企业：标准化建设实践》，中国电力出版社，2014，第27页。

③ 刘水林、吴锐：《论规制行政的范式革命》，《法律科学》2016年第3期。

断更新是规制有效的前提，电力行业规制机构的角色应当由“管理者”转变为“治理者”，这就需要电力行业规制机关必须在地位上保持相对独立，否则会在规制中有所偏私。

根据国际能源机构(IEA)有关文件的定义，电力规制机构是指这类重要主体，他们是对电力产业和电力市场拥有实际监管权力的政府部委、独立监管机构和竞争管理部门，以及虽然没有正式的“最终”监管权力但是具有潜在重要作用的其他组织，包括政府部委所属机构和独立的咨询实体。[①] 为了实现电力行业的可持续发展，我国应将促进竞争、保护环境、保障能源安全及其他的社会性目标融入统一的电力监管框架。[②] 在电监会被并入能源局后，促进竞争与保护环境仍是电力规制机关必须兼顾的任务。因此，在提高电力规制机关合理行使规制权力能力的同时，要注重在规制规则形成中对公共利益具体化，以明晰的公共利益规范规制权力的运行。

## (一)明确规则形成中的公益约束

在追求规制的“一致同意”过程中，最难做到的是使规制机关真正为分散、经济实力弱、知识水平低、难以组织化的群体做出适当保护。毕竟让人们花费精力去关心自己的各方面利益，并不符合所有人偏好，总有人不会愿意参与到规制中。所以，在规制的改进中必须明确两方面要求。首先，规制机关不应放弃权威地位而一味谋求被规制者或利益相关者的妥协和认可，为了更能使手段合乎目的，在行使权力时规制机关应引导多元主体参与规制，充分发挥其他主体的积极作用；其次，规制机关要有能力识别和预判决策的后果与影响，而提高规制能力。

### 1. 简化规制

桑斯坦教授强调对规制的化繁为简，他认为，“其实政府只需要规定总的目标，发挥各行各业人士的创意能力和主动性，就有可能大大提升工作成效”[③]。一言以蔽之，桑斯坦教授建议减少具体的政府规定，多抓大局。在电力行业规制的改革中，由于规制的不确定性和复杂性，使得各类主体均被认为只能追求自身的经济利益，而难以为行业整体的健康发展而发声的。因此，电力行业规制中，面临复杂的

---

① 周凤翱、许婷：《外国电力监管机构设置的模式》，《中国电力教育》2005 年第 3 期。

② 唐松林、任玉珑：《电力行业政府监管体制改革：国外经验与中国对策》，《经济问题探索》2008 年第 8 期。

③ 卡斯·桑斯坦：《简化：政府的未来》，陈丽芳译，中信出版社，2015，第 XXII 页。

行业现状，规制机关应当将复杂的问题进行简化，将最重要和紧迫的问题作为规制活动的重心，并定期发布规制报告。

2. 丰富制度供给

目前电力行业改革中存在两种声音，一种是“改革派”所倡导的尽可能开放电力市场，另一种是“规制派”强调的加强公权力对电力行业的有效管控。“非市场即规制”这种“非黑即白”的思维仍然影响着规制机关，诚如“生活在现实中的人，往往是某些已故经济学家的奴隶”(凯恩斯语)，电力规制领域的制度供给和规制工具的选择，仍受到计划经济惯性思维和传统行政理念的影响，而忽视电力改革现实的迫切需求。

我国电力行业改革的各类试点已经在全国范围展开，对试点政策进行及时总结和研究，是避免改革“将鸡蛋放入一个篮子”，并选取最优方案的重要保障。试点的效果本应经受“成本-收益”的衡量，但良好制度的收益往往是无法衡量的。因此，在试点中有必要通过控制变量的方式提升试点的针对性。比如，我国的规制试点已经证明通过对输配电价进行严格的成本监审，确实能有效降低电网企业的输配电费用。2014 年深圳改革试点“破冰”后，按照“准许成本加合理收益”方式确定输配电总入和输配电价，2015 年在安徽、湖北、宁夏、云南、贵州 5 个省级电网铺开了这一模式，2016 年试点范围继续扩大，覆盖全国 18 个省级电网和 1 个区域电网。通过成本监审，核减电网企业不相关资产、不合理成本共 210 亿元，综合考虑未来投资增长因素后，降低销售电价的部分约 80 亿元。[①] 2018 年 1 月 3 日，国家发改委官网发布了《区域电网输电价格定价办法(试行)》《跨省跨区专项工程输电价格定价办法(试行)》和《关于制定地方电网和增量配电网配电价格的指导意见》的通知，标志着输配电价改革在全国范围内已经阶段性完成。因此，电力行业更应该及时试点，并对可复制、可推广的规制经验进行理论总结，提升规制中理论与现实的匹配程度。

3. 有效衔接电力法与其他法律

为了确保电力行业有良好的公平竞争环境，应让那些类似于向低收入群体供电的成本高于收益的业务也能被纳入竞争范围，“一揽子合同”被认为是一个良好的解决方式。凡是想要从事某一盈利业务的企业，必须同样接受某些不盈利业务，虽然这样的做法可能会影响小企业参与竞争。这种做法要求在规制中一定要考虑

① 朱剑红：《电价改革向“硬骨头”中的“硬骨头”开刀》，《人民日报》2016 年 08 月 16 日，第 1 版。

电力相关法与公共事业法、反垄断法、社会保障法等的实现与衔接问题，各类法律得以有效实行是电力行业规制除了维护行业利益之外真正将“公共利益”落到实处的保证。

4. 增加规制透明度

电力行业规制与任何领域的规制一样，增强规制透明度能够促使规制机关合理使用行政资源，进行成本收益分析，也易于事中监督和事后追责。程序的公开透明有助于制定出好的规制规则，也有助于企业更好地遵从规制规则，使规制最终获得更大的政治合法性。① 提供信息或者将信息的某些特征明朗化，而不是将其掩盖起来以此来影响人们的选择结果。② 电力行业规制由于涉及面广，涉及关系复杂，增强规制中透明度，能够促使被规制企业与利益相关群体提前对规则变化做出应对，调整行为选择策略。

## (二)规范化规制中的私益影响

我国《电力法》的立法宗旨是，保障和促进电力事业的发展，维护电力投资者、经营者和使用者的合法权益，保障电力安全运行。由于历史上人们一度认为，官位越高，官员对于公共利益的看法越具有客观性，③按照这一思路，被规制的电力企业仅仅是规则的遵从者，需要无条件地接受和执行电力规制机关的决策。这种模式忽略了被规制电力企业对规制行为做出主动反应或适应性行为的正当性。④ 规制机关不断地给私人部门的机构增加负担，某些规制活动，从局部来看可能不存在问题，但如果整体角度看就会重复冗余、互相交叉、互相矛盾，甚至会给人匪夷所思、让人泄气的感觉。因为，规制机关倾向于高估规制的收益，并对于规制实施的效果常常盲目乐观，而忽视规制可能引发的各类成本。⑤

面对诸多新型社会问题的发生，我们解决问题的路径往往是调整规制机关的职权，重塑规制机关和被规制企业的行为，但这忽视了其他利益相关者的作用。过

① 施本植、张荐华、蔡春林:《国外经济规制改革的实践及经验》，上海财经大学出版社，2006，第107页。

② 卡斯·桑斯坦:《简化:政府的未来》，陈丽芳译，中信出版社，2015，第32页。

③ 孔飞力:《中国现代国家的起源》，陈兼、陈之宏译，生活·读书·新知三联出版社，2013，第64页。

④ 梁树广:《规制改革对我国发电行业上市公司绩效影响的实证分析》，《产业经济评论》2012年第1期。

⑤ 卡斯·桑斯坦:《简化:政府的未来》，陈丽芳译，中信出版社，2015，第205-206页。

度依赖对规制机关的调整与重塑，并没有使规制权力的行使方式有所变化，依然十分缺乏弹性。在“依法行政”理念的影响下，对规制机关行为的规范强调合法性而轻视合理性。同时，“法无禁止，即可为”使规制机关对私人主体行为的规制，表现为对明显违法违规行为的禁止，而缺少对损害轻微或因果关系不明确的行为的有效约束。面对政府监管失灵，传统惯性思维让焦点依然集中在如何改善“命令与服从”，困于思维定式对于私人主体的作用认识不足。当下，由于处于信息和技术的劣势地位，规制机关不吸收私人主体的建议，借助私人主体的力量，将难以达成规制目标。[①] 伴随着政治领域权力的减弱，经济领域和社会领域的权力正在逐渐成长，原先那种政治领域垄断一切的“单极结构”正在向三个领域分享权力的“多极结构”转变，这是 1978—1998 年之间中国社会结构演变的基本脉络。[②] 面对多元利益主体的组织化趋势，行政机关传统管制优势渐渐丧失，“命令与服从”的管制方式已经影响到了行政实效，组织化的利益主体在一定程度上牵制着行政机关的决策走向。在这个逐渐形成的博弈过程中，规制机关意识到如果在决策中能够较好地回应组织化利益主体的诉求，可以使其决策获得更有力的支持，提升政治层面的合法性。[③]

因此，电力行业规制要培育电力市场，必须考虑给予发挥民间资本与私人主体活力的空间，并且通过维护竞争来进一步促使私人主体提高经营效率。同时，也必须重视规范各类主体的组织化，来保障多元主体能够参与到对规制规则的修正过程中。随着市场建设的深化，私人主体之间的竞争与服务关系会越发复杂化，市场规则需要越来越精细化。如果规制机关仍被动地以事件为导向处理电力市场面临的问题，那么规制规则的变动会变得过于滞后或难以被预测。[④] 要在电力行业规制中充分考虑规制规则与规制行为对私人主体的影响，促使私人利益与规制目标同步实现，必须给予各类主体表达利益诉求的平台。

---

① 吴锐：《我国食品安全私人监管刍议》，《兰州学刊》2015 年第 12 期。

② 康晓光：《权力的转移》，浙江人民出版社，1999，第 1－2 页。

③ 章剑生：《现代行政法面临的挑战及其回应》，《法商研究》2006 年第 6 期。

④ 比如，在发电电价机制不能满足资源优化配置需求的情况下，具有综合经济效益的大中型水电站在航运、灌溉、防洪、供水等与发电之间的投资分摊规制政策一直没有明确，所有投资费用全部纳入发电电价，使得水电发电电价水平受到影响，制约了水电资源的有效开发。参见范斌：《电价规制方法与应用研究》，博士学位论文，华北电力大学电子与电器工程学院，2010，第 2 页。

## 二、确保规制机关的行为有效回应现实问题

### (一)协商、妥协和讨论等非强制手段在规制行为中的运用

目前,协商立法与柔性执法越来越多地被应用于规制实践,妥协和讨论等非强制手段也开始被人们所重视,与之相关的经典论述体现在美国学者朱迪·弗里曼教授的《合作治理与新行政法》一书中。然而,在电力行业规制中相关的案例和讨论仍不多,这并不代表现实中不存在此类探索。以公共选择理论视角来看,协商、妥协和讨论的过程在规制中是不可避免的,规制机关为了更好地达成规制效果有动力汲取其他主体的意见,被规制企业和利益相关群体为了自身利益也有动力参与或发起相关程序。问题是如何让协商、妥协和讨论通过透明和高效的方式回应规制实践中面临的紧迫问题。蒋红珍教授认为协商性政府规制,从程序面上看,需要强调公众参与、利益代表、信息公开、理由说明等与商谈理论密切相关的要素;从实体面上看,协商作为结果达成的契约文本,需要关注由此衍生的公私协作、民营化与公共事务外包、主体分责制等公共治理转型问题;从形式论面上看,协商规制在行为形式论意义上的类型归属、法律效力、适用规制和救济方式。[①] 从程序到实体,再到形式,在电力行业规制中需要利用非强制性手段破解规制中不断产生的新型问题,这意味着非强制性手段除了在执法中充分考虑现实情况和行政相对人的需求,还要考虑规制是否有利于行业的健康发展。非强制性规制应包含以下三个要点:一是参与协商和讨论的主体的不设限;二是协商和讨论中所有主体可对任何主张提出质疑、可以在协商中提出任何主张、可以表达其诉求和观点;三是所有协商者不得因支配性强制力而无法行使以上两项权利。[②] 因此,非强制性规制手段的优势在于能够迅速发现既有规制体系存在的问题。

### (二)规制机关应不断进行理论学习

管理公共事务的最优选择,是多主体参与下合理的配置国家与社会之间公共事务管理范畴。[③] 在逐步形成“国家—社会—市场”三元格局的过程中,经济生活

① 蒋红珍:《论协商性政府规制:解读视角和研究疆域的初步厘定》,《上海交通大学学报(哲学社会科学版)》2008 年第 5 期。

② 卢显洋:《国家治理范畴下的协商行政执法》,《学习与实践》2016 年第 12 期。

③ 张永伟:《行政观念更新与行政法范式的转变》,《法律科学》2001 年第 2 期。

的创新与多变使得立法机构的立法活动滞后于现实需要，在规制机关获得大量的授权时，规制的法律渊源也从具体的法律规则向抽象的法律原则过渡。在面对日益膨胀的规制领域和规制权力时，仅仅依赖规制机关有限的决策能力而形成规制很难获得社会的认可，因此，规制机关必须在吸收公众意见的基础上不断地进行学习，来实现治理效果的提升。①

以公共选择理论视角来看，在电力行业中规制机关虽然仍有法律赋予的权威，但是其本身已不再是掌握所有行业信息、规制理论，能够准确预测规制影响的主体。要使规制机关有能力处理并作出最合理的决策和行为，电力行业规制必须能从成功的规制实践中抽离出对法律执行的改进方式，并不断借鉴其他领域规制的经验和教训，将电力行业规制的发展确立为“事件—理论—立法”模式。规制机关的意志不再有绝对的正统性后，能掌握多数人认可的规制理论就是十分必要的，而这需要规制机关不断地通过学习来获取先进的理论，这对规制机关提出了更高的要求。

### （三）促使规制机关自觉维持合理的边界

麦吉尔认为，“行政机关会常规性地进行‘自我规制’②，即便公共利益立法上的公共利益仍未过渡到政府监督行业自我规制的阶段。”③规制机关自觉地维持其自身权力的边界，一方面源于科层制内部存在一定程度的工具化理性，任何的规制活动都不应引发规制体系的正当性危机；另一方面是因为随着规制机关对规制理论与规制利益认识的程度不断深入，其对民主、规制透明度、法理统治、维护自身声誉等价值会产生高度认可。电力行业规制也不例外，对经济民主、非经济价值和动态化规制的强调，能够促使电力行业规制机关自觉落实这些规制理念，进而自觉地

---

① 邢鸿飞：《软法治理的迷失与归位：对政府规制中软法治理理论和实践的思考》，《南京大学学报》2007年第5期。

② 即使没有什么权威机构要求行政机关这样做，它们还是会限制自己的选择，自愿地限定自己的裁量权；在无权威渊源要求行政机关何以行事时，自愿启动约束自身裁量权的措施，如额外规定听证、通告与上诉等程序，行政机关通过制定规则、指南及解释，来对自身选择进行实体上的限制：限制自身可以作出决定的范围，或对支撑自身选择的理据予以限定。行政自我规制具有如下功能：（1）对所授权力的控制；（2）自我约束；（3）保护行政机关的政策选择；（4）保护行政机关当下的自治；（5）保护行政机关所期待的声誉、信息等集体物品。See Elizabeth Magill, “Annual Review of Administrative Law: Foreword: Agency Self—Regulation,” *The George Washington Law Review* 77, no. 4 (Jun. 2009), pp. 860, 882－890.

③ See Marc Allen Eisner, “Discovering Patterns in Regulatory History: Continuity, Change, and Regulatory Regimes,” *Journal of Policy History* 6, no. 2 (Apr. 1994): 157－187.

约束自身权力。比如,《电力监管条例》第三章"监管职责"中第十九条规定,"电力监管机构具体负责电力安全监督管理工作",体现了电力安全的重要性。而要在监管中实现"自我规制",规制机关就必须针对"安全"做出解释,将其安全规制职责划分为准入层面的安全规制、生产环节的安全规制、交易环节的安全规制与供电环节的安全规制等,通过分类化与指标化来进行自我约束。

## 三、防止规制的肆意与僵化

### (一)丰富规制的供给程序

随着电力行业规制复杂性的逐渐显露,我国电力规制在将来需要协调规制灵活性与规制僵化之间的矛盾。对美国规制历史进行考察可以发现,1996 年以后美国联邦政府部门开始重视其规制方案的经济影响,听取小企业代表和维权与宣传办公室的意见和建议,规制灵活性制度的实施取得了明显的成效,小企业过重的规制负担问题有所缓解。[①] 为了使我国电力行业规制具有灵活性,需要不断地评估电力经营企业所面临的规制环境,借鉴其他国家维持规制灵活度的程序性和实体性规定来使规制能够有效地达成目标,降低因规制滞后所造成的对公共利益的损害。

尽管规制机关可以制定一些所有被规制企业都必须严格遵守的规则,但是这种以强制方式来解决问题的途径使得规制问题的处理相当慢。鉴于传统的规章制定程序需要花费大量时间和社会成本,为了最小化规制的社会成本,规制机关必须在规定的时间内履行法律规定的程序,否则就应放弃特定的规制权力。由于可以操纵规制程序(通过延期提交信息给规制机构),企业也必须遵守时间底线,否则应接受惩罚。[②] 因此,对各种程序附以时间限制或在规则中明确"落日条款"[③],可以促使电力规制机关和被规制企业及时有效地参与到规制中。此外,在制定规制规则时应当考虑到对被规制主体的利益影响,给予经营企业一个规则颁布的明确时间指示,供其提前采取策略合理应对规制规则。这样可以避免因规则制定时间的

① 包晓峰、于占东:《美国政府规制灵活性制度研究与借鉴》,《社会科学辑刊》2008 年第 1 期。

② 杰佛瑞·罗斯维尔、托马斯·戈梅兹:《电力经济学:管制与放松管制》,叶泽译,中国电力出版社,2007,第 68 页。

③ 狭义的"落日条款"仅指规定各种法律中关于有效施行期限的条款,设置了"落日条款"的法律也称为限时法,限时法是指立法者在立法之初即已经预见到法律有效施行的期间,只要时限一到,当然失效。

不确定而影响经营企业的利益。

美国行政法上为了治愈规制的不适用与僵化，行政机关开始尝试替代案，来缩减拟议规章草案公告到最终规章颁布之间的时间。替代性方案包括以下两种：径行发布最终规章和过渡性最终制定。[①] 径行发布最终规章允许行政机关直接发布一项将在几个月后立即生效的规章，除非行政机关收到显著的反对性评论。只有当行政机关确实收到实质性评论，它才会转而进入普通的“公告-评论”式规章制定程序。过渡性最终制定就是行政机关颁布一项立即生效的行政规章，然后请公众和行业评论并对之进行反馈。如果公共评论质疑规章，行政机关可以撤销或者修订规章。这两种替代性方案都被行政机关尝试过。在我国电力行业规制中，为避免规制规则不合理，规制规则都以十分模糊的政策性文件予以确定，这就导致在正确但是模糊的规则体系下，政策实行的效果难以得到保证。在今后的电力行业规制中，对规制规则颁布的形式可以借鉴美国所实施的两种替代性方案，在确保规则及时有效的基础上，通过更为明确的规制调整措施，实现规制中合理化与民主化的并重。对于具有紧迫性的规制规则可以采取颁布即生效的做法，随后再进行合理性审查，并通过“落日条款”的设置来促使规制机关更新相关规制规则。

### (二)完善规制的合法性审查

对规制规则合法性的审查能有效地回应我们对规制机关的怀疑，并满足人们约束公权力的愿望。同时，为了使合法性审查能够进一步增强与促进政府运作中的效率与公正目标，除了通过立法部门的审查获得政治上的正当性，还应由专门的机构对规则的效率与公正性进行审查。[②] 通过合法性审查，提升规制规则的可操作性和精细程度，确保规制规则所确立的手段具有合目的性。这一过程是电力行业规制中必须重视的，明确的规则才能在实施中不至于走形或打折，更能督促规制机关的工作人员尽职履责。

在专家统治论的理论下，法院不愿也没有能力去对大量的高度专业性的行政决定进行审查，转而只能尊重行政机关的政策判断和个案决定。[③] 而且，一个规制

---

① 蒋红珍:《治愈行政僵化:美国规制性协商机制及其启示》,《华东政法大学学报》2014 年第 3 期。

② 理查德·小皮尔斯:《规则制定与行政程序法》,高秦伟、王芳蕾译,《国家行政学院学报》2006 年第 2 期。

③ 宋华琳:《作为宪法具体化的行政法:〈公法学札记〉的札记》,《中外法学》2003 年第 5 期。

决定即使是为法院所支持，也并不意味着其决定过程就是无懈可击的，以及不再蕴含法律上的问题和争议点。在缺乏对规制规则合理性事前审查的情况下，司法机关所面临的问题同样是如何保障电力行业规制的有效性。为此，在审理电力行业规制相关的案件时，司法机关应保持对"行政遵从原则"的坚守态度，以司法建议的形式告知规制机关其规制活动所引发的问题，并对规制规则提出修改意见。同样，如果司法机关认为法律存在不合理之处，也应当提请立法机关尽快予以修正，避免直接通过个案判决对行业发展与公民福利造成影响。

## 第四节　本章小结

从发电、输配电到售点环节仍存在着很多危害公共利益的行为，包括发电企业滥用市场支配地位行为和逃避社会责任行为；输配电环节的滥用垄断地位和缺乏规划行为；售电合同选择与附加服务的缺失。总的来看，电力经营企业行为中损害公共利益行为可能是多方面的，反竞争行为和滥用支配地位仅仅是其中一部分，因此需要更加全面地识别经营企业危害行为，进行全方位的合理规制。由于电力市场本身的不完善，仍有很多潜在的危害行为没有发生或还没有被识别出来。要解决这些问题需要继续完善电力市场的基本规则；合理计划和激励电力设施超前发展，设施的铺就是经营企业完成交易的前提；还应进行有效的信息披露，因为电力行业的特殊性决定了常规信息披露制度的约束效果十分有限；实施电力行业标准化建设，以引导电力经营企业行为。

规制机关的行为同样需要作为规制对象而纳入规制体系。就协商规制的发展来看，我国规制实践中也有了若干规定，但是总体来看还在不断地完善和发展中。如何完善协商制度，使其即能避免过度浪费规制资源，又能够最有效地发挥作用，依然需要深入研究。在电力行业规制中，应当依照危害行为的特征来进行有针对性应对，但是目前我们对危害行为的认识仍不够全面，未认识到规制机关的行为也应成为规制对象。对于规制的灵活与僵化及司法审查问题，我国学者已经认识到"落日条款"重要性，但是具体实践中还面临着规制机关颁布手册、指南、说明等文件的效力与合法性问题，所以仍需继续深入研究。在信息规制方面，目前的信息公开仍旧主要是用以限制政府权力，在具体的行业规制领域，尤其是涉及专业技术的领域如何使信息规制与其他规制手段相配合的仍需研究。

# 第六章　电力行业规制手段的完善

> 与普通法相比，规制也许能够为市场交易提供一个成本更低的基础。在处理市场参与者遇到的问题时，规制不必拘泥于命令和控制的传统形式。①
>
> ——[美]丹尼尔·F.史普博《管制与市场》

本章主要讨论电力行业规制相关法律的实施手段。在规制目标与规制关系明确之后，选取适当的规制手段是实现行业规制的目标，理顺规制中各类主体之间的关系，控制危害行为，并使法律能够切实落地的重要环节。电力行业规制要想达成目标，需要不断地进行精细化和精准化的升级。这背后虽然需要提高规制所依赖的科学技术，但更重要的是使我们对电力市场的设计和对规制的设计能够相互匹配。规制机关要选取最恰当的规制手段，还要能根据形式的变化对规制手段进行及时调整。

## 第一节　电力行业准入规制的完善

准入规制在电力行业中起着至关重要的作用，因为只有合理的准入规制，才能使电力企业行为随时受到潜在竞争者的压力，从而自觉降低运营成本，提高运营效率，最终实现资源的优化配置。由于资源配置效率并非电力行业所需考察的唯一目标，因此准入规制能够决定究竟哪些领域无须效率优先，并为电力企业承担社会责任设定具体要求。比如，垄断企业会自然地以其所拥有的信息优势，尽量虚报自身的运营成本，隐瞒成本的实际支出。在准入条件设置方面，强化信息披露义务能一定程度减少规制手段的影响，避免在企业进入后再对其课加新义务而产生新的

① 丹尼尔·F.史普博:《管制与市场》，余晖等译，格致出版社、上海三联书店、上海人民出版社，2008，第31页。

治理成本。因此，合理设置准入条件是使电力行业健康运行的重要工具。

## 一、准入的条件

《电力业务许可证管理规定》第3条[①]、第4条[②]确立了电力市场的准入规制。市场准入是公权对由初次干预创制出的对私权本身及私权行使的过程和结果作出的反应，是对私权进行限制、剥夺、服务及保障的一种制度安排。[③] 进入电力市场的自由，会受到电力市场自身特性的制约，同时也需要由电力行业规制目标、规制各类主体关系、危害行为的特点来决定。目前，电力市场的准入除了对经营企业进行资格审查之外，要会附加各种条件以达成规制目标，在准入阶段开始塑造电力市场的趋势越来越明显。

### （一）发电市场的准入

市场准入制度，一方面体现了国家对经济的初始干预，将市场上主体所具备的资格与特征公布于众，减少企业为了进入市场交易而需要获取的信息；另一方面体现了国家对某一市场的结构和秩序的特殊保护，通过调整企业数量来决定市场上的竞争程度，并通过技术指标的严格设置来保障产品发生侵权损害风险的低概率。具体到发电市场上，2015年国家发改委、能源局印发的《关于推进电力市场建设的实施意见》（以下简称《实施意见》）明确了准入条件与发电企业和用户的基本要求。《实施意见》中准入条件为：①参与市场交易的发电企业，其项目应符合国家规定，单位能耗、环保排放、并网安全应达到国家和行业标准，新核准的发电机组原则上参与电力市场交易；②参与市场交易的用户，应为接入电压在一定电压等级以上，容量和用电量较大的电力用户，新增工业用户原则上应进入市场交易；③符合准入条件的用户，选择进入市场后，应全部电量参与市场交易，不再按政府定价购电；④对于符合准入条件但未选择参与直接交易或向售电企业购电的用户，由所在地供电企业提供保底服务并按政府定价购电；⑤用户选择进入市场后，在一定周期内

---

① 《电力业务许可证管理规定》第3条规定“国家电力监管委员会（电监会）负责电力业务许可证的颁发和管理”。

② 《电力业务许可证管理规定》第4条规定除“电监会规定的特殊情况外，任何单位或者个人未取得电力业务许可证，不得从事电力业务”。

③ 戴霞：《市场准入的法学分析》，《广东社会科学》2006年第3期。

不可退出。

可以看出，在发电市场的准入制度上，仍主要是以市场化为导向的，《实施意见》规定新核准的发电机组与新增加工业用户原则上进入市场交易，并不再按政府定价交易。发电市场的准入规制，旨在通过准入门槛的设置来促使电力市场化，充分利用准入规制对市场调节的功能，促使新入企业与用户形成通过价格调节供需的市场。这里不应忽视的是，市场准入规制中还应当保证政府和交易所的竞争中立地位，如果市场环境不利于新进企业盈利，仍会阻碍民间资本的进入。应当对各类补贴政策进行竞争评估，并促使竞争市场的配套条件保持公平。此外，对市场价格仍应当做以必要限制来应对电力市场可能存在的风险，只有开发出丰富的金融工具以促使供需双方同时做出调整，才最有利于发电与用电效率的提高。因此，发电市场的准入规制有着明显的市场化倾向，是规制体系的重要环节而非唯一手段，将来在发电领域应当进一步放开对企业的技术限制，激励技术革新。进入条件的放松使决定资本是否进入行业的决定因素不再是进入条件本身，而是进入后的竞争环境与其他政策环境。

### （二）输配电市场的准入

各国对于输配电规制的方式主要有两种，一种是投资回报率的规制方式，另一种是基于绩效的规制方法。投资回报率通过保障输配电企业获得公平收益来吸引投资，然而这种模式因缺乏对技术的激励、无法准确核实成本、会鼓励过度投资等问题而导致在现实中困难重重。1985 年 Shleifer 提出的一种激励性管制定价方法，标尺竞争理论，也被称为区域间比较竞争理论，[①]近年来也开始为一些发达国家所采纳，并且起到了激励企业降低成本的作用。

标杆竞争主要是选择效率较高的企业为参照标准，促使其他企业通过比较来缩小差距，提高经营效率，改善服务质量。其通过拥有同类信息企业之间的相互竞争，来解决垄断企业与规制机关信息不对称的问题，倒逼企业积极创新、降低运用成本。在标杆竞争环境下，所有企业都必须将受益与其成本联系在一起，这样就减少了规制机关的规制难度，也降低规制成本。

2015 年 4 月国家发改委在其印发的《关于推进输配电价改革的实施意见》中

---

① Shleifer AA, "Theory of Yardstick Competition," *Rand Journal of Economics*16, no. 3(Feb. 1985):310 - 327.

明确了要加强对输配电价格的管理。[①] 由于我国目前输配电改革还处于如何合理化投资回报率的阶段，改革重点在于改变电网统购统销角色，使其仅收取“过网费”，所以我国仍不存在输配电市场的准入规制。2016年国家发展改革委印发《省级电网输配电价定价办法（试行）》（发改价格[2016] 2711号）中第16条明确，现行目录销售电价中执行两部制电价的用户应当执行两部制输配电价，其他用户可根据自身用电情况自主选择执行两部制输配电价或者单一电量制输配电价，有条件的地区，可以探索结合负荷率等因素制定输配电价套餐，由电力用户选择执行。2020年国家发展改革委印发的《省级电网输配电价定价办法》（发改价格[2020] 101号）第19条进一步明确了输配两部制电价机制，两部制电价的容（需）量电价与电度电价，原则上参考准许成本中折旧费与运行维护费的比例核定。但随着电网运营企业不断规范化，绩效评价机制不断完善，通过引入标杆竞争来进一步维持电力网企业技术创新和降低成本仍将是可行的。目前，我国电网处于高速建设阶段，需要吸引资本来帮助加强电网和升级改造，在这一过程中应当厘清电网运营和电网建设之间的关系，区别对待建设与运营。如果将建设任务过多地施加给运营企业，可能对在位企业造成财产和利益的剥夺与征收，扭曲竞争环境。

### （三）售电市场的准入

售电市场的开放目前是我国电力改革的一个重点领域。2015年国家发改委印发的《关于推进售电侧改革的实施意见》，明确提出向社会资本开放售电业务，多途径培育售电侧市场竞争，赋予用户更多选择权，提升售电服务质量和用户用能水平，这标志着我国传统的电网公司单一售电模式将被打破。[②] 目前，在我国逐步开放售电市场的趋势已然形成，在这一领域需要考虑的问题是如何设置准入条件，既

---

① 2015年4月国家发改委印发的《关于推进输配电价改革的实施意见》规定“通过加快输配电价改革，对电网企业监管由现行核定购电售电两头价格、电网企业获得差价收入的间接监管，改变为以电网资产为基础对输配电收入、成本和价格全方位直接监管；电网企业按照政府核定的输配电价收取过网费，不再以上网电价和销售电价价差作为主要收入来源。在输配电价核定过程中，既要满足电网正常合理的投资需要，保证电网企业稳定的收入来源和收益水平，又要加强成本约束，对输配电成本进行严格监审，促进企业加强管理，提高效率。”

② 《关于推进售电侧改革的实施意见》中明确，“售电侧改革的目标是形成有效竞争的市场结构和市场体系，实现一个竞争性的售电市场，以促进能源资源优化配置，提高能源利用效率和清洁能源消纳水平，提高供电安全可靠性。文件还强调了整合互联网、分布式发电、智能电网等新兴技术，促进电力生产者和消费者互动，向用户提供智能综合能源服务，提高服务质量和水平。”

能保证售电企业有能力参与到电力市场，为用户或消费者提供更具灵活性的用电选择，又能通过竞争来提高其自身的效率。因此，目前售电市场的准入中要充分考虑对市场主体的培育功能，售电公司准入资产条件应当更加灵活。[①] 要培育售电侧市场主体，应当尽量减少准入后的价格规制，鼓励售电主体的竞争，通过优胜劣汰最终形成主体多元、份额平衡、业务规范、开放灵活、充分竞争的售电侧市场。[②] 售电主体间的竞争依赖主体的多元化，多元化不仅意味着售电主体数量多，更意味着售电主体性质的差异化，由此售电的准入应建立在非国有资本与国有资本具有公平准入机会的基础之上。[③] 考虑到国有大型发电企业的关联售电企业在价格、电量、信息等方面占据明显优势，且数量相对固定，极易形成类似价格联盟的行业卡特尔，应当通过“网售分离”或“业务区分”两种模式抑制纵向限制行为。[④]

## 二、准入规制的完善策略

准入规制无疑对电力市场竞争性有着重要影响。通过对准入门槛或准入条件的设置，准入规制除了直接调节市场主体的数量，也开始发挥更大作用，促使进入企业遵守更多元化的规则。这种新的趋势也使以后我国在进行规制规则制定时要注意以下几方面。

第一，利用试点促进制度完善。不论是对电力体制的改革还是对规制自身进行革新，所面临的共同问题都是如何在变化的市场环境下维护公共利益。在准入规制中采取试点，能够帮助我们验证规制理论，及时修正规制，降低规制风险。

第二，注重在规制中协调各方面需求。准入涉及的因素越来越广泛，既要考虑社会性、经济性影响，又要考虑与准入后规制的协调，因此要整合各类规制目标，必

---

① 目前售电市场的准入条件为：(1)资产总额在 2 千万元至 1 亿元人民币的，可以从事年售电量不超过 6 至 30 亿千瓦时的售电业务；(2)资产总额在 1 亿元至 2 亿元人民币的，可以从事年售电量不超过 30 至 60 亿千瓦时的售电业务；(3)资产总额在 2 亿元人民币以上的，不限制其售电量；(4)拥有配电网经营权的售电公司其注册资本不低于其总资产的 20%。

② 白杨、谢乐等：《中国推进售电侧市场化的制度设计与建议》，《电力系统自动化》2015 年第 14 期。

③ 董溯战、赵登云：《中国电力产业的售电侧竞争法律与政策研究》，《华东理工大学学报(社会科学版)》2020 年第 6 期。

④ 叶成城：《售电侧市场化改革与政府监管：美国得克萨斯州的经验及启示》，《经济社会体制比较》2021 年第 2 期。

然需要在各个部门的相互协调下实施准入规制。[①] 因此，准入规则应当经受与电力行业相关部门的横向审查，以及发电主管部门、输配电主管部门与售电主管部门的纵向审查，以此保障准入规制能够与反垄断规制、环境规制、安全生产规制等相协调，增强规制规则的合理性。

第三，强化准入后的配套规制。出于维护公共利益的考量，仍需要对已经进入某一市场的企业进行必要的限制，因为只有在进入后依然维持配套措施才能保障规制目标不至落空。同时，在动态化的规制中，有必要对改革不到位或政策执行有偏差的情况及时进行纠正。例如，为了避免在位企业之间达成划分市场的协议，而导致供给侧和需求侧能耗、排放双增高，在企业进入市场后需要继续在垄断行为、单位能耗、环保排放、并网安全等方面进行监督。

## 第二节　电力行业中标准化规制的完善

标准规制最基本的经济正当性在于纠正市场失灵，尤其是针对信息不对称和外部性问题，相比其他干预强度更弱的规制形式，更有效，成本也更低。[②] 标准规制在很多市场化的领域都有了成熟应用模式，这些成功经验理应被应用于电力市场中。《电力行业标准化管理办法》中明确了诸多技术性电力标准，[③]但价格标准规制、服务质量标准规制、流程标准规制等仍有待明确，这三类标准在电力市场的应用有利于推动电力市场向更健康、完善的方向发展。电价形成标准着重将电价构成进行分块规制，突出价格与其功能的对应，通过灵活的定价方式来应对规制中

---

① 《关于推进售电侧改革的实施意见》要求国家发展改革委、工业和信息化部、财政部、生态环境部、国家能源局等有关部门加强与试点地区的联系与沟通，通力合作、密切配合，切实做好售电侧改革试点相关工作。

② 安东尼·奥格斯：《规制：法律形式与经济学理论》，骆梅英译，中国人民大学出版社，2008，第156页。

③ 《电力行业标准化管理办法》第3条中明确，“电力标准包括以下方面的标准：(一)电力工程勘测、规划、设计、施工、安装、调试和验收；(二)电力设备及系统运行、检修、试验和维护；(三)电力行业产品制造、组装、检测和质量保证；(四)电力设备、材料、原料、燃料、工质、装置仪表的试验、测量、监督、质量评定和订货技术条件；(五)电力行业引进技术和进口设备的技术条件；(六)电力建设和生产的劳动保护、安全；(七)电力工业环境保护、节能和资源综合利用；(八)电力工业计算机应用与信息技术；(九)电力调度自动化、通信和网络；(十)电力工业技术管理、技术术语、符号、代码和制图方法；(十一)电能质量；(十二)电力工业计量器具检定；(十三)电力行业其他有关标准。”

不断产生的新问题。服务标准中应当突出电价与能源模式的关联，以绿色的用电需求引导绿色能源的发展。规制流程标准中应侧重形成各方都认可的规制程序，以确保电力规制能够应对多变的外部环境。

## 一、价格标准规制的完善

在市场化改革目标下，电价应当由市场的供给和需求情况来决定，因此打破统购统销模式仅仅是改革的开始。完全由市场化决定的价格，存在交易价格容易被操纵、市场风险大、中小用户利益难以实现等问题。为了避免这些问题的发生，应当标准化交易双方的价格形成机制，将生产成本、传输成本、治理负外部性成本、企业合理收益等决定电价的因素予以分类处理，解决供给与需求的变动、电网管理成本的变化、治理行业外部性、企业不合理收益等问题。

电力的双边交易过程是一个利益博弈问题，成本、信息、市场地位将决定其所获得的利益。[①] 也就是说，发电企业会根据自身的供电能力、市场影响力、市场需求弹性来决定报价策略，实施价格歧视。[②] 大型发电企业比中小发电企业拥有更多的定价权，类似于大的工业用户拥有较大的选择权。大用户通过直接交易享受较低的电价，转移了原来承担的交叉补贴费用，会造成对其他用户的不公平。[③] 相较而言，公用事业、农业和居民用电的成本传递差，缺乏定价权，在电力交易机制下会导致用电成本的升高，因此有必要通过规制进行干预。

在非统一出清价格的机制下，影响最终成交价格的因素不但众多，而且不确定性大。有学者在调研中发现非统一出清的交易价格机制给参与交易的企业带来了极大地交易成本，即使花费大量时间精力，也难以汇集梳理有价值的信息并制定有

---

① 汪朝忠、王建琼：《合作博弈下的电力联盟交易机制研究》，《西南民族大学学报(人文社会科学版)》2016 年第 5 期。

② 《关于印发电价改革实施办法的通知》中第 18 条规定“电量电价通过市场竞争形成。各区域电力市场选择符合本区域实际的市场交易模式，同一区域电力市场内各电力调度交易中心的竞价规则应保持一致”；第 19 条规定“在电网企业作为单一购买方的电力市场中，可以实行发电企业部分电量在现货市场上竞价上网，也可以实行发电企业全部电量在现货市场上竞价上网。在公开招标或充分竞争的前提下，电网企业也可以与发电企业开展长期电能交易”。

③ 冷媛等：《大用户电力直接交易对南方电网区域的影响分析及相关建议》，《南方电网技术》2015 年第 1 期。

效的竞争策略,因此建议施行统一的出清机制。[①] 但也有学者提出,统一出清机制的电力市场并无法实现社会效益的最大化,实行统一出清机制后,售电企业对价格无法掌握,只能被动接受统一价格,将对自身经营产生较大影响。[②] 这种价格形成机制更类似于指令性计划,与电力体制改革的初衷相悖,不由价值决定,不能及时反映用电成本和资源稀缺性。不论最终采取何种价格形成机制,电价市场化仍需要一定价格形成标准来进行约束,这也是我国电力市场化改革过渡中的重点。

在美国一些地区,即便是发电和售电侧都存在竞争的区域,售电企业的购电成本由电力市场批发电价、输电价格、配电价格和政府性基金组成,售电商加一定利润后销售给终端电力用户。大用户直接从发电企业购电的,除了缴纳输配费之外,也需缴纳政府性基金。政府性基金由各州制定,且种类复杂,主要包括各种改革成本补偿、低收入群体电价补贴资金、鼓励可再生能源发展的资金、鼓励安装智能电表费用,核电处置费用等。[③] 可以看出对电力价格分类型、分块进行标准化管理,有利于将电力市场要处理的效率问题与用电稳定等问题分割开。比如,在将输配费用剥离后,电力市场交易价格应主要体现为电力的供给需求状况与企业运营成本,再通过企业缴纳政府性基金的方式来解决因市场失灵引发的维持电力系统稳定费用、清洁能源调整费用、污染治理费用等问题,这样可以将复杂的问题简单化。同时,这种做法也符合 9 号文的基本精神,即“各种电力生产方式都要严格按照国家有关规定承担电力基金、政策性交叉补贴、普遍服务、社会责任等义务”。

## 二、服务标准规制的完善

随着售电侧的逐渐开放,电力的稳定供应不再是主要问题的情况下,电力服务标准的内涵应从注重用户用电的形式化转移到用电的实质化方面。《国家电网公司供电服务规范》(以下简称《供电服务规范》)实际上规定了电力提供服务的标准化要求,但是这份制定于 2003 年的文件在现在已经显得有些过时。文件规定了通

---

① 张卫东:《电力集中竞价交易应坚持统一出清价格:对南方某省电力交易规则的建议》,《中国能源报》2016 年 8 月 8 日,第 10 版。

② 佚名:《寡头垄断的电力交易市场下的统一出清机制》,北极星电力网,http://news.bjx.com.cn/html/20160829/767374.shtml,访问日期:2019 年 9 月 10 日。

③ 施子海、侯守礼等:《美国电价形成机制和输配电价监管制度及启示》,《价格理论与实践》2016 年第 7 期。

用服务规范、营业场所服务规范、"95598"服务规范、现场服务规范、有偿服务规范、投诉举报处理服务规范等，大部分内容涉及电力服务在形式上的要求，也规定电压质量标准[①]和供电可靠率指标[②]。但是，由于《供电服务规范》制定时，售电侧还未开放，用户在用电时触及对电力服务进行实体约束的需求并不多，导致文件中此类规定也不够丰富。随着售电市场的开放，为售电企业的发展提供服务标准，既可以迅速促进售电市场提高服务质量，也能保护用户或消费者在缺乏议价能力和信息的情况下获得高质量的电力服务。

美国一些地区在售电服务上取得了较大的成功，以美国德州圣安吉洛市为例，虽然该市人口只有 10 万，但电力零售商却有十几家之多，用户除了可以向零售商买电之外，也可以直接向公共事业公司买电，它们之间是竞争的关系，并且每个零售商都向用户推出了不同的"用电套餐"。[③] 在我国售电侧试点开放阶段，电力用户参与市场的能力十分薄弱，还不足以使市场上存在如此丰富的售电服务类型。因此，在市场化初期将其他国家与地区具有典型性的套餐类型作为服务标准，能赋

---

① 《国家电网公司供电服务规范》第 8 条规定电压质量标准，包括"(一)在电力系统正常状况下，客户受电端的供电电压允许偏差为：1. 35 kV 及以上电压供电的，电压正、负偏差的绝对值之和不超过额定值的 10%；2. 10 kV 及以下三相供电的，为额定值的±7%；3. 220 V 单相供电的，为额定值的+7%，−10%；(二)在电力系统非正常状况下，客户受电端的电压最大允许偏差不应超过额定值的±10%；(三)当客户用电功率因数达不到《供电营业规则》规定的要求时，其受电端的电压偏差不受上述限制；(四)城市居民客户端电压合格率不低于 95%，农网居民客户端电压合格率不低于 90%"。

② 《国家电网公司供电服务规范》第 9 条明确了供电可靠率指标，包括"(一)城市地区供电可靠率不低于 99.89%，农网供电可靠率不低于 99%；(二)减少因供电设备计划检修和电力系统事故对客户的停电次数及每次停电的持续时间。供电设备计划检修时，对 35 千伏及以上电压等级供电的客户的停电次数，每年不应超过 1 次；对 10 千伏电压等级供电的客户，每年不应超过 3 次；(三)供电设施因计划检修需要停电时，应提前 7 天将停电区域、线路、停电时间和恢复供电的时间进行公告，并通知重要客户。供电设施因临时检修需要停电的，应提前 24 小时通知重要用户或进行公告；(四)对紧急情况下的停电或限电，客户询问时，应向客户做好解释工作，并尽快恢复正常供电"。

③ 以下是几个不同公司的具体套餐标准：套餐一：需与某零售商签订 6 个月的用电合同，每度电的价格固定为 8.3 美分，并保证 100%的电力来自可再生能源。套餐二：与某零售商签订 12 个月的用电合同，每度电的价格固定为 7.1 美分，大约有 11%的电力是来自可再生能源。套餐三：按月签合同，第一个月的电价为每度电 9.1 美分，此后每月电价需要根据零售商的标准做一些调整，保证 6%的电力是来自可再生能源。该地区的用电套餐计划多达几十种，其中包括公共事业公司自己推出的套餐。参见王钦：《从三张电费单看美国电价制度》，南方能源观察，http://www.eothinker.com/eo/show.php? itemid=101，访问日期：2019 年 7 月 21 日。

予用户一定选择空间，进而促使其对电价、低碳、新能源等因素做出自主判断，最终刺激市场需求的形成。比如，如果有人希望使用价格稍贵，但对环境影响较小的绿色能源发电，那么绿色能源电价、电量比例等标准就有助于实现人们的这种“绿色”偏好。

## 三、规制流程的标准化

目前，电力行业规制中规制机关所施行的规制行为，依赖于行政法所规定的过程、步骤、时限和方式，且重点在于避免有权机关通过具体行政行为侵害公民人身和财产权。在制定可能对公共利益有重大影响的规制规则时，缺乏标准化的流程来敦促规制机关谨慎履责，也导致规制规则的制定缺乏公众的监督。即便在某些情况下，私人主体缺乏提出意见的能力和动机，但此类规制程序性标准的存在依然能够促使规制机关进行自我规制，使其权力行使合理化。

在英国，由于规制机关与污染企业之间的谈判不受公众监督，人们强烈呼吁将具有差异化的标准形成体系纳入更为严格的机构责任机制，并基于责任设置实现标准制定中的公众参与。[①] 美国电价管理主要体现为电价核定、电价调整和电价监控，[②]就电价形成和变动三个阶段，我国也应该建立相应的标准流程，对电力运营过程中的供需变化、基础费率、投资回报、公司收入、运营成本、折旧等因素作以全面考虑。

前文提到我国在电力行业规制中一个重要问题是，忽视了电力行业规制机关本身对公共利益造成损害的可能。根据市场的开放程度和改革中遇到的问题，不

---

① 安东尼·奥格斯：《规制：法律形式与经济学理论》，骆梅英译，中国人民大学出版社，2008，第214页。

② 电价核定方面，受规制的公共电力公司必须向规制机构提交电力资费明细表，由规制机构审核。其中，跨州的输电和电力批发业务，其资费表由联邦能源监管委员会（FERC）核定；提供配电及州内电力零售业务，资费表由各州委员会核定。经批准的资费表，既是电力业务的价格公告，可用于电力公司与用户间的电力买卖合同，同时也是对电力公司进行价格监管的主要依据。电价调整方面，电力企业应向规制机构提出调价申请，必要时通过听证会裁定。其中输电价格调整报 FERC，配电价格调整报各州委员会。规制机构将成立审查小组对电力公司的基础费率、投资回报、公司收入、运营成本、折旧等逐项审查，并向用户和利益相关方征求意见，如遇重大分歧则举行听证，由行政法官裁决。一般电价调整的监管审核需要一年甚至更长时间。参见丛慧：《美国电力市场运行机制的启示》，凤凰网，http://finance.ifeng.com/a/20140215/11662160_0.shtml，访问日期：2019 年 8 月 27 日。

断地对规制规则进行修订与完善是推进电力行业规制合理化的基础，而一套标准化规则制定的流程有助于实现规制目标，同时合理的纠纷解决流程能够促使争议与分歧的快速解决。尽管我国尚未制定全国统一的行政程序法典，地方层面却已进行了许多探索，行政决策程序制度在法律表达上包括三项制度，即公众参与制度、集体审议制度和人大的批准和决定制度。① 除了人大的审批和决定制度之外，在电力行业规制中可以借鉴地方政府规章或重大行政决策程序中的公众参与和集体审议制度。在公众参与的实施中，征求意见、听证、专家论证环节必不可少，同时应当强化集体审议②的重要性，保证横向审议不被虚置。大多数情况下，国外规制规则制定中即便是经过了规制机关的审议之后，仍可能因听证、书面评论或公众议会存在异议，而需要经过多次的“审查－回应－修改”程序，以确保规制规则的合理性。因此，我国电力行业规制中非紧迫的规制规则，可以参考这一经典流程来制定。

## 第三节　电力行业中信息规制的完善

在政府规制领域，著名经济学家乔治·斯蒂格勒在其1962年发表的文章《规制者可以规制什么？——以电力行业为例》③中比较了受规制与不受规制的电力企业，指出规制可能并没有起到降低电价的效果，这篇文章引发了对电力行业规制效果的讨论。在对规制效果的讨论中，电力行业规制存在严重的信息不对称问题，这被学者们认为是造成电力行业规制难题的一个重要因素。

### 一、信息规制的作用

强制信息披露制度通过要求信息披露人给予披露对象相关的信息，从而使披露对象能够更明智地做出选择，也使披露人不能够滥用其优势地位。④ 电力行业

① 叶必丰：《行政决策的法律表达》，《法商研究》2016年第2期。

② 集体审议应包括内部分工、方案起草、意见处理、方案审议、首长决定等流程。

③ George J. Stigler and Friedland Claire, “What Can Regulators Regulate? The Case of Electricity,” *The Journal of Law & Economics* 5, (Oct. 1962): 1—16.

④ 欧姆瑞·本·沙哈尔、卡尔·施耐德：《过犹不及：强制披露的失败》，陈晓芳译，法律出版社，2015，第3页。

信息披露制度应主要包括发电企业信息披露、电网企业信息披露与电力交易中的信息披露。

电网企业可分为输电企业和配电企业，目前我国电力改革的重点就在于对输配电体系改革上，改变“统购统销”模式，确立“准许成本加合理收益模式”[①]。“准许成本加合理收益模式”需要规制机关对输配电企业的运营成本有准确的掌握，而从目前我国电力行业规制方式来看，并没有遵循标准的输配电成本核算法来进行规制。[②] 信息不足对成本详细计算造成了障碍，导致以现有成本计算为基础而进行的资源分配也会不合理，同时模糊的成本计算也会造成很大的寻租空间。因此，要求电网企业进行严格的信息披露，既能提升成本核算的准确性，也能防止其滥用市场支配地位，影响市场竞争的公平性。

除了对输配电环节规制之外，消费者“用脚投票”来促使企业优胜劣汰也是资源得以有效配置的重要因素。消费者处于电力生产到消费的最后环节，信息传递经过的距离最长，因此，消费者在信息掌握方面处于绝对的劣势地位。电力市场中消费者的积极引导作用，应当被学者们重视起来，通过构建和完善民间法层面的市场规则，使社会中间层和消费者的选择倒逼企业改进，这也需要以真实、全面的信息作支持。此外，电力行业上下游企业之间的交易也需要信息，来分辨交易对象的优劣。电力市场交易环节建立信息披露机制的必要性源于市场交易必须给交易双方提供足够且真实的信息，供买卖双方在市场上进行选择。因此，披露的信息应当包括发电企业(或机组)的报价数据与中标结果，以及全部的市场交易数据。

电力企业除了要通市场完成生产和交易，作为提供公共产品的企业还应当在生产和服务中承担促进循环经济发展、维护低碳与环保、实现公民的公用事业基本服务权等多种社会责任，成熟的信息披露机制能够促使企业主动承担这些义务。同时，在规制机关发布的社会责任报告中应尽可能地量化社会责任信息，对社会责任的承担效果进行货币化和数量化，其他不可以量化的信息可以选择用直观的文

---

① 《云南省输配电价改革试点方案》中明确表明：“输配电价应按准许成本加合理收益原则制定，引导电网合理投资，满足正常运行维护，促进电网健康发展”。

② 我国电力企业规制中，对电力经营企业运营成本的核算不能做到分项、分批，更遑论对成本精细化、集约化的处理。导致产生成本计算不精细问题的一个重要原因是，我国在输配电成本信息传输方面缺少综合完整的信息框架体系，对成本信息的传送不能做到及时、准确，在成本报表的内容上缺少合理严谨的说明与分析，企业掌控信息的手段和能力较强，易于误导规制部门。参见李昂、夏清：《第三方输配电成本监管方法探讨》，《电力系统自动化》2016 年第 10 期。

字进行描述。[①] 这些信息的作用一方面有利于电力行业规制与环境规制、碳规制、安全生产规制等规制相衔接；另一方面，这些信息能帮助规制机关、电力经营企业和公民清晰的了解电力生产、输配过程中会产生的各类成本。

最后，有了信息披露制度的支持，电网调度才可能发挥更好的作用。电网调度是电力系统核心的信息汇集点，电力改革使调度机关独立于发、售电企业之后势必会极大地提高电力行业对信息透明度的需求，从而结束电力规制机关一直不能依《电力监管条例》第22条接入规制信息系统的尴尬。

## 二、完善信息规制的方式

### （一）完善会计核算规制

目前，电力企业执行的是与一般性企业一致的会计准则，这种模式难以准确反映出发电成本、输配电成本与损耗，也就不能给电力行业规制机关提供准确的信息，因此对电力企业会计核算进行特殊性规制有其必要性。会计核算是对会计信息加工处理的方式，所以对会计核算的规制是掌握电力企业运营状况的重要手段。电力行业规制的会计制度以矫正和改善电力企业的会计信息披露为目的，规制机关应适时地对电力企业会计行为进行干预、管制和引导。规范化的会计信息、指标与核算方式是避免因会计信息不对称而产生的规制难题的重要途径，针对电力行业经济业务的特点，有学者建议将电力监管会计要素划分为有效资产、负债、所有者权益、准许收入、准许费用和准许收益六个要素。[②] 基于电力行业的特质，世界各国也都对电力行业会计核算制度加以了特殊规定，美国颁布了《公用电业统一会计制度》对会计核算规则及财务报告格式与内容进行了标准化。[③] 英国也颁布了类似的制度对电力行业会计核算加以规制，我国也应该进一步完善对电力会计核算的规制。

---

① 叶陈云，杜海霞：《中国电力企业社会责任会计信息披露的问题及改进策略》，《经济研究导刊》2014年第24期。

② 冯丽霞、范秀旺：《电力监管会计理论框架要素的特殊性探讨》，《财政监督》2012年第8期。

③ 参见《联邦能源监管委员会2015年年度报告》，http://www.ferc.gov/about/strat－docs/perf－finan/FY2015－summary.pdf，访问日期：2019年9月2日。

## (二)鼓励第三方机构披露信息

对于用户在信息上的弱势地位,可通过引入第三方信息披露机构的方式予以消除。9号文中明确了“有关部门要建立企业法人及其负责人、从业人员信用纪录,将其纳入统一的信用信息平台,使各类企业的信用状况透明、可追溯、可核查。加大监管力度,对企业和个人的违法失信行为予以公开,违法失信行为严重且影响电力安全的,要实行严格的行业禁入措施”①。笔者认为除了有关部门之外,第三方信息披露机构应当有权将电力企业成本信息对社会公开,使消费者知晓电网企业的成本状况。另外,对电力企业的社会责任报告经过第三方审验,因为企业的社会责任报告应该增加第三方审验才具有可信度和可读性。② 在引入第三方规制机构下,政府的博弈角色发生转变,从原来的博弈者转变成仲裁者,这使政府能够免于来自各方的压力,更清楚地制定规制规则与仲裁博弈。③ 因此,在电力经营企业信息披露之外,第三方信息披露机构承担起信息传递功能和信息评价功能,可以增强信息披露的有效程度。

由于电力企业比规制机关拥有绝对的信息优势地位,想要增加企业不按规定和要求披露信息的成本,有必要将信息披露中的失信行为纳入信用联合惩戒。规制机关可以将错误披露信息、怠于履行信息披露义务,或者披露信息与第三方信息机构公开信息严重不符的个人或企业,纳入严重失信名单,予以严格的信用联合惩戒。

## (三)灵活确定披露项目

在电力体制改革的背景下,电力行业规制的制度环境具有多变性,这需要规制机关保证规制手段能够与时俱进,在信息披露上也不例外。实际上,相互竞争或者是有交易关系的企业往往处在同样的信息优势地位,更有条件发现其竞争对手或者交易对象是否在生产经营上有违法违规行为。所以,基于企业比消费者更加了解行业,激活企业参与规制的动机,可以弥补用户信息不足的劣势。④ 当然,要让

① 中共中央、国务院《关于进一步深化电力体制改革的若干意见》(中发[2015]9号)。

② 叶陈云、杜海霞:《中国电力企业社会责任会计信息披露的问题及改进策略》,《经济研究导刊》2014年第24期。

③ 李昂、夏清等:《第三方输配电成本监管方法探讨》,《电力系统自动化》2016年第10期。

④ 吴锐:《我国食品安全私人监管刍议》,《兰州学刊》2015年第12期。

企业发挥作用，仍要以政府强制特定信息的披露作为保障，使企业之间能够相互监督。而如何确定信息披露种类、时间等，需要政府、企业、消费者和行业协会等共同协商。当强制披露的信息经过其他生产经营企业的诠释，就够为消费者“用脚投票”提供判断的信息基础，并以此建立制度化的声誉威慑机制。

## 第四节　保持规制手段合理化的制度措施

电力行业规制问题的解决需要不断地在规制实践中进行探索和总结。有经得起实践检验并被公民所认可的规制理论，是通过立法支持规制创新的保证，因为创新要有一定的法治环境作为基础。本节以公共选择理论中促进各类主体广义交易的视角来审视规制持续合理化的方式，从法律解释和规制过程两个方面进行阐述。

### 一、法律解释的商谈化

解释之于法治，不是解释与否而是如何解释。[①] 宪法拥有最高地位和效力，电力行业规制对公共利益的维护必须在宪法的框架内展开，政府应重视通过促进私人主体的选择自由来实现对宪法的阐释。布坎南认为，在理想而且不可否认是有限的情况下，只有当干预是价值促进而非价值减损性的，才能够实行这种得到宪法授权的政治干预。[②] 所以，应在保障个人选择自由，以及由此维护公共利益的基础上界定宪法规范的内涵，宪法秩序和选择自由的张力共同构成了现代法治所维护的价值。公共选择理论跟传统通过立法来促进客观社会公共利益的道路有所不同，既承认人们授予政府一定权力对行业进行干预的正当性，也强调通过维护私人主体的选择自由，要求对公权力施加更多的约束。也就是说，在宪法允许的政府干预之外，应当鼓励人们在实践中达成共识，通过事前商谈、交易与合作，事中的广泛参与，事后的积极反馈，不断地使公共领域内所有人的偏好获得最大程度的尊重。

福利国家这一理念的流行，不仅是为了实现公民的普遍需求，而且已经上升到了宪法对国家和市场的要求，政府基于此目的而对于私人主体施加的限制就是正义的，并且这种限制可以是多角度的。我们通常将市场理解为在产权清晰界定下，所有权人能够通过现实的市场实施其占有、适用、收益、处分的权利，并且政府不得

---

① 范进学：《法治反对解释吗：与陈金钊教授商榷》，《法制与社会发展》2008 年第 1 期。

② 詹姆斯・布坎南：《宪法秩序的经济学与伦理学》，朱泱译，商务印书馆，2008，第 139 页。

对此进行干预。而要实现福利国家的目标，政府必须对私人主体的意思自治进行必要的限制，这种限制要具有正当性，则必须符合宪法精神与法律形式，这二者实现的路径就是符合“一致同意”(或是多数决)原则。由于在我国通常由国家机关垄断宪法法律解释权，此种解释模式会引发“作为立法者的人民”潜在反对“作为制宪者的人民”之法理困境，无法有效地获得理论与逻辑的自洽。[①] 在行业规制领域，会造成“作为受规制约束的人民”与“作为立法者的人民”的互相反对，而导致这一结果的原因正是规制机关对客观利益的追崇与被规制主体主观利益的感受之间存在冲突。

法学重视概念和逻辑的演绎，而这种演绎的基础即是长期形成的，也伴随着人们对一些价值的认知变化而改变。在公共领域形成的共识通常被认为是有利于全体公民的，但是现代规制国家中基于利益的分化，“所有人利益都是客观一致的”这种逻辑难以再使每个人的效用都能够获得等量的增加，单纯基于法律概念的演绎会使得文义解释、历史解释、体系解释、目的解释等传统方法显得不够确定和灵活。比如，在我国国家所有权制度的争论中，对于公共所有权所持的谨慎态度和对公权力滥用的担忧导致对公共所有权的解释进退维谷，一方面学者们想要及时通过明确法律概念或者立法解释来限制公共所有权的内涵，另一方面又担心仓促立法和解释不能保持其普遍性和长期性。在政府进行经济和社会规制时，内容和关系的复杂性使得法律解释想要拥有固定模式，且做到一劳永逸几乎是不可能的。规制领域法律的解释即受既于人们的理论与认知水平的不断积累，也受限于实践中规制行为与规制结果之间因果关系显露的渐进过程。因此，通过商谈给出相对确定、时效性强、符合民主价值的法律解释，能够避免法律实现过程中出现由于规制机关的局限性而引发的各类问题，重视个人选择自由的法律解释路径是促使现代政府合理规制的前提。

在法律解释上让共同利益的内涵确定回归个人主义方法，有利于使政府的行为真正符合全体公民的利益。维护公共利益的方式应当是在法律框架内，维护每个人选择符合自己利益行为的空间，尽可能少的让行政机关代替私人主体做出判断。既然所有对私人权利的限制都应当能够找到法律上直接或间接的依据，那么在限制之外则应当促进多元主体在各个层面上的参与。认可人们可以选择形成公正的规则，很容易让人们想起罗尔斯的正义论。但区别是罗尔斯的正义观念下，通

---

① 王旭:《我国宪法实施中的商谈机制:去蔽与建构》,《中外法学》2011 年第 3 期。

过“无知之幕”[1]的假设抹去了个人之间在现实社会的差别，同时赋予了参与立法的个人以布坎南意义上的立宪理论，正是具备了这种条件才会使规则具有正义性。然而，现实中立法者在立法过程中即可能存在自我偏私，也可能缺乏立宪理论[2]。这就使对法律抽象条文的解释变得十分重要，因为通过解释可以通过灵活塑造抽象的法律，使其更具有现实指导性。政府规制都应当能够找到法律层面的依据，这是因为在解释法律时应当寻求的共识不应仅限于单个事件，而应当放在人们所认可的各类价值体系与权利体系中寻找坐标，以避免解释因“群氓意识”的一时兴起而出现偏差。同时，由于这种共识源自人们的充分交流与讨价还价，这种解释方式就可能会有更多的折中属性，显示各种利益主体的妥协，继而明晰规制目标。总之，法律解释方式的改变会带来规制目标的变化，伴随着规制目标的改变，规制手段也需要做出相应的改变。

创新规制方式是为了使权力的行使获得最大共识，而法律解释的商谈化正是为了在法律解释层面达成这种共识。目前，法律解释的商谈化在我国现行法中可以找到构建的依据，比如《中华人民共和国立法法》第 45 条明确了法律解释权属于全国人大常委员会，《各级人民代表大会常务委员会监督法》第 39 条的规定[3]同时明确了各级人大常委会可以组织调查委员会，以及《中华人民共和国选举法》第 46 条[4]赋予选民或者选举单位有罢免自己选出代表的权利，而构建了一条公民参与法律解释的路径。[5] 虽然难以使这一商谈机制全面推广，但是在落实电力行业相关法律规范的过程中，规制机关仍可以通过非正式程序来主动寻求与其他主体进行商谈。在电力行业规制中，法律解释的商谈化可以一定程度上给予电力市场的边界以确定性，通过商谈来确定哪些领域应当适用《中华人民共和国反垄断法》的规定，予以开放竞争；为了保障竞争，应当如何确定具体的竞争政策；为了避免非竞争领域损害公共利益，又应当如何选取适当的规制手段。这一系列的起点都在于

---

① 约翰·罗尔斯：《正义论(修订版)》，何怀宏等译，中国社会科学出版社，2009。

② 公民对立宪理论的缺乏不能通过成立专门的立法委员会来弥补，因为如果规则对个人行为和选择的行为并没有实际暴露出来，人们也就没有据此修正立宪理论的依据。

③ 《各级人民代表大会常务委员会监督法》第 39 条规定“各级人民代表大会常务委员会对属于其职权范围内的事项，需要作出决议、决定，但有关重大事实不清的，可以组织关于特定问题的调查委员会”。

④ 《中华人民共和国选举法》第 46 条规定“全国和地方各级人民代表大会的代表，受选民和原选举单位的监督。选民或者选举单位都有权罢免自己选出的代表”。

⑤ 王旭：《我国宪法实施中的商谈机制：去蔽与建构》，《中外法学》2011 年第 3 期。

对法律进行合理的解释，而合理性又能被“商谈”所增强。[①]

## 二、规制中重视多元主体的参与和合作

规制任务的多元化是不可逆转的趋势，公共选择理论强化了多元主体利益表达的重要性，用交换范式而不是效益最大化范式来提升规则本身的正义性，这也会促使人们重视基于合作型的社会安排。合作的范围可以从最为简单的两个人、两种商品的交易过程扩展至跨国组织的最为复杂的、准宪法性的安排。[②] 又因为暴力和极端手段被认为是解决问题的非常态方式，公共选择主张寻找利益冲突双方的共识，并在此基础上通过谈判和交易达成有利于双方的协议。也就是说，我们应当在根本规则层面约束条件下，通过维护私人主体的选择自由和互相妥协来寻求目的与手段的统一。另外，除了利益的协调和分配，以商谈和辩论为形式的偏好表达，能够提高被规制者对规则的接受和认同程度。因为，结果的可接受性不仅同论据的质量相连接，而且同论辩过程的结构相连接。[③]

宪法层面规则的抽象与现实社会的不断变迁，决定了公法要约束规制机关完成日益复杂的规制任务，整个公法的构造不能再是完全封闭的体系。传统上，行政任务的有限性和实现手段的单一性，构成了传统行政法“传送带”模式有效运作的基础。[④] 在任务多样化和复杂化的情况下，政府直接依据自身需求拟定的规则往往是低效的或不成功的。比如，奥斯特罗姆教授在《公共事务的治理之道》一书中展示成功治理案例没有一个是由中央政府直接实施规制的，大多数成功案例中的制度安排都是规制机关与私人主体的多方面结合。[⑤] 这说明通过利益代表参与规

① 哈贝马斯在其交往合理性理论基础上提出的法律商谈理论，认为法律是否合法的根据不在于它是否实际有效，而在于它是否体现了一种以对话为前提要件的法律商谈精神。参见韩德明：《法律因何合法、怎样合理：法律商谈论语境中的考察》，《法制与社会发展》2006 年第 2 期。

② 詹姆斯·布坎南：《宪法秩序的经济学与伦理学》，朱泱译，商务印书馆，2008，第 15 页。

③ 哈贝马斯：《在事实与规范之间》，童世骏译，上海三联书店，2003，第 277 页。

④ 行政任务的有限性和实现手段的单一性客观上则塑成了行政作用的基本形态：单面向的规制形态，即行政活动往往是一个不断通过执行法律以及规范个案的行政规制来限制、推动或压制社会的过程。参见徐键：《行政任务的多元化与行政法的结构性变革》，《现代法学》2009 年第 3 期。

⑤ 埃莉诺·奥斯特罗姆：《公共事务的治理之道：集体行动制度的演进》，余逊达译，上海译文出版社，2012，第 213 页。

制规则的形成，可以提高规制规则和规制决策的质量，克服偏重单一利益集团所带来的弊病。斯图尔特教授甚至认为，“应当将参与决策的范围延展到福利受益人、学生、政府缔约者和其他松散组织团体的‘公共利益’代表。”[①]

规制机关在规制过程中，尤其是在实施分配性规制和提供公共产品、服务时，需要由单纯的“行政者”的角色转变成为“治理者”。治理意味着在不同的非专业化领域之间，尤其是在经济、政治和社会领域之间协调，[②]想要成功地协调这些公私主体之间的关系，不能仅靠规制机关一方面的力量，私人主体在效率方面的优势是不可忽略的。另外，规制中的参与权是公众参与管理国家行政事务的权利，是公民政治参与权在规制活动中的延伸与具体化。[③] 规制中公私主体的合作在很多情况下都是达成规制目标下的最佳方式，因为这种合作中每一方更可能发挥自己的优势。

在电力行业规制机关经受概括授权的情况下，必须明确规制规则形成中的参与合作不同于规制规则实施中的参与合作。前者是以塑造合理规则为导向，而后者是以合理实施规则为导向。这种区分的意义在于，规则形成之前应当尽可能吸纳利益相关主体的意见表达，而在规则实施阶段，则需要依据被规制特定主体的经营状况和规制空间，来选择对企业成本较小且能有效达成规制目标的规制方式。

## 第五节　本章小结

在法律的概括授权下，规制机关应当更灵活地行使权力，电力行业的进入许可不应成为影响企业进入的单一因素，更重要的是帮助塑造企业进入后的规制环境和竞争环境。为了维持良好的规制环境，依据本书的研究思路，规制方式也应当的是动态和可变的，因此本章对于规制方式的讨论重点体现在对既有的共识和规制方式的创新方面。准入规制、标准规制和信息规制是电力行业规制中三种主要的规制工具，在我国电力市场改革中，这三种规制工具应当“选什么、怎么用、怎么协调”构成了研究的主要命题。在规制的改革过程中，我们所能给出的规制建议仅能是策略性和原则性的。在复杂关系交织的电力行业，更需要通过法律解释的商谈化，不断在实践中塑造规制的法律环境，同时在规制的实施中重视多元主体的参与合作，最终实现规制方式的创新，维持规制手的段持续合理化。

---

① 理查德·斯图尔特：《美国行政法的重构》，沈岿译，商务印书馆，2002，第 85 - 87 页。

② 让·皮埃尔·戈丹：《何谓治理》，钟震宇译，社会科学文献出版社，2010，第 95 页。

③ 邓佑文：《论公众行政参与权的权力性》，《政治与法律》2015 年第 10 期。

# 参考文献

中文著作类

[1]赫费.政治的正义性[M].庞学铨,译.上海:上海译文出版社,2014.

[2]奥格斯.规制:法律形式与经济学理论[M].骆梅英,译.北京:中国人民大学出版社,2008.

[3]弗洛姆.对自由的恐惧[M].许合平,朱士群,译.北京:国际文化出版社,1988.

[4]奥斯特罗姆.公共事务的治理之道:集体行动制度的演进[M].余逊达,译.上海:上海译文出版社,2012.

[5]史普博.管制与市场[M].余晖,等译.上海:格致出版社、上海三联书店、上海人民出版社,2008.

[6]约翰逊.社会学理论[M].南开大学社会学系,译.北京:国际文化出版公司,1988.

[7]斯图尔特.美国行政法重构[M].沈岿,译.北京:商务印书馆,2011.

[8]陈建华.中国电力:普遍服务供给规制研究[M].北京:中国经济出版社,2013.

[9]陈云辉,胡朝华.计划管理:电网企业管理实务[M].北京:中国电力出版社,2015.

[10]萨瓦斯.民营化与公私部门的伙伴关系[M].周至忍,等译.北京:中国人民大学出版社,2002.

[11]霍克海默,阿多诺.启蒙辩证法[M].渠敬东,等译.上海:上海人民出版社,2003.

[12]琼斯.光电帝国:电力发展史上的巨人和他们的战争[M].吴敏,译.北京:中信出版社,2006.

[13]国家电力监管委员会市场监管部.电力市场标准化设计和评价体系[M].北京:中国电力出版社,2010.

[14]国家电网公司.中国电力市场分析与研究[M].北京:中国电力出版社,2004.

[15]国家电力监管委员会南方监管局.南方电力监管时间、探索与思考[M].北京:

中国电力出版社,2012.
[16]国家发展改革委体改司.电力体制改革解读[M].北京:人民出版社,2015.
[17]沃尔夫,巴霍夫,施托贝尔.行政法[M].高家伟,译.北京:商务印书馆,2007.
[18]察赫.福利社会的欧洲设计:察赫社会法文集[M].刘冬梅,杨一帆,译.北京:北京大学出版社,2014.
[19]霍布斯.利维坦[M].黎思复,黎廷弼,译.北京:商务印书馆,1985.
[20]后向东.美国联邦信息公开制度研究[M].北京:中国法制出版社,2014.
[21]海涅曼.政策分析师的世界[M].李玲玲,译.北京:北京大学出版社,2011.
[22]哈贝马斯.在事实与规范之间[M].童世骏,译.上海:上海三联书店,2003.
[23]马肖.创设行政宪制:被遗忘的美国行政法百年史(1787—1887)[M].宋华琳,张力,译.北京:中国政法大学出版社,2016.
[24]马肖.贪婪、混沌和治理[M].宋功德,译.北京:商务印书馆,2009.
[25]吕贝尔斯.美国规章制定导论[M].江澎涛,译.北京:中国法制出版社,2016.
[26]布伦南,布坎南.宪政经济学[M].冯克利,译.北京:中国社会科学出版社,2004.
[27]罗斯维尔,戈梅兹.电力经济学:管制与放松管制[M].叶泽,译.北京:中国电力出版社,2007.
[28]季卫东.通往法制的道路:社会的多元化与权威体系[M].北京:法律出版社,2014.
[29]桑斯坦.简化:政府的未来[M].陈丽芳,译.北京:中信出版社,2015.
[30]桑斯坦.罗斯福宪法:第二权利法案的历史与未来[M].毕竟悦,高瞰,译.北京:中国政法学出版社,2016.
[31]桑斯坦.风险与理性:安全、法律及环境[M].师帅,译.北京:中国政法大学出版社,2005.
[32]桑斯坦.权利革命之后:重塑规制国[M].钟瑞华,译.北京:中国人民大学出版社,2008.
[33]鲍利特.重要的公共管理者[M].孙迎春,译.北京:北京大学出版社,2011.
[34]孔飞力.中国现代国家的起源[M].陈兼,陈之宏,译.上海:生活·读书·新知三联出版社,2013.
[35]沃伦.政治体制中的行政法[M].王丛虎,等译.北京:中国人民大学出版社,2005.

[36]康晓光.权力的转移[M].杭州:浙江人民出版社,1999.
[37]斯图尔特.美国行政法的重构[M].沈岿,译.北京:商务印书馆,2002.
[38]刘水林.经济法基本范畴的整体主义解释[M].厦门:厦门大学出版社,2006.
[39]刘敬鲁.经济哲学[M].北京:中国人民大学出版社,2008.
[40]洛克.政府论(下篇)[M].叶启芳,瞿菊农,译.北京:商务印书馆,1964.
[41]卢曼.社会的法律[M].赵伊倩,译.北京:人民出版社,2009.
[42]庞德.通过法律的社会控制[M].沈宗灵,译.北京:商务印书馆,2010.
[43]非希,卡佩里耶.最美哲学史[M].胡杨,译.上海:上海书店出版社,2015.
[44]李洪雷.行政法释义学:行政法学理论的更新[M].北京:中国人民大学出版社,2014.
[45]李建良.行政法基本十讲[M].台北:元照出版公司,2011.
[46]罗尔斯.正义论(修订版)[M].何怀宏,等译.北京:中国社会科学出版社,2009.
[47]李昌麒.寻求经济法真谛之路[M].北京:法律出版社,2003.
[48]涂尔干.社会分工论[M].渠东,译.上海:生活·读书·新知三联出版社,2013.
[49]韦伯.韦伯作品集Ⅲ:支配社会学[M].康乐,简惠美,译.桂林:广西师范大学出版社,2004.
[50]洛克林.公法与政治理论[M].郑戈,译.北京:商务印书馆,2004.
[51]奥里乌.法源:权力、秩序与自由[M].鲁仁,译.北京:商务印书馆,2015.
[52]马克思.马克思恩格斯选集(第3卷)[M].北京:人民出版社,1972.
[53]米塞斯.人的行为(上)[M].夏道平,译.台北:远流出版事业股份有限公司,1991.
[54]艾斯纳.规制政治的转轨(第二版)[M].尹灿,译.北京:中国人民大学出版社,2015.
[55]戴弗雷姆.法社会学讲义:学术脉络与理论体系[M].郭星华,邢朝国,梁坤,译.北京:北京大学出版社,2010.
[56]费恩塔克.规制中的公共利益[M].戴昕,译.北京:中国人民大学出版社,2014.
[57]茅铭晨.政府管制法学原论[M].上海:上海财经大学出版社,2005.
[58]霍维茨.美国法的变迁(1780—1860)[M].谢鸿飞,译.北京:中国政法大学出

版社,2005.

[59]沙哈尔,施耐德.过犹不及:强制披露的失败[M].陈晓芳,译.北京:法律出版社,2015.

[60]戈丹.何谓治理[M].钟震宇,译.北京:社会科学文献出版社,2010.

[61]史密斯.政治哲学[M].贺晴川,译.北京:北京联合出版公司,2015.

[62]史际春,邓峰.经济法总论[M].北京:法律出版社,2008.

[63]施本植,张荐华,蔡春林等.国外经济规制改革的实践及经验[M].上海:上海财经大学出版社,2006.

[64]唐昭霞.中国电力市场结构规制改革研究[M].成都:西南财经大学出版社,2011.

[65]翁岳生.行政法(上册)[M].台北:翰芦图书出版有限公司,2000.

[66]王克稳.经济行政法基本论[M].北京:北京大学出版社,2004.

[67]王林生,张汉林.发达国家规制改革与绩效[M].上海:上海财经大学出版社,2006.

[68]王正刚,赵建宝.电网企业:标准化建设实践[M].北京:中国电力出版社,2014.

[69]金里卡.当代政治哲学[M].刘莘,译.上海:上海译文出版社,2015.

[70]魏伯乐,扬,马塞厄斯芬格.私有化的局限[M].王小卫,等译.上海:上海三联书店,上海人民出版社,2006.

[71]武建东.深化中国电力体制改革绿皮书[M].北京:光明日报出版社,2013.

[72]邢鸿飞,徐金海.公用事业法原论[M].北京:中国方正出版社,2009.

[73]许峰.中国公用事业改革中的亲贫规制研究[M].上海:上海人民出版社,2008.

[74]夏珑,史胜安.善治理念下的中国电力管理体制改革研究[M].保定:河北大学出版社,2012.

[75]杨力.法律思维与法学经典阅读:以《哈特法律的概念》为样本[M].上海:上海交通大学出版社,2012.

[76]杨娟.电力价格监管:模式选择与结构设计[M].北京:中国市场出版社,2012.

[77]伊特韦尔.新帕尔格雷夫经济学大辞典(第4卷)[M].北京:经济科学出版社,1999.

[78]叶必丰.行政法的人文精神[M].北京:北京大学出版社,2005.

[79]亚里士多德.政治学[M].吴寿彭,译.北京:商务印书馆,1965.

[80]余凌云.行政法讲义[M].北京:清华大学出版社,2010.

[81]张千帆.宪政、法治与经济发展[M].北京:北京大学出版社,2004.

[82]张康之.合作的社会及其治理[M].上海:上海人民出版社,2014.

[83]张汉林,蔡春林.韩国规制改革:经济合作与发展组织考察报告[M].上海:上海财经大学出版社,2007.

[84]周学荣.政府规制论[M].武汉:湖北人民出版社,2010.

[85]植草益.微观规制经济学[M].朱绍文,等译.北京:中国发展出版社,1992.

[86]布坎南.宪法秩序的经济学与伦理学[M].朱泱,译.北京:商务印书馆,2008.

[87]布坎南.为什么我也不是保守派:古典自由主义的典型看法[M].麻勇爱,译.北京:机械工业出版社,2015.

[88]哈克尼.非凡的时光:重返美国法学的巅峰[M].榆风,译.北京:北京大学出版社,2016.

[89]布坎南.自由市场与国家[M].平新乔,莫扶民,译.北京:北京经济学院出版社,1988.

[90]朱虎.规制法与侵权法[M].北京:中国人民大学出版社,2018.

中文期刊类

[1]阿提拉·马扬,姚森元,等.社会政策:“欧洲模式”适合中国吗?[J].华东师范大学学报(哲学社会科学版),2016,48(05):90-101,193.

[2]白玫.新一轮电力体制改革的目标、难点和路径选择[J].价格理论与实践,2014(07):10-15.

[3]白让让,王小芳.规制权力配置、下游垄断与中国电力产业的接入歧视:理论分析与初步的实证检验[J].经济学(季刊),2009,8(02):611-634.

[4]包晓峰,于占东.美国政府规制灵活性制度研究与借鉴[J].社会科学辑刊,2008(01):99-101.

[5]陈剑.公用事业规制体系运行机理及其下一步[J].改革,2012(08):107-113.

[6]陈爱娥.行政法学的方法:传统行政法释义学的续造[J].行政法论丛,2014,17(00):1-20.

[7]陈云良.从授权到控权:经济法的中国化路径[J].政法论坛,2015,33(02):158-166.

[8]董溯战.中国电力领域民间资本准入法律问题研究[J].经济体制改革,2014(01):19-23.

[9]邓佑文.论公众行政参与权的权力性[J].政治与法律,2015(10):74-84.

[10]邓佑文.行政参与权的政府保障义务:证成、构造与展开[J].法商研究,2016,33(06):61-72.

[11]丁东红.论福利国家理论的渊源与发展[J].中共中央党校学报,2011,15(02):55-60.

[12]范进学.法学视野下的“创新社会管理”分析[J].政治与法律,2012(04):2-11.

[13]范进学.“法治反对解释”吗:与陈金钊教授商榷[J].法制与社会发展,2008(01):127-133.

[14]方钦.制度:一种基于社会科学分析框架的表诠[J].学术月刊,2016,48(02):66-75.

[15]方新军.为权利的意志说正名:一个类型化的视角[J].法制与社会发展,2010,16(06):3-18.

[16]高景柱.民主平等观的困境及超越:罗尔斯与德沃金之争[J].南京社会科学,2007(11):61-66.

[17]塔洛克,左建龙.什么是公共选择理论?[J].国外社会科学,1991(11):59-62.

[18]黄良进,何立军,肖代柏.网络治理视角下的中国电力监管改革[J].新视野,2010(02):28-29.

[19]黄小云.中国电力产业规制演变与目标绩效评价[J].兰州学刊,2012(03):107-112.

[20]黄德春.发达国家与发展中国家规制改革的比较研究[J].科技管理研究,2006(07):223-226.

[21]霍伟岸.自然法、财产权与上帝:论洛克的正义观[J].学术月刊,2015,47(07):75-87.

[22]胡世玲,王鹏.浅析科技进步与电力发展[J].引文版:工程技术,2016,000(001):46-46,136.

[23]晋自力,陈松伟.欧盟电力市场化改革及其启示[J].生产力研究,2009(16):133-134,155.

[24]姜宗朴. 电业职工盼望《电力法》[J]. 华北电业,1996(04):18—19.

[25]季涛. 行政权的扩张与控制:行政法核心理念的新阐释[J]. 中国法学,1997(02):78-88.

[26]蒋红珍. 论协商性政府规制:解读视角和研究疆域的初步厘定[J]. 上海交通大学学报(哲学社会科学版),2008(05):28-35.

[27]蒋红珍. 治愈行政僵化:美国规制性协商机制及其启示[J]. 华东政法大学学报,2014(03):63-75.

[28]杰克 M·伯曼. 美国行政规章制定程序[J]. 行政法学研究,1996(02):71-77.

[29]劳东燕. 风险社会与变动中的刑法理论[J]. 中外法学,2014,26(01):70-102.

[30]靳凤林. 法国公众辩论与听证制度及政府行政伦理决策:法电集团欧洲先进压水堆项目个案分析[J]. 科学社会主义,2007(03):153-156.

[31]理查德,高秦伟,王芳蕾. 规则制定与行政程序法[J]. 国家行政学院学报,2006(02):92-95.

[32]绿色和平与联合国政府间气候变化委员会(IPCC)气候第五工作小组专家. 雾霾真相:京津冀地区 PM2.5 污染解析及减排策略研究[J]. 低碳世界,2013(22):21-23.

[33]雷德雨. 国外公用事业规制经济学研究动态述评[J]. 人民论坛,2014(02):102-104.

[34]骆梅英. 从"效率"到"权利":民营化后公用事业规制的目标与框架[J]. 国家行政学院学报,2013(04):78-82.

[35]骆梅英. 论公用事业基本服务权[J]. 华东政法大学学报,2014(01):13-24.

[36]刘水林,吴锐. 论"规制行政法"的范式革命[J]. 法律科学(西北政法大学学报),2016,34(03):60-71.

[37]刘水林. 经济法的问题意识、观念基础和本质属性[J]. 经济法论坛,2013(1):3-16.

[38]石良平,刘小倩. 中国电力行业规制效果实证分析[J]. 财经研究,2007(07):134-143.

[39]刘涛. 法教义学危机:系统理论的解读[J]. 法学家,2016(05):160-174,180.

[40]刘宇晖. 对我国电力法体系的构想:以构建和维护竞争性电力市场为价值目标[J]. 河北法学,2008(07):121—124.

[41]刘翀. 论目的主义的制定法解释方法:以美国法律过程学派的目的主义版本为

中心的分析[J].法律科学(西北政法大学学报),2013,31(02):33-42.
[42]吕忠梅.体制改革后的电力立法模式选择[J].理论月刊,2003(11):101-104.
[43]李钺.完善我国电力监管法律制度的构想[J].科技情报开发与经济,2005(10):79-80.
[44]李虹.电力监管的目标分析[J].经济学家,2005(01):119-121.
[45]李春成.公共利益的概念建构评析:行政伦理学的视角[J].复旦学报(社会科学版),2003(01):43-48,66.
[46]李建华.公共政策程序正义及其价值[J].中国社会科学,2009(01):64-69,205.
[47]李政大,袁晓玲,杨万平.环境质量评价研究现状、困惑和展望[J].资源科学,2014,36(01):175-181.
[48]李洪雷.中国行政诉讼制度发展的新路向[J].行政法学研究,2013(01):46-52.
[49]龙晟.社会国的宪法意义[J].环球法律评论,2010,32(03):47-58.
[50]林志鹏,孙平.公共选择理论与公共政策的非公共性分析[J].行政与法,2000(06):9-10.
[51]李炜光.从维克塞尔到布坎南:公共财政理论的蹊径演进[J].读书,2012,(04):3-13.
[52]廖红伟.国有电力垄断行业的价格规制改革与制度创新[J].江汉论坛,2013(05):74-78.
[53]卢周来.国企民营化无助于社会公平[J].国企,2013(11):104-105.
[54]栾昊,刘进.竞争太激烈!未来售电公司拿什么来比拼?[J].能源杂志,2015(11).
[55]梁树广.规制改革对我国发电行业上市公司绩效影响的实证研究:基于面板数据和随机前沿分析方法[J].产业经济评论,2012,11(01):35-56.
[56]米歇尔·施托莱斯,王银宏.干预性国家的形成与德国行政法的发展[J].行政法学研究,2015(05):3-18.
[57]马俊驹,龚向前.论能源法的变革[J].中国法学,2007(03):147-155.
[58]任剑新.美国反垄断思想的新发展:芝加哥学派与后芝加哥学派的比较[J].环球法律评论,2004(02):234-245.
[59]单飞跃.中国经济法部门的形成:轨迹、事件与特征[J].现代法学,2013,35

(04):10-17.
[60]沈岿.监控者与管理者可否合一:行政法学体系转型的基础问题[J].中国法学,2016(01):105-125.
[61]史际春,肖竹.公用事业民营化及其相关法律问题研究[J].北京大学学报(哲学社会科学版),2004(04):79-86.
[62]孙伟增,罗党论,郑思齐,万广华.环保考核、地方官员晋升与环境治理:基于2004—2009年中国86个重点城市的经验证据[J].清华大学学报(哲学社会科学版),2014,29(04):49-62,171.
[63]斯蒂格利茨,宋华琳.自由、知情权和公共话语:透明化在公共生活中的作用[J].环球法律评论,2002(03):263-273.
[64]宋华琳.作为宪法具体化的行政法:《公法学札记》的札记[J].中外法学,2003(5).
[65]唐纳德·萨逊,丁怡.欧洲福利国家:历史演变与改革现状[J].社会保障研究,2008(01):23-33.
[66]唐松林,任玉珑.电力行业政府监管体制改革:国外经验与中国对策[J].经济问题探索,2008(08):161-166.
[67]唐敏.我国输配电网公平开放的法律路径选择[J].西南民族大学学报(人文社会科学版),2013,34(03):84-88.
[68]童之伟.法律关系的内容重估和概念重整[J].中国法学,1999(06):24-32.
[69]王侃,李汉铃.电力监管监督机制的新思路[J].自然辩证法研究,2006(05):78-82.
[70]吴思珺.我国电力行业政府监管存在的问题及解决措施[J].武汉交通职业学院学报,2011,13(03):17-20.
[71]吴锐.论风险社会语境下司法的风险预防功能[J].兰州大学学报(社会科学版),2015,43(05):84-94.
[72]吴锐.我国食品安全私人监管刍议[J].兰州学刊,2015(12):140-146.
[73]王春娟.科层制的涵义及结构特征分析:兼评韦伯的科层制理论[J].学术交流,2006(05):56-60.
[74]王丽娜.论我国电力业务许可制度的重构[J].社会科学家,2011(09):145-148.
[75]王燕,李文兴.回报率规制中道德风险问题的模型研究[J].中国软科学,2006

(05):142－148.

[76]王旭.我国宪法实施中的商谈机制:去蔽与建构[J].中外法学,2011,23(03):500－517.

[77]王旭. 宪法商谈论[J]. 人大法律评论，2015(1):218－245.

[78]王锡锌.行政正当性需求的回归:中国新行政法概念的提出、逻辑与制度框架[J].清华法学,2009,3(02):100－114.

[79]王保树.市场经济与经济民主[J].中国法学,1994(02):42－50.

[80]王志轩.我国电力工业环境保护现状与展望[J].中国电力,1999(10):48－53.

[81]王祥薇.电力企业滥用市场支配地位行为的法律规制[J].安徽警官职业学院学报,2007(04):38－40.

[82]王海霞，周晓梦，白运增. 国外电力市场改革借鉴[J]. 价格与市场，2011(10):37－39.

[83]夏志强,付亚南.公共服务多元主体合作供给模式的缺陷与治理[J].上海行政学院学报,2013,14(04):39－45.

[84]徐继强.宪法权利规范的结构及其推理方式[J].法学研究,2010,32(04):3－23.

[85]徐孟洲,谢增毅.一部颇具经济法理念的产品质量法:兼评我国《产品质量法》的修改[J].法学家,2001(05):60－65.

[86]薛克鹏.经济行政法理论探源:经济法语境下的经济行政法[J].当代法学,2013,27(05):123－130.

[87]邢鸿飞.软法治理的迷失与归位:对政府规制中软法治理理论和实践的思考[J].南京大学学报(哲学.人文科学.社会科学版),2007(05):126－133,144.

[88]徐健.行政任务的多元化与行政法的结构性变革[J].现代法学,2009,31(03):22－33.

[89]杨辉,张蓉蓉.供电企业滥用市场支配地位行为的法律规制[J].华北电力大学学报(社会科学版),2009(03):74－80.

[90]杨解君.当代中国能源立法面临的问题与瓶颈及其破解[J].南京社会科学,2013(12):92－99,106.

[91]杨解君.全球化与中国行政法的应对:改革路径的分析[J].学术研究,2012(11):41－45.

[92]杨解朴.德国福利国家的自我校正[J].欧洲研究,2008(04):131－144,8.

[93]杨建顺.公共选择理论与司法权的界限[J].法学论坛,2003(03):11-19.

[94]杨海坤,郭朋.公用事业民营化管制与公共利益保护[J].当代法学,2006(05):47-56.

[95]于立深.公法的“知识瓶颈”与方法论变革[J].法制与社会发展,2007(04):96-107.

[96]于立深.多元行政任务下的行政机关自我规制[J].当代法学,2014,28(01):12-20.

[97]于立深.概念法学和政府管制背景下的新行政法[J].法学家,2009(03):55-66,157.

[98]于洋.电改,管制能不能有效升级?[J].环境经济,2015(10):28.

[99]于立宏,郁义鸿.需求波动下的煤电纵向关系安排与政府规制[J].管理世界,2006(04):73-86.

[100]赵海滨.政策工具视角下我国清洁能源发展政策分析[J].浙江社会科学,2016(02):140-144,160.

[101]张冰.论电网企业滥用市场支配地位行为的立法规制[J].西安交通大学学报(社会科学版),2012,32(06):93-97,104.

[102]章志远.公用事业特许经营及其政府规制:兼论公私合作背景下行政法学研究之转变[J].法商研究,2007(02):3-10.

[103]张淑芳.社会行政法的范畴及规制模式研究[J].中国法学,2009(06):41-54.

[104]张千帆.“公共利益”的构成:对行政法的目标以及“平衡”的意义之探讨[J].比较法研究,2005(05):5-18.

[105]张继恒.从“规范教义”到“法理守则”:经济法学研究之转型[J].法商研究,2015,32(05):63-72.

[106]张占江.电力行业的反垄断法规制研究[J].华北电力大学学报(社会科学版),2006(04):86-91.

[107]张占江.自然垄断行业的反垄断法适用:以电力行业为例[J].法学研究,2006(06):53-68.

[108]张永伟.行政观念更新与行政法范式的转变[J].法律科学.西北政法学院学报,2001(02):35-40.

[109]张占江.中国法律竞争评估制度的建构[J].法学,2015(04):67-83.

[110]赵敦华.谈谈道德起源问题[J].云南大学学报(社会科学版),2006(03):13-28,94.

[111]左大培.瓦尔特·欧肯的经济政策学说[J].经济社会体制比较,1987(03):42-45.

[112]朱维涛.论《电力法》修改:“从行政管理法”到“现代意义上的经济法”[J].中国电力企业管理,2006(05):8-11.

[113]郑新业.加强监管能力建设 推进输配电价改革[J].价格理论与实践,2016(02):32-34.

[114]章剑生.现代行政法面临的挑战及其回应[J].法商研究,2006(06):47-53.

[115]周平.对民族国家的再认识[J].政治学研究,2009(04):89-99.

[116]周凤翱,许婷.外国电力监管机构设置的模式[J].中国电力教育,2005(03):18-20.

[117]陈飞,刘军,张阳阳.电力市场建设的目标、约束与评价标准[J].价格理论与实践,2017(12):38-43.

[118]王俊豪,金暄暄.中国能源监管体制深化改革研究[J].经济学家,2020(09):95-103.

[119]叶泽,吴永飞,张新华.需求响应下解决交叉补贴的阶梯电价方案研究:基于社会福利最大化视角[J].中国管理科学,2019(04):149-159.

[120]李艳芳,吴倩.论我国《电力法》的现代化转型[J].中州学刊,2020(07):40-48.

[121]白玫.日本电力工业市场化改革及其对我国的启示[J].价格理论与实践,2017(07):19-24.

[122]艾崧溥,胡殿凯,张桐,等.能源互联网电力交易区块链中的关键技术[J].电力建设,2021(06):44-57.

[123]孙素苗,迟东训,于波,等.构建新型电力市场体系及电价机制[J].宏观经济管理,2021(03):71-77.

[124]胡辉华.行业协会职能定位的依据源自何处?以广东省电力行业协会的成长为例[J].暨南学报(哲学社会科学版),2018(12):19-34.

[125]白玫,何爱民.美国电力市场监管体系与监控机制[J].价格理论与实践,2017(04):15-19.

[126]杨娟,刘树杰.我国输配电价格改革研究[J].经济纵横,2017(09):30-42.

[127]刘梅娟,金佳颖,喻海霞.电力行业碳交易试点上市公司碳信息披露研究[J].财会通讯,2021(03):92-97.

[128]叶成城.售电侧市场化改革与政府监管:美国得克萨斯州的经验及启示[J].经济社会体制比较,2021(02):101—112.

中文学位论文类

[1]范斌.电价规制方法与应用研究[D].北京:华北电力大学(北京),2010.

[2]魏科科.中国电力行业规制改革研究[D].武汉:华中科技大学,2010.

[3]魏琼.电力监管权力配置研究[D].成都:西南政法大学,2014.

[4]王波.规制的法律形式与学理分析[D].上海:上海财经大学,2012.

[5]许洁.转轨期中国电力产业规制研究[D].上海:同济大学,2007.

中文报纸类

[1]陈喆.请别以汽车限购的名义消费公民权利[N].中国经济时报,2012-7-3(第9版).

[2]戴炜轶,张军.IRENA:可再生能源发电已极具竞争力[N].中国科学报,2015-3-3(第6版).

[3]倪思洁.英国电力改革的中国启示[N].中国科学报,2014-4-1(第6版).

[4]朱剑红.电价改革向“硬骨头”中的“硬骨头”开刀[N].人民日报,2016-8-16(第1版).

中文网站类

[1]王秀强.电力价格大检查部分地方放纵高耗行业[EB/OL].(2010-06-03)[2018-05-16].http://www.21cbh.com/html/0nmdawmde4mdq0na.html.

[2]王静.近九成民意认为缓堵效果未现,摇号购车在满意度调查的六大选项中垫底[EB/OL].(2011-07-03)[2018-07-31],http://www.bj.xinh uanet.com/2011-07/03/content_23148551.htm.

[3]范孟华,马莉.英国电力体制改革历程及启示[EB/OL].(2014-01-24)[2019-07-20].http://www.indaa.com.cn/ydwystjq/tjq02sb/201401/t20140124_1452862.html.

[4]济北南.“停建小水电”让绿色发展理念落地生根[EB/OL].(2016-03-15)

[2019 - 03 - 16]. http://news. bjx. com. cn/html/20160315/716272. shtml.

[5]王信茂. 电力规划需要主管部门先转型[EB/OL]. (2015 - 06 - 30)[2019 - 07 - 05]. http://www. china—nengyuan. com/news/79345. html.

[6]佚名. 居民电价为何严重交叉补贴? [EB/OL]. ()[2019 - 08 - 01]. http://power. in - en. com/html/power - 2247079. shtml.

[7]杜祥琬. 低碳电力拥有未来[EB/OL]. (2015 - 04 - 27)[2019 - 05 - 17]. http://www. cec. org. cn/xinwenpingxi/2015 - 04 - 27/137005. html.

[8]苏小张. 国网之网:新电改迷局[EB/OL]. (2014 - 09 - 12) [2019 - 06 - 02]. http://news. hexun. com/2014 - 09 - 12/168425842. html.

[9]卢国良. 电力体制改革的目标是实现电力行业可持续健康发展[EB/OL]. (2014 - 12 - 08)[2019 - 05 - 23]. http://www. ceh. com. cn/UCM/wwwroot/development/ny/dl/2014/12/810291. shtml.

[10]佚名. 能源局监管报告发布:电网信息公开违法风险陡增[EB/OL]. (2016 - 06 -17)[2019 - 08 - 07]. http://news. bjx. com. cn/html/20160617/743125. shtml.

[11]吴杰,伯倩. 国家电力体制改革迷途[EB/OL]. (2012 - 07 - 10) [2018 - 04 - 23]. http://www. cinic. org. cn/site951/nypd/2012—07—10/574322. shtml.

[12]于华鹏. 业内称电监会存在属非法状态成立 9 年多有名无实[EB/OL]. (2012 -05 - 21)[2018 - 04 - 23]. http://finance. sina. com. cn/roll/20120521/082512107622. shtml.

[13]佚名. 全国电力业务许可证持证企业所有制情况报告[EB/OL]. (2012 - 09 - 11) [2018 - 12 - 06]. http://www. gov. cn/gzdt/2012 - 09/11/content_2222080. htm.

[14]钟欣. 售电公司发展模式知多少? 美国售电公司发展模式经验借鉴[EB/OL]. (2015 - 8 - 31)[2019 - 08 - 01]. http://www. qianzhan. com/analyst/detail/220/150831 - 1582090b. html.

[15]佚名. 售电侧市场放开面临哪些问题[EB/OL]. (2015 - 06 - 24)[2019 - 04 - 20]. http://shoudian. bjx. com. cn/html/20150624/633809 - 3. shtml.

[16]朱成章. 电源应先布点再招标“跑马圈地”不可取[EB/OL]. (2003 - 05 - 22)[2018 - 12 - 01]. http://news. sina. com. cn/c/2003 - 05 - 22/16471087062. html.

[17]佚名.寡头垄断的电力交易市场下的统一出清机制[EB/OL].(2016-08-29)[2019-09-10]. http://news. bjx. com. cn/html/20160829/767374. shtml.

[18]王钦.从三张电费单看美国电价制度[EB/OL].(2019-7-21)[2019-7-21],http://www. eothinker. com/eo/show. php? itemid=101.

[19]丛慧.美国电力市场运行机制的启示[EB/OL].(2014-02-15)[2019-08-27]. http://finance. ifeng. com/a/20140215/11662160_0. shtml.

[20]佚名.从中美电荒的比较中,看新能源的发展形势[EB/OL].(2021-05-02)[2021-02-22] . http://www. chinaports. com/portlspnews/7111.

英文著作类

[1]DAVIS K C. Discretionary Justice: A Preliminary Inquiry [M]. Westport: Greenwood Press, 1969.

[2]COOPER, TERRY L. The Responsible Administrator [M]. 3rd ed. San Francisco:Jossey-Bass publishers, 1990.

[3]MONBIOT G. Captive state: The Corporate Takeover of Britain [M]. London: Macmillan, 2000.

[4]DOWEY J. Ethics, in Later Works [M]. vol. 7. Carbondale: Southern Illinois University Press, 1988.

[5]CHRISTOPHER F. E. Administration: Rethinking Judicial Control of Bureaucracy [M]. New Heaven : Yale University Press , 1990.

[6]MICHAEL T. Public Utilities and Public Law [M]. In Philip A. Joseph (ed.), Essays on the Constitution. Brooker's Press, 1994.

[7]WORLD BANK. World Development Report 2004: Making Services Work for Poor People [M]. New York: The World Bank & Oxford University Press, 2004.

[8]CLAUDIA G, GARY D L. The Regulated Economy A Historical Approach to Political Economy [M]. Chicago: The University of Chicago Press, 1997.

[9]LEO S. The Three Waves of Modernity in An Introduction to Political Philosophy: Ten Essays by Leo Strauss [M]. Detroit: Wayne State University Press, 1989.

[10]HAYEK F A. The road to serfdom [M]. Chicago: The University of Chica-

go Press, 2007.

[11]HAYEK F A. The Constitution of Liberty [M]. Chicago: The University of Chicago Press, 1978.

[12]TONY P. The Regulatory Enterprise: Government, Regulation, and Legitimacy [M]. New York: Oxford University Press, 2010.

[13]DICEY A V. An Introduction to the Study of the Law of the Constitution [M]. London: Macmillan, 1885.

[14]RICHARD N, DAVID S. A Sociology of Jurisprudence [M]. Portland: Hart Publishing, 2006.

[15]Leigh H, Michael M. Capitalism, Culture, and Economic Regulation [M]. New York: Oxford University Press, 1999.

[16]MARVER H. B. Regulating Business By Independent Commission [M]. New Jersey: Princeton University Press, 1955.

英文期刊类

[1]BORENSTEIN S, BUSHNELL J. The U. S. Electricity Industry after 20 Years of Restructuring [J]. (April 2015). NBER Working Paper No. w21113:437 - 463.

[2]BUCHANAN J. Social Choice, Democracy, and Free Markets[J]. Journal of Political Economy, 1954,62(2): 114 - 123.

[3]BUCHANAN J. Individual Choice in Voting and the Market [J]. Journal of Political Economy, 1954, 62(4): 334 - 343.

[4]ELIZABETH M. Annual Review of Administrative Law: Foreword: Agency Self-Regulation [J]. The George Washington Law Review, 2009, 77(4): 860 -890.

[5]JURGEN S, JAMES E K. The Scientific State: A Theory with Hypotheses [J]. Science Technology & Human Values, 1986, 11(1): 40 - 52.

[6]EISNER M A. Discovering Patterns in Regulatory History: Continuity, Change, and Regulatory Regimes [J]. Journal of Policy History, 1994, 6 (02):157 - 187.

[7]EISNER M A. Corporate Environmentalism, Regulatory Reform, and Indus-

try Self - Regulation: Toward Genuine Regulatory Reinvention in the United States [J]. Governance, 2010, 17(2):145 - 167.

[8] TONY P. Public Service Law: Privatization's Unexpected Offspring [J]. Law & Contemporary Problems,2000: 63 - 82.

[9]JODY F. Extending Public Law Norms Through Privatization [J]. Harvard Law Review, 2003: 1285 - 1352.

[10] RICHARD M. The Electricity System at The Crossroads [J]. Society, 2002, 40(1):3 - 18.

[11]BARTON, BARRY. Developments in Electricity Law and Policyin Europe [J]. New Zealand Journal of Environmental Law, 1998, 2: 187 - 207.

[12]F JIN, ZHAO D, WU Y, et al. Carbon pricing and electricity market reforms in China [J]. Clean Technologies and Environmental Policy, 2014, 16 (5):921 - 933.

[13]DAVOD, B, SPENCE. Regulation, Climate Change, and the Electric Grid [J]. San Diego Journal of Climate & Energy Law, 2012, 3(1): 271 - 297.

[14]ANNETTE E, et al. Assessment of Sustainability Indicators for Renewable Energy Technologies [J]. Renewable & Sustainable Energy Reviews, 2009, 13(5):1082 - 1088.

[15]JOHN C. D. Overcoming the Behavioral Impetus for Greater US. Energy Consumption [J]. Social Science Electronic Publishing, 2007: 15 - 40.

[16] RICHARD B. S. The Reformation of American Administrative Law [J]. Harvard Law Review, 1975, 88(8): 1667 - 1883.

[17]SEON - KYOU C, et al. Network Spillovers as an Alternative Efficiency Argument for Universal Service [J]. Telematics and Information, 1998(15): 265 - 273.

[18]LEFLAR R B, ROGOL M H. Consumer Participation in the Regulation of Public Utilities: A Model Act [J]. Harv. j. on Legis, 1975, 13(2).

[19] BRADLEY R. Origins of Political Electricity: Market Failure or Political Opportunism [J]. The Energy L. j, 1996, 17(1): . 59 - 102.

[20] PAUL C. Constitutions, Property and Regulation [J]. Public Law 538, 1991, 538 - 554.

[21]SHLEIFER AA. Theory of Yardstick Competition [J]. Rand Journal of Economics, 1985, 16(3):310 - 327.

[22]GEORGE J. S. AND FRIEDLAND C. What Can Regulators Regulate? The Case of Electricity [J]. The Journal of Law & Economics, 1962, 5:1 - 16.

英文报告类

[1]FONTAINE S. The electricity market reinvention by regional renewal [R]. EIKV-Schriftenreihe zum Wissens-und Wertemanagement, European Institute for Knowledge & Value Management (EIKV), Luxembourg, volume 2, number 2, October, 2016.

[2]CONSUMER U, TRUST S. Consumer Participation and Protection in Electricity Regulation A Study of Five States in India [R]. working paper, 2014, http://www.cuts-ccier.org/CPSER/pdf/Consumer_Participation_and_Protection_in_Electricity_Regulation-A_Study_of_Five_States_in_India.pdf.

[3]SEVEL F. The Evolution of the Consumer Affairs Department in the State of Regulation: An Examination of the Four Utility Sectors[R]. NRRI, 2001.

[4]JOHN F, MICHAEL S B, DANIEL K. Regulatory Objectives and Pricing Principles [R]. Australian Competition and Consumer Commission for the Utility Regulators Forum, Issue 50 March 2014.

[5]OECD. Digital Economy Papers [R]. Paris: OECD, 2012. doi: 10.1787/231528858833.

[6]BENNETT M J., COLÓN - RÍOS J I. Public Participation and Regulation. Learning From the Past, Adapting for the Future: Regulatory Reform in New Zealand [R]. LexisNexis, Wellington, 2011. Available at SSRN: http://ssrn.com/ abstract=2663181.

[7]OECD. Rethinking universal service for a next generation network environment [R]. Paris: OECD,2006.

[8]OECD. The OECD Report on Regulatory Reform: Synthesis [R]. Paris: OECD, 1997.